契約各論講義録
（契約法 II）

吉田邦彦 著

信山社

は し が き

　(1)　2007 年に『家族法講義録』を出してから、まさしく牛歩の歩みで、『不
法行為法等講義録』『所有法・担保物権法講義録』、さらに契約法（その 1）と
して、『債権総論講義録』を刊行したのが 2012 年、その後在米研究も入り、4
年が経過したが、ここに契約法（その 2）の『契約各論講義録』をお届けする。
この分野の講義ももう数回以上行ってきたが、2010 年以来の本当に久しぶり
の講義である。もう北大にいる間の契約各論のレクチャーもこれが最後ではな
いかという切羽詰まった思いから、『清水の舞台から飛び降りるつもり』で今
回もこの拙著を出すわけである（北大の講義スケジュールは、若い教員が好きな
科目を選び、年配教員は、残ったものをやるということなので、本年度の契約各論
の講義のチャンスは、全く偶然且僥倖なのである）。
　契約各論の講義は、第 1 に、1980 年代の終わりからの私の最初のアメリカ
留学で、決定的な刺激を受けたノースウェスタン大学ロースクールでのマク
ニール先生の関係契約法学の私なりの受け止め方を示す場であり、第 2 に、
1990 年代半ばのスタンフォード大学や 2000 年代のハーバード大学でのレイ
ディン先生の人格的所有論やケネディ先生の低所得者の住宅法学の刺激を受け
つつ、温めた居住福祉法学が深く関わる賃貸借法もこの領域である（アメリカ
法学では、賃貸借も所有法学の一環で語られる）。その意味では、私にとって得意
分野であるはずだったが、他方で限りない不安感にも囚われる。というのは、
この分野は、わが国のもっとも多くの民法学者が、その研究に犇めく領域でも
あり、果たしてそのすべてを咀嚼できるのかという畏れに圧倒されるし、今般
の債権法改正に関わる膨大な議論がある（しかし他方で、それと同時に、アメリ
カ法学の多くの議論に比べて、どれだけ創造的な議論が次々なされているのだろう
かという疑問も頭をもたげて、感度が悪いためか、よくわからないところもある）。
しかし、還暦に手が届くような歳になり、（川島先生が最終講義で強調された）
「少年老いやすく学成りがたし」という言葉を日々かみしめるようにもなり、
このような不十分なものでも、一応世に出して、ご教示を仰ぐよりほかないと

iii

はしがき

いう余裕のない諦念に占められるようになった。

(2)　本書の特徴は、最初の方に書いたように、別段新鮮みがない、「判例・学説のこれまでの流れの祖述」に尽き、そこに自分なりの未熟な検討を加えたものである。その意味では、私が学生時代にはどの恩師もされていたことを私なりに承継し、少しでもそれに近づけるように努力し、そして多少のことを加えたに過ぎない。その意味では、オーソドックスな講義であるが、このようなものでも、法学部教育・法科大学院教授のマニュアル化、予備校化、平易化という、《近時の法学教育環境の激変》の中にあっては、随分マイノリティの部類（シーラカンス的存在？）になってもいるようで、ともあれ、怒濤のような平易化教育の嵐の前には、掻き消されてしまいそうな時期だけに、不十分なものであれ、このような昔気質の講義スタイルの記録は、やはり出してみてご教示を得ておこうという刹那的な思いで一杯である。

　その際に、終始私の念頭にあったのは、恩師星野英一先生が、30年以上前の就職の際に示された「法学研究者であり、大学という研究機関に属する以上、それならではの法学教育でなければならない」という訓示であった（これについては、吉田邦彦「星野先生との二人での夕食会——先生から受けた処世訓など」星野美賀子ほか編・星野英一先生の想い出（有斐閣、2013）231頁参照）。それに対して、十分に応えることができたかは、誠に心許ないが、《他の先生の何倍もある情報量を何故吉田は示そうとするのか》《試験に役立たないことを何故吉田はかくも論ずるのか》という学生諸君のリアクション・批判に対しては、先生の処世訓を胸に、《大学が予備校教育で予備校に勝てるわけがない》《今こそ大学人が行う法学教育の真のアイデンティティが問われている》と私なりに格闘し、本書はそうしたスタンスからのささやかな記録である（しかし他方で、ゼミ合宿の歓談の場などで、《おきまりの教科書を読み上げるような講義に比べると、大学ならではの講義に初めて接した思いです》という感想を耳にすると、お世辞ではあれ、救われた思いになった）。

　なお、学説などの展開の叙述に当たっては、見解の流れの転機となったものを中心として、最低限の文献の引用を心がけた。この点も、私の恩師の頃には、当然のことであり、何ら目新しいことではなく、川島先生がしばしば強調されていたように、研究者としての当然の礼儀とされたことの承継に過ぎない。し

かし近時は、一切引用をしない教科書類が氾濫しており、これも学界のリーダー的役割を果たすべきものが、平易化教科書として、大幅に（ときに恣意的に）引用を限定するスタンスを取る方向で舵を切ったことの悪影響はかくも大きいのか……と嘆息を禁じ得ない。科研費などでは、研究上のモラルが強調される昨今、大学に籍を置く研究者として、このようなプライオリティに留意した叙述を行うことは、初心者への導入書としても、鉄則ではないかと思料するが、この点で、未だ不行き届きのところがあれば、どうか読者のご教示をお願いしたい（なお、拙著の引用も所々あり、これは別の意味、つまり、講義録では紙幅が限られるので、私見の詳細はそちらに譲るという紙幅節約の意味であることをお断りしておきたい）。

(3)　本書の対象学生は、法学部生か法科大学院生かは、問うてはおらず適宜読者の好みで使い分けてほしいが、私としては、講義である以上、試験で求められる知識が取得できないようなレベルであってはいけないという点では、全く同意するが、他方で、大学で教えるべき法学教育内容は、試験勉強に還元するものであってはならないという立場で書いている。今までのテキスト類が見逃している新たな社会的問題を常時組み入れていかねばならないだろうし、私が多くの学問的刺激を受けているアメリカ法学との比較で、また私の学生時代の恩師の世代による日本的な開放的リアリズム法学との比較でも、概念法学的な傾向が進む昨今の状況に対して、理論的・方法論的に批判的なスタンスから——換言すれば、恩師の世代の利益考量論をアメリカの豊かな批判法学的成果も踏まえた肉付けする立場から論ずるべきだというスタンスで——講義することに努めている。いずれにしても、読者諸賢のご教示をお願いしたい。

　ところで、カリキュラムに関する積年の感想も、ここで記しておきたい。本書が対象とする「債権各論」は、近時益々肥大化しており、アメリカのロースクール教育的にいえば、1L（ロースクール1年目）の前半で受講する「契約法」「不法行為法」がすべて含まれている。私の講義録でも、2冊分ある。ところが、30年以上前の学生時代に「民法第2部」という科目で聴講してから（毎回110分の講義で20数回であった）、その後の北大講義スケジュールでも、それと同様のことを行ってきている。私は、今年度は、できる限りの補講を入れて、30回以上の講義をしても、その全体を講義することは難しかった（学

はしがき

生時代のことを回顧しても、平井宜雄先生は、不法行為に 20 回ほど当てられ、契約各論・不当利得は、その後数回の慌ただしいものだったし、次の年次の米倉明先生は、契約法から始められて、不法行為法は数回だったと側聞した）。いったい、全国の民法の諸先生は、どのようにこの分野を講述されているのか、不思議でならない。

　こうした講義にも拘わらず、付きあってくれた学生諸君にも感謝したい。定年を数年後に迎えた熟練教師らしからぬ、毎回研究報告のような講義はさぞ迷惑なことだったろうと思う。もっと早くこうした講義録を出して、それをベースに流すような要点・骨組みだけの講義ならば、今風の学生にはもっと受けが良かったのだろうか等と思うにつけても、自身の作業ののろさをお詫びしたい。

　（4）　最後に、私事にわたるが、前著を出して以降のこの数年に、両親及び兄が他界した。それのみならず、常時導いてくださった恩師の星野・平井両先生を 2012 年－2013 年に失い、北大に赴任してからは、日頃身近なアドバイスを受けた、五十嵐・小山・深瀬・山畠の各先生も次々逝かれた（2015 年秋〜2016年冬）（それのみならず、縁深かった東北の鈴木・広中両先生、東京の川井先生、京都の北川先生も……、と挙げていくと、「こんなことがあってよいものか」と思うほどである。ささやかな授業の成果を、こうした数々の恩師、諸先生にお見せできないのも、寂しいことである）。それまでの、《すべての諸先生が不動の存在の如く、暖かい庇護を受けていた頃》に比べると、急に「根無し草」になった思いであり、それのみならず、自身も近く消え入るような「はかなく無情な思い」にとりつかれている。それも拙い本書を出させていただく理由である。あと本講義録も、契約法（その 3）（民法総則。消費者契約法や約款論も含む）を残すだけになったが、それを出す作業を行う幸運が今後ともあるかどうかはわからない。ともかく、慄然とした思いで、残された限られた研究時間を大切にしなければいけないと肝に銘ずるこの頃である。読者諸賢のお導きを再度お願いする次第である。

　2016 年 10 月

30 年目の札幌にて

吉　田　邦　彦

目　　次

はしがき

第 1 部　契約法 序論 ……………………………………………………………… 5

1　民法の構造──契約法の位置付け（5）

2　契約の種類（6）

3　契約法解釈学の理論的視角（13）
- (1)　民法学史的視点（13）
- (2)　近代法理解とその現代法的批判という視点（14）
- (3)　解釈方法論ないし法命題パターンという視点（16）
- (4)　「生ける法」ないし契約実務（あるいは日本的特色）との接合・統合という視点──契約類型の捉え方の視点（「法と社会」的視点）（18）

4　契約法学の関係的展開（関係契約法の諸相）（18）
- (1)　関係契約法理論の法学史上のオリジナリティーとその含意（18）
- (2)　契約現象の関係的考察（21）
- (3)　平井教授の継続的契約論（組織型契約論）──関係契約論との対比で（23）

5　契約総論の若干の補足（25）
- (1)　契 約 成 立（25）
- (2)　危 険 負 担（28）
- (3)　契 約 解 除（28）
- (4)　第三者のためにする契約（29）

6　契約法学の特徴　Cf. 不法行為法学（30）
- (1)　規定の断片性（30）
- (2)　規定の性格（30）
- (3)　判例の持つ意味（30）
- (4)　紛争解決方法の相違（30）
- (5)　哲学的・基礎理論的研究（32）

vii

目　次

第2部　契約各論の諸類型 ……………………………………………… 35

第1章　「財産（物）の譲渡」に関する契約 …………………………… 35

1−1　売　　買（35）

1−1−1　意義（民法555条）など（35）

1−1−2　売買（一方）の予約（民法556条）（36）

1−1−3　手付法（民法557条）（37）

(1)　個々の手付授受の解釈（39）

(2)　「履行の着手」の解釈（40）

(3)　売主による倍額償還の方法（42）

1−1−4　代金支払い、果実収取等（43）

(1)　売主の果実収取権（民法575条）（43）

(2)　代金支払義務（民法555条）（44）

(3)　そ　の　他（44）

1−1−5　売主の担保責任（44）

(1)　総　　説（44）

(2)　他人物売買（民法560条、561条）、数量不足（民法565）等（46）

(3)　瑕疵担保責任（民法570条）（57）

1−2　特殊の売買──消費者保護的規制（78）

1−2−1　割賦販売（割賦支払い約款付き売買）（78）

1−2−2　訪問販売・通信販売・連鎖販売取引（マルチ販売）など（83）

1−2−3　その他の特殊な売買（85）

1−3　贈　　与（86）

1−3−1　概況──意義および機能（86）

(1)　背　景　事　情（86）

(2)　従来の贈与法理の問題と来栖博士の問題提起（87）

(3)　贈与法理の今後の諸課題（88）

1−3−2　贈与の成否──書面によらざる贈与の取消し（民法550条）（90）

1−3−3　贈与の効力（93）

viii

目　次

　　1－3－4　特殊の贈与 (*93*)

　1－4　終身定期金（民法689条以下）(*95*)

第2章　物の利用 ……………………………………………………… 96

　2－1　序──わが賃貸借法の特色（付、居住福祉法の観点からの批判
　　　的考察）(*96*)

　2－2　民法上の賃貸借一般 (*105*)

　　⑴　諾　成　契　約 (*105*)

　　⑵　存　続　期　間 (*105*)

　　⑶　効　　　　果 (*106*)

　　⑷　終　　　　了 (*109*)

　2－3　宅地賃貸借に関する特則 (*110*)

　　2－3－1　対抗力（建物保護法1条。現在の借地借家法10条) (*110*)

　　2－3－2　存続期間（借地借家法3条　Cf.22〜25条）(*115*)

　　⑴　普通借地権（3条）(*115*)

　　⑵　定期借地権（22〜24条）(*116*)

　　⑶　一時使用のための借地権（25条。旧借地法9条）(*119*)

　　2－3－3　更新（借地借家4条、5条）など (*120*)

　　　2－3－3－1　更新の種類 (*120*)

　　　2－3－3－2　建物滅失後の再築による期間延長（7条、8条。旧
　　　　　　借地法7条）(*123*)

　　2－3－4　借地を巡る権利義務関係 (*125*)

　　⑴　建物買取請求権 (*125*)

　　⑵　地代増減額請求権（借地借家11条。借地12条）(*127*)

　　⑶　事情変更による借地条件の変更（17条1項。借地8条ノ2第1
　　　項）(*128*)

　　⑷　増改築禁止特約がある場合の許可（17条2項。借地8条ノ2第
　　　1項）(*128*)

　　⑸　⑷につき、裁判所の相当の処分等（17条3項、4項、6項）(*128*)

　　⑹　建物譲渡における賃貸人の承諾に代わる許可（19条、20条。借
　　　地9条ノ2、9条ノ3）(*128*)

　2－4　賃料以外の金員の授受──権利金、敷金、更新料など (*128*)

ix

目　次

　　　2－4－1　権　利　金（*128*）
　　　　　(1)　性格および中途解約の場合の返還の可否（*129*）
　　　　　(2)　根拠──起源（*130*）
　　　2－4－2　敷　　　金（*131*）
　　　2－4－3　保　証　金（*143*）
　　　2－4－4　更　新　料（*144*）
　　　2－4－5　賃料保証特約の問題（サブリース問題）──保証金問題
　　　　　　　　の延長線上で（*146*）
　2－5　賃貸人の解除と信頼関係理論（*154*）
　　　2－5－1　賃借人の債務不履行の場合（民法541条）（*154*）
　　　2－5－2　賃借権の譲渡または転貸の場合（民法612条）（*160*）
　　　　　(1)　比較法および沿革・経緯（*160*）
　　　　　(2)　具体的場面（*161*）
　　　　　(3)　「信頼関係」の意味を巡る議論（*162*）
　　　　　(4)　借地借家法（旧借地法）上の関連制度（*164*）
　　　　　(5)　転貸・賃借権譲渡後の法律関係（*164*）
　2－6　建物賃貸借の特則（*167*）
　　　2－6－1　対抗力、存続保障など（*167*）
　　　　　(1)　対　抗　力（*167*）
　　　　　(2)　存続（期間）の保障（*169*）
　　　　　(3)　定期借家権の諸問題（*170*）
　　　　　(4)　その他借地権とパラレルの保護（*172*）
　　　2－6－2　正当事由（28条。借家1条ノ2）（*176*）
　2－7　大震災に伴う借地・借家問題（*178*）
　　　　　(1)　〔借地について〕（定期借地権の場合には、適用がない）（*178*）
　　　　　(2)　〔借家について〕（*179*）
　　　　　(3)　震災に関わるその他の住宅問題（*181*）
　　　　　(4)　罹処法廃止（優先的借地権・借家権の廃止）のプロセスに対す
　　　　　　　る疑問（*181*）
　2－8　農地賃貸借の特則（*183*）
　　　　　(1)　対　抗　力（*184*）

⑵　存続期間および更新（*184*）

　　⑶　譲渡・転貸（*185*）

　　⑷　小作料の支払い義務（*185*）

２－９　借地借家法学の今日的課題──借地借家政策の問題状況（*186*）

２－10　使用貸借（民法593条～）──賃貸借との対比（*193*）

　　⑴　場　　　面（*193*）

　　⑵　性　　　質（*195*）

　　⑶　法 律 関 係（*195*）

　　⑷　性 質 決 定（*196*）

第3章　事務の処理（役務提供） ……………………………………… *198*

３－１　序──事務処理の委託の今日的意義の重要性（*198*）

３－２　委　　　任（*200*）

　３－２－１　委任（準委任）の意義・特色（*200*）

　３－２－２　効果──権利義務関係（*203*）

　３－２－３　委任の無理由解除（民法651条）（*204*）

　　⑴　判　　　例（*204*）

　　⑵　学　　　説（*205*）

　３－２－４　その他の終了原因（*211*）

３－３　請負（民法632条～）（*213*）

　３－３－１　特色──委任（民法643条～）などとの対比（*214*）

　３－３－２　建物所有権の帰属ないし移転時期（*216*）

　　⑴　判　　　例（*216*）

　　⑵　学　　　説（*217*）

　３－３－３　建設請負契約における危険負担（*219*）

　３－３－４　請負の瑕疵担保責任（民法634-640条）（*222*）

　　⑴　（修補請求およびそれに代わる）損害賠償請求（*222*）

　　⑵　損害賠償請求と報酬債権との関係（*222*）

　　⑶　解　　　除（*224*）

　　⑷　存 続 期 間（*225*）

　　⑷　第三者による不法行為責任（*225*）

目　次

　　3－4　専門家との委任契約（*230*）

　　　3－4－1　医 療 契 約（*230*）

　　　3－4－2　弁護士契約（*232*）

　　3－5　寄託（民法 657 条〜）（*234*）

第4章　金銭貸借及び預金──銀行取引（金融取引）契約 ……………*237*

　　4－1　消費貸借（民法 587 条〜）（*237*）

　　　4－1－1　要物性の緩和──諾成的消費貸借論（*237*）

　　　4－1－2　金利規制概観（*239*）

　　　　(1)　増額評価の可否（*239*）

　　　　(2)　金利規制法（*242*）

　　4－2　消費寄託──預金契約（*251*）

　　　4－2－1　消費寄託概論（*251*）

　　　4－2－2　預金を巡る近時の動向（*253*）

　　　　(1)　代理店ないし受任者関連の預金者の認定に関する近時の動き
　　　　（*253*）

　　　　(2)　「誤振込」を巡る法律関係（*254*）

第5章　その他の典型契約 ……………………………………………… *257*

　　5－1　雇 用 契 約（*257*）

　　　　(1)　概　　況（*257*）

　　　　(2)　権利義務関係ないし終了（*262*）

　　　　(3)　付随的義務（*267*）

　　5－2　組合（民法 667 条以下）（*267*）

　　　　(1)　概　　況（*267*）

　　　　(2)　財 産 関 係（*270*）

あ と が き ………………………………………………………………… *272*

契約各論講義録（契約法Ⅱ）

は じ め に ── 一般的諸注意

＊契約各論の民法財産法の入門的性格──ここで入門的諸注意を書く「わけ」
　　民法の編別順の講義では、本講義は、財産法の最終科目である。いまさら
　　何をと言われるかもしれないが、債権各論、特に契約法各論は、実は《最
　　も具体的な民法制度が学べて、ある意味で入門的な講義であり、学びやす
　　い領域》である（後述するが、同じ契約法でも、民法総則、債権総論で学ぶこ
　　とは、抽象的だったり（法律行為、代理など）、金融取引の担保法との接点だっ
　　たりして、結構議論が細かくなる）。
　　　この分野から始めて民法・財産法を学ぶ人もいるかもしれないと思い、
　　あえて入門的な諸注意を記す次第である。

＊しかし同時に契約法の捉えにくさもある。
　　学びやすいと言いながら、同時に契約法の捉えにくさもある。その意味は、
　　契約法では原則的に任意規定（契約法規定の種類は次述）が多いために、
　　《契約法の現実（生ける法）》を知るためには、実は契約実務（具体的な契
　　約内容）を知らないと話にならない（とくに売買法の場合）。民法の契約法
　　規定が、実際には必ずしも《効いていない》ことも少なくなく、そう考え
　　ると、どのように契約法を勉強するか、どのように教育したらよいのか、
　　を考えるとそこはかとなく不安になる[1]。

----

(1)　このような精神的不安を記すものとして、平井宜雄「契約法学の再構築(1)
　　──法律家の養成という視角から」ジュリスト 1158 号（1999）96 頁以下参照（契
　　約上の紛争解決においては、裁判の果たす役割は小さく、従来の伝統的講義が
　　契約法では全く無意味ではないかとされる。しかし、社会学的契約法学や予防
　　的契約法学は、契約実務を志向するが、他方で、伝統的な契約法学の意義も失
　　わないとされる）。なお、アメリカ・ロースクールの講義で、このような契約実務
　　にも十分意を払った例外的文献として、STEWART MACAULAY ET AL., CONTRACTS:
　　LAW IN ACTION (Lexis Law Pub., 1995)（手元には、その基となった 1993 年版が
　　ある）（その後、vol. I; vol. II (Lexis/Nexis, 2003) となり版を重ねている）が注

はじめに

　　なお、私が契約法の講義を始めた頃には、賃貸借法について半分以上の
時間を割いて講述したことがあったが、ここでは判例の持つ意味は、比較
的大きい。しかし機能的には、賃貸借は物権法に近く（後述する）、その意
味で、前記不安は比較的感じなくて済むすむ分野とも言えて、その意味で
は例外的分野だろう。

・講義の仕方…刊行物とダブらせつつ、判例・学説の到達点（もちろん、
　その展開の経緯も）を示す。
・用意するもの…六法、教科書、準教科書（判例百選など）、法律学辞典。
・勉強の仕方[2]
　①条文重視、②判例の読み（判例の事案から、何が法的に問題とされてい
　るかを考える（それを「真の判決理由」（レイシオ・デシデンダイ（ratio
　decidendi））と言い、英語では、holding とされ、ロースクールの講義では、
　いつも尋ねられることである）。Cf. 他方で、事案とは関係のない判示部分
　を「傍論」（オビタ・ディクタ（obiter dicta））と言う。こうした基本的な
　判例の読み方を徹底的に叩き込まれるのが、アメリカでの講義の鉄則だ
　が、予備校型そして平易型日本版法科大学院では弱いところなのかもし
　れない。法律相談などのコツにも似たところがある。＊因みに、法律相
　談は、アメリカ・ロースクールでの臨床的法学教育（clinical legal
　education）と通ずるところがあり、重要な法学分野である[3]、

目される。
(2)　やや古いもの（私が大学に入った頃のもの）だが、米倉明ほか「（座談会）
　民法の学び方」法学セミナー269号（1977）16頁以下を参照されたい。最近の
　安直の入門手引きと違って、真に民法を本格的に（その意味は、大学生として
　ものにするという意味）勉強するためには、どうしたらいいのかが丁寧に語ら
　れており、生の判例を読む必要性やいわゆる演習ものの利用の仕方なども幅広
　く論じられている。ただ、時間的にそれを講義でやる余裕はないので、演習な
　どを活用することとなろう。
(3)　臨床的法学活動については、わが国でも、漸くその意義が理解されつつある
　が（例えば、反・貧困ネットワークの活動）、多くの日本版法科大学院では、テ
　クニカルに理解され、それが、70年代の公民権運動、フェミニズム運動などと
　の関連で生じてきた、貧困問題との対峙、低所得者のための法的支援活動とい
　うことが理解されていない。今後のわが法科大学院教育の大きな課題であろう。

③議論する機会、④答案の書き方——議論においても、答案においても
そうだが、法律学で大事なことは、結論の多元性である（だから法廷で
の闘争となる）。そして、多面的に議論ができること、議論に強い人は、
自説の弱点を知りそれに対する説得的な反論を構成できて、さらにそれ
に対する再反論という形で、議論を積み上げていけることである（議論
の分かれ目に留意し、問題に対して有用な法的問題点を嗅ぎ取るセンスを見
につけることであるが、これは一朝一夕で習得できるものではないので、あ
る程度忍耐も必要である）、⑤狭義の解釈学だけに没入しない——民法学
も社会科学の一分野。

・分量的には、かなりある。……大体契約法で15回、不法行為法などで、
15回弱の予定だが、それでもかなり駆け足になるかもしれない。

＊「急がば回れ」

近時は、入門書の類が多数ある。こうした状況下で、「反時代的」なアドバ
イスと思うかも知れないが、民法をきちんと習得するためには、骨のある（内
容のある）教科書、参考書類、ないしは、多くの判例を読破することである。
（いくら内容の薄い入門書をたくさん読んでも、高まらないし、応用力・思考力はつ
かない。）まさしく、民法の勉強は、「急がば回れ」である。

第1部　契約法 序論

1．民法の構造——契約法の位置付け

・民法の三大分野——Contracts, Torts, Property という具合に、アメリカ・ロースクールの講義では編別されて、講述される（1L（ロースクール1年目）の基礎科目である）。

・パンデクテン・システムのわかりにくさ

・契約規定の所在——民法総則、債権総則、契約総則、そして契約各論という具合に、《民法典の各所に分散している》ことに留意して欲しい（本講義録では、副題で契約法Ⅰ、Ⅱ、Ⅲ等と記す所以である）。

・契約法で何ができるか——履行強制（詳細は、民事執行法の領域である）、損害賠償、解除等が、まずは押さえるべきことである。＊債権総論で既習のはずである。

＊契約法総論の位置づけの曖昧さ

　契約総則の規定（民法521条以下）は、第1に、契約の成立時期（同条以下）は、法律行為の効力（到達主義の規定（民法97条）など）とともに捉えることができ（なお台湾民法では、債権総則〔同国民法の債権通則〕に位置づけていて（台湾民法153条以下）、パンデクテン・システムのどこに位置づけるかは、偶発的事情もあるようである[4]）、また第2に、第三者のためにする契約（民法537条）は、代理規定（民法99条以下）と併せて、第3に、契約解除の規定（民法540条以下）は、契約不履行（債務不履行）の効力として、損害賠償（民法415条以下）とパラレルに、第4に、危険負担規定（民法534条以下）は、損害賠償制度が及ばない領域でのリスク負担（リスク移転）の制度として、総合的に履修されるべきものである（その他、同時履行の抗弁権（民法533条）もよく登場する重要規定だが、これなどは、留置権（民法295条以下）との関係も深く、公平の

---

[4]　陳自強「台湾民法の百年——財産法の改正を中心として」北法61巻3号（2010）258〜259頁によれば、スイス法の影響によるとのことである。

第1部　契約法 序論

考慮からの規定である）。

　ここで、他の領域と区別・独立させて捉えるべきものではない。つまり、民法総則の法律行為、代理、債権総論の前半部分などをまとめ併せて、契約法総論として、包括的に履修するのが、実体に即していて、近時の債権法改正の動き（2009年3月末にその「改正の基本方針」が打ち出されている[5]）でも、そういう方向性を含んでいる（もっとも、2015年2月に答申された「民法（債権関係）の改正に関する要綱」は、その体裁は、現行法に近いものに戻ってしまっている[6]）。

2.　契約の種類

①　いわゆる「社交儀礼上の約束」には、契約の拘束力（強制力）はないとされる（これに関するものが、大判昭和10.4.25新聞3835号5頁【5】(初版)（カフェー丸玉事件）（大阪道頓堀の「カフェー丸玉」の顧客Yが、一時の興に乗じ、女給Xの歓心を買うために、400円の贈与の約束をし、その債務について準消費貸借契約を行っても、その履行強制はできないとした。もっとも、その差戻審（大阪地判昭和11.3.24新聞3973号5頁）では、その後下宝塚旧温泉で、独立商売のために資金として、贈与契約ないし準消費貸借契約がなされていたとして、請求認容しているので、大審院の判断は、「傍論」(obiter dicta) ということになる）。その他、東京高判昭和53.7.19判時904号70頁（同棲生活解消のための人妻Xに対してY男が、1000万円贈与、1000万円の慰謝料の支払との念書について、民法93条を適用して無効とする））。

＊契約の拘束力と「契約を破る自由」（雑談）

　アメリカで生活をし始めた当初（1989年頃）、契約の拘束力の日米の相違というか、アメリカでは、どうも口だけでは調子がよい人が多いということが気になった（例えば、「今週末に会いましょう」などといわれて、電話がかかってくるかと思って期待していると、馬鹿を見ることになる。そういえば、"See you !" というのは、「さようなら」ではないか！）。

---

(5)　民法（債権法）改正検討委員会編・債権法改正の基本方針（別冊 NBL126号）（商事法務、2009）、内田貴・債権法の新時代（商事法務、2009）など参照。
(6)　この点は、吉田邦彦「民法（債権法〔契約法〕）改正について──その評価と展望」判例時報2270号（2015）参照。

2. 契約の種類

同国では、promise と contract とでは、前者の方が、拘束力は、弱いもの
と捉えられている（口約束に対する信頼度は、低い）。さらに、contract であっ
ても、「契約を破る自由」という功利主義的な議論があるくらいである（これ
については、債権総論における債権侵害などで、習っていようが、議論が多いとこ
ろで、契約のタイプに応じ射程を限定して理解しておくことが重要だろう[7]）。これ
は、元来書面などにつきうるさいことを言わないが、一度信頼関係が築かれる
と、契約の拘束力を強く考えるというわが国の契約意識[8]と関係しているので
あろう。この点中国ではどうなのだろうか。北海道の工務店の方で、中国・上
海で高級官僚の官舎の請負をしていたが、勝手に反故にされてしまって、怒っ
ている知り合いがいるのだけれど……。日本よりは、遵守度が低いというデー
タもある[9]。

＊債権のエンフォースメントに即した強度の違いに関する用語

　既に、債権総論で学んでいるが、ここでの契約分類は、債権の強度に関する
ものである。通常の債権には、「給付保持力」「訴求力」「執行力」があるのだ
が、上記の「自然債務」では、最初の権能しかない。また、「責任なき債務」
（例えば、限定承認、有限責任）という整理の仕方もある（最後の権能がない場合
である）。この際、まとめて整理しておこう。

②　典型契約・非典型契約……民法の契約各論の類型として、掲げられてい
　　るか否かの相違。有名契約、無名契約ともいう。非典型契約としては、旅

---

(7)　簡単には、吉田邦彦「債権侵害と不法行為」新版民法の争点（有斐閣、
　　2007）参照。また、「契約を破る自由」については、樋口範雄「契約を破る自由
　　について」アメリカ法［1983-2］217 頁以下参照。

(8)　この点は、星野英一「日本における契約法の変遷」同・民法論集 6 巻（有斐
　　閣、1986）286 頁以下（初出 1982）、さらに、星野英一他「日本社会における契
　　約」NBL200〜203 号（1979〜1980）参照。これは言うまでもなく、川島武宜・
　　日本人の法意識（岩波新書）（岩波書店、1967）87 頁以下に対するアンチ・テー
　　ゼである。

(9)　加藤雅信ほか編・日本人の契約観——契約を守る心と破る心（三省堂、
　　2005）81-88 頁は、日本における契約遵守度が低くないという川島批判の文脈
　　での論証であるが、そこでのデータを日中比較すると、中国の方が、契約遵守
　　度が低いことが見て取れる。

第1部　契約法 序論

行・宿泊契約とか、教育・保育契約などの役務提供契約とか、診療契約とかは、重要なものである（さらには、リース契約、フランチャイズ契約なども、然りである）。なお、運送契約、倉庫契約、保険契約などは、商法上の典型契約である（商法569条以下、597条以下、815条以下など）。

＊典型契約論の意味は？——その意義への評価と懐疑

　従来は、典型契約の種別にとらわれていてはいけないという意味での消極論（当該契約の事実を具体的に明らかにして、民法の典型契約規定の前提事実との関係を問題にすべしとする）（来栖博士。来栖743頁以下、特に753頁。なお、740頁では、近代社会における基本的な契約を揃えるという意味は認めている）が支配的であった。しかし近時は、典型契約論としてこれを積極的に捉える議論が有力である（大村教授）[10]。

　この点をどう捉えたらよいか。確かに、第1に、従来は任意規定性が強調されたのに対して、契約各論規定の半強行規定化（その意味は、任意規定に強行規定的な意味を持たせるという視角の転回である）・補充規定化ということはあろう（既に、我妻・中一220頁〔不明瞭な内容を明瞭、完全なものとするという〕）（近時は、山本(豊)教授、河上教授[11]）。第2に、「類型的に考えること」の重要性（山本(敬)教授は、認知科学のスキーマ論に触れたりする）ということならば分かる（しかし、さまざまな類型との関係で、どう性質決定し、評価するかは、およそ法的判断一般の問題である）が、他方で、現代社会では、非典型契約とか複合契約とかとの重要性は、増しており、今ひとつ「典型契約論」の意図は掴みかねるところがある。

　そして、妙に典型契約を重視すると、民法の内・外問題（民法典の中で契約を規定するかどうかということ）というやや不毛な議論にコミットすることにもなってしまう[12]。また、例えば、サブリースに関する議論で、妙な形で典型

(10)　大村敦志・典型契約と性質決定（有斐閣、1997）であり、加藤(雅)17頁などは、一見これを支持する如くだが、実は、私のような捉え方に近い。なお、潮見9-10頁。

(11)　約款規制との関係で、山本豊・不当条項規制と自己責任・契約正義（有斐閣、1997）59-61頁、河上正二・約款規制の法理（有斐閣、1988）383-388頁参照。

(12)　詳しくは、吉田邦彦・契約法・医事法の関係的展開（有斐閣、2003）171頁以下参照。

契約論を結びつける（例えば、サブリースは、典型契約的に賃貸借契約と性質決定
されるので、借地借家法32条が適用され、減額請求権が認められるとする藤田補足
意見の思考様式（大村論文など引用する）。後述する）のは、概念法学的で好まし
いと思われない。

＊**混合契約・複合契約**——非典型契約の延長線上で

　「混合契約」とは、一つの典型契約では説明できない、他の典型契約・非典
型契約の要素がミックスしている契約であり、大正の頃からドイツの議論を参
考にして、多くの議論が存在している（具体例として、例えば、製作物供給契約
（Werklieferungsvertrag）（相手方の注文に応じて、自己所有の材料を用いて、物を
製作し、供給し、相手方がそれに報酬を支払うという契約）とか、混合贈与（廉価
での売買により、贈与の実質目的を達成するもの）とかが論じられる）。主に議論
されたのは、第1に、民法の典型契約規定の適用のされ方であり、鳩山博士の
頃から、類推適用ということに決着している（鳩山・下740頁以下、743頁以下、
我妻・中二885頁以下など）（他の説として、どれか一つの典型契約規定によるとす
る「吸収主義」（Absorptionstheorie）、関連する規定を分解してその後結合するとい
う「結合主義」（Kombinationstheorie）が出された）。……あまり生産的な議論と
はいえず、類推適用になることでよいだろう（吉田）。
　第2は、複数の契約要素の関連性の捉え方で、混合契約の個数の問題などと
言われる。この点で、近時の（判例）は、リゾートマンションの売買契約とそ
れに随伴するその屋内プールなどスポーツ施設を利用するスポーツクラブ会員
権契約の混合契約事例で、屋内プールの完成が遅延したという場合に、一体的
に捉えて、プール完成遅延で本件売買契約の目的が達成できなくなった（こう
した一般的問題については、例えば、浜田論文[13]参照）として、リゾートマン
ションの売買契約の解除を肯定した（原審は、逆に、分断的解釈をしていた）（最
判平成8.11.12民集50巻10号2673頁）。……事案ごとの判断となるだろうから
（本件では、リゾートマンションという事例であることも考慮されたのだろう）、あ
まり一般的な議論はするべきではない（契約の個数は、決め手にはならない）（吉
田）。私もハーバード留学の際（2002～2003年）に、賃借していた東ケンブリッ

---

(13)　浜田稔「付随的債務の不履行と解除」契約法大系Ⅰ（有斐閣、1962）。

第 1 部　契約法　序論

ジのアパートにスポーツクラブが隣接していて、重宝していて、よく利用したが、それが潰れたら、賃貸借解除ということにはならないだろう（雑談）。

　これに対して、「複合契約論」は、以上とオーバーラップするところもあるが、二当事者から多数当事者に発展する契約関係を問題にしている。例えば、(i)クレジット契約（割賦購入斡旋取引）、ローン提携販売契約などの消費者信用の領域（そこにおける「抗弁の接続」の問題（売買契約の抗弁を与信機関に対抗できるかという問題）は、後述する）、(ii)デビットカードの決済契約（デビットカード取扱店（加盟店）と加盟店銀行（債権譲渡）、同銀行による発行銀行からの代理受領という契約が組み込まれている）、(iii)ファイナンス・リース契約（サプライヤーとリース業者との物品販売契約とリース業者とユーザーとのリース契約のミックスである）、(iv)下請負契約ないしその類似事例（旅行契約などでもチケット、ホテル、ガイドの調達などが、織り込まれている）また複合運送契約、(v)特約店・代理店契約、フランチャイズ契約、さらには、(vi)コンピューターネットワーク提供者の責任なども関係する。

　問題は、多様であろうが、類型的に、(1)横並びに複合契約となる場合（前述(i)〜(iii)）と(2)連鎖的に複合契約になる場合（前述(iv)(v)）に分けることができ、前者（(1)）では、経済的実質に即した契約関係が志向され（この点山田論文[14]）、後者（(2)）では、例えば、諸外国の枠契約の議論[15]なども参考にされ、消費者と向き合う主たる取引当事者の連帯的・補充的な責任（履行責任、担保責任）がクローズアップしよう。

　なお、北川善太郎教授が夙に「現実類型」として分析された（北川・現代契約法 I（1973）38 頁以下）、(v)などは、むしろ背後のメーカー側の責任がクローズアップされるべきことにも留意しなければいけない。さらに、コンピューターシステムの責任（(vi)）については、別途考える必要があろう[16]。

――――――――――

(14)　山田誠一「『複合契約取引』についての覚書(1) (2・完)」ＮＢＬ 485 号、486 号（1991）参照。その他、「抗弁の接続」に関する文献は、後に挙げる。

(15)　例えば、中田裕康「枠契約の概念の多様性」日仏法学 22 号（2000）131 頁以下、野澤正充「枠組契約と実施契約」同 164 頁以下参照。なお、フランスにおける基本契約の価格の確定性の議論が比較法的に厳格であることとの関連を指摘するものとして、潮見 27 頁。

(16)　さしあたり、北川善太郎編・コンピューターシステムと取引法（三省堂、1987）参照。

2. 契約の種類

③　双務契約・片務契約、有償契約・無償契約……前者は、契約当事者双方が、対価的債務を負うか否かという区別で、同時履行の抗弁権（民法533条）、危険負担（民法534条以下）の規定の適用の有無という点で違いが出て、後者は、対価的な財産上の支出があるかという相違で、売買の規定の準用の有無（民法559条）という点で違いが出る。殆どの場合に両者は、対応関係があるが、利息付消費貸借契約は有償契約だが、片務契約とされる。

④　諾成契約、要式契約、要物契約……諾成契約が原則とされる（かつては、近代契約法の原則とされたりした）。それに対し、要式性が求められるのは、身分法（家族法）上の契約（婚姻、養子縁組など）、さらに贈与などでは、書面がないと拘束力が弱い。なお、保証契約では、書面によることとなった（民法446条2項。平成16(2004)年改正）。

⑤　一時的契約（単発契約）、継続的契約（関係的契約）……この点は、後述するが、従来主に前者のみを前提に契約法理を考えてきた嫌いがあるが、後者が現代社会において（ないしそれ以前から）、重要な意味を持つとして問題提起されてきている。

⑥　消費者契約と企業（事業者）間契約……前者は、「Ｂ２Ｃ」契約、それに対して、後者は、「Ｂ２Ｂ」契約などと言われる。

＊消費者契約と消費者契約法

前者については、平成12(2000)年制定の消費者契約法（同13(2001)年4月施行）が適用されることになる。事業者と消費者との契約のことで（2条）、当事者の非対等性、情報量、交渉力の相違から、民法（契約法）の一般原則が修正されて（もっとも、それまでも判例法理で民法適用として柔軟に対応していたと考えるならば、「修正」とまでいえないことになる）、第1に、契約の拘束力が緩和され、民法96条の詐欺・強迫が拡充されて、消費者の「誤認」（重要事項について、不実を事実としたり、不確実事項を確実としたり、不利益事実について不知だったりする）（4条1項、2項）や消費者の「困惑」（消費者の退去の求めに応じない、ないし消費者を退去させない場合）（4条3項）のときに、申込・承諾の意思表示の取消ができる（追完可能時から6ヶ月以内に）（7条）（善意の第三者には、対抗できない（4条5項）。第2に、一定の契約条項の無効ということで、免責

11

第 1 部　契約法 序論

条項や損害賠償額の予定などに関する強行規定的な無効（8 条、9 条）、任意規定関連でも消費者の権利制限、義務加重に関わり、信義則に反して消費者の利益を一方的に害する条項は、無効とされる（10 条）。さらに、平成 18(2006)年改正により、差止めに関しては、消費者団体訴権が認められるに至っている（12 条）。

同法律ができた頃は、従来の判例と比してどれだけ消費者保護が進められたのか、また、これにより民法上の保護（例えば、民法 90 条の適用のされ方）が限定的になるのではないかが、危惧されたが、法律制定の政治的意味は、あったようだ。また、本法律による（判例）による契約介入の注目例は、例えば、学納金返還、更新料返還などがある（いずれ後述する）。

＊近時の債権法改正の動きと想定される契約イメージ

近時の債権法改正の動きでは、民法の人間像を具体的に捉えるべきだとして、消費者契約法を民法と接合するという方向で進んでいる。しかし他方で、同改正の動きは、「世界の潮流に倣え」というキャッチフレーズのもとに、「国際動産売買に関するウィーン条約」（Vienna Convention on Contracts for the International Sales of Goods [CISG]）（1980 年採択。1988 年 1 月に発効。わが国は、2008 年 7 月に 71 番目に加入し、2009 年 8 月に発効した（平成 20(2008)年条約 8 号として公布））や「ヨーロッパ契約法原則」（Principles of European Contracts Law [PECL]）（ランドー委員会（1982 年発足）による。1995 年から発表され始め、1998 年に改訂版が出された）の影響が強い。

従って、そこで想定されるのは、国際的取引、つまり企業間取引なのであり[17]、モデル的に錯綜している、否思潮的に、強い個人間の自律的・意思主義

---

(17)　（ウィーン売買条約の特色）曽野裕夫「ウィーン売買条約（CISG）の締結とその文脈」法の支配 153 号（2009）では、ウィーン条約が、企業間取引を規律し、契約（合意）尊重（favor contractus）をモットーとし、①契約違反概念の一元化（瑕疵担保責任の不存在）（35 条）、②危険負担制度の否定（なお、67〜69 条）、③過失責任主義の否定（45 条(1)(b)、61 条(1)(b)）、④免責要件として、契約締結時の予見可能性がないこと（そして、回避・克服可能性がないこと）（79 条）、④契約解除の要件の制限（25 条、49 条(1)(a)、64 条(1)(a)）、⑤履行期前の予防的救済（71 条、72 条）、⑥当事者の相互協力（損害軽減義務など）（48 条（追完権）、77 条（損害軽減義務）、85 条・86 条（物品保存義務））を指摘し、さらに⑥ハー

的モデルが優位している（その意味で、市場主義的、自由尊重主義的（libertarian）的という保守的な思潮に親和的になる可能性がある）とすら言えるのである。すなわち、具体的人間像からの消費者救済の方向性は、消費者契約法の統合の議論に止まり、あとは一般的性格の高い国際条約に近い契約法が模索され、格差社会における契約弱者（中低所得者の契約救済）に関する法規制への関心は、比較的希薄であると見うる（注 5 文献参照）。今回の改正目的は、必ずしもはっきりしていないが、「市民のための民法」にしたいと言いつつ、また人間を具体的に捉え消費者問題を民法に吸収したいと言いつつ、他面で、世界共通の国際取引契約基準を強く打ち出すことにより、取引企業人中心の民法になっていかないか（例えば、それは時効期間の短縮化という形で表れる）については、慎重な検討を要しよう[18]。

3. 契約法解釈学の理論的視角

(1) 民法学史的視点

第 1 期：主にフランス法、イギリス法の影響。

第 2 期：明治 30 年代後半以降。ドイツの「学説継受」（北川善太郎博士の用語）。

第 3 期：大正 10 年東大判例研究会が象徴的。その集大成が我妻法学。

第 4 期：昭和 35 年頃以降。民法学史の構造的批判期。

近時の民法解釈学では、おなじみの分析軸である。ただこのような分析は、損害賠償法などのきちんとした強行規定的な制度などの分析で有効であり（民法 416 条に関する平井教授の考察が代表的である）、契約法には、任意規定が多く、

ドシップ条項（事情変更条項）など関係契約的配慮はあまりない（この点で、UNIDROIT6.2.1 条～6.2.3 条にはある）なども特色として挙げられよう。同「ウィーン売買条約（CISG）の意義と特徴」ジュリスト 1375 号（2009）、同「Favor contractus のバリエーション——CISG と債権法改正論議の比較を通じて」（藤岡古稀）民法学における古典と革新（成文堂、2011）も参照。

(18)　なお、近時の債権法改正の私なりの批判的分析としては、吉田邦彦「近時の『民法改正』論議における方法論的・理論的問題点」ジュリスト 1368 号（2008）106 頁以下、同「近時の『民法（債権法）改正』目的・趣旨の再検討と法解釈方法論」法律時報 82 巻 12 号（2010）（同・都市居住・災害復興・戦争補償と批判的「法の支配」（有斐閣、2011）10 章に所収）、同・前掲（注 6）（2015）参照。

第 1 部　契約法 序論

従って特約が優先する契約などでは、使いにくいところがあろう。

⑵　近代法理解とその現代法的批判という視点

……自律的個人（「強く賢い人間像」）（法人格の平等）；契約自由（私的自治）の原則；所有権の絶対；過失責任主義；市民社会（市場）と国家の分離＝近代法イメージでいいかどうかという視座である。

果たしてこれでいいかどうか（例えば、潮見 2 頁では、古典的理論をベースに契約法理論を理解すべきとするが、どうしてそれでよいのか、了解できない（吉田））。近時の規制緩和の「小さな政府」論ないしリバタリアニズム（自由尊重主義）は、ともすると、古典的な近代法モデルと、繋げられやすい。──市民参加の重視とか人格の尊重ととかは、現代的にも重要な理念であり、従来の「近代市民法」という用語には、ミスリーディングな所があるのかも知れない。格差社会の進行に対して、財の再配分をどうするのか、市場と国家との役割分担をどうするのか、という社会編成原理について、従来民法学は多くを語ってこなかったし、今尚明示的に議論されているとは思えない（そうすると、規制緩和の保守陣営にいつの間にか取り込まれてしまうという弊害もなくはない）。この点をきちんと意識しながら、民法を学ぶのは、古くて新しく、しかも重要課題なのである。

＊なお、この点で、近時の債権法改正の動きが、企業サイドで保守的に機能しうる側面があることは前述した。

＊契約自由の原則とその修正（日米比較瞥見）

契約自由の原則は、既にいろいろなところで修正がある。代表的には、医療、電気・ガス提供契約における締約強制（医師法 19 条 1 項、電気事業法 17 条 1 項、ガス事業法 16 条 1 項など）であり[19]、医療契約については、「応招義務」などといわれる。

しかしこの点で、アメリカの状況はどうかというと、医師（医療機関）は、──契約自由の原則により──患者を拒否することができて、医療の提供の仕方は、日本より格差化されていて、市場主義的である（無保険者も 4000 万人以上

（19）　この問題については、谷江陽介・締約強制の理論──契約自由とその限界（成文堂、2016）参照。

3. 契約法解釈学の理論的視角

いる。漸く、オバマ政権下の最大の政策課題として、医療保険改革がなされ（しかしそれも妥協の産物である）、状況変化の兆しが出てきた）。他方で、そんな市場主義のメッカでも、住宅契約については、低所得者のための契約規制が、ある意味で日本以上に議論されている（わが国は、借地借家法〔それも近時規制緩和傾向が顕著だが〕以外には、住宅に関して市場主義的なのであり、家賃規制とか、家賃補助、公共住宅の議論は手薄である。災害支援なども弱い。これを充実させたいというのが、「居住福祉法学」の視角である）。

◇（独白）（モノローグ）近時の若手契約法学者の保守化？

われわれの恩師の世代は、弱者保護というスローガンないし進歩的なスタンスでコンセンサスがあったが（例えば、借地借家法の正当事由論の議論を想起せよ）、近時は変わってきているようである（例えば、ウィーン条約やそれを受けた債権法関係に見られる企業志向が強い契約法研究。また、市場主義的な「法と経済学」研究志向（例えば、かつてのエネルギッシュな同僚の得津准教授の研究[20]に見られるスタンス）。

その背景は、よくわからないが、恩師の世代は、戦争も経験し、大なり小なり貧困経験があったのに対し、若い世代の生活体験が異なることもあるかもしれない（近時の法科大学院システムで、「持てる者」（Haves）でないと、法曹になれないように階層化され、卒業後も、大企業に奉仕する弁護士市場メカニズムがあるとなると、無意識的にそういう色彩は出てくる。わが国には、貧困層（Have-nots）に資する法支援を考える臨床法学教育が欠落している（前述）ことも、この問題に拍車をかける）。＊因みに、若手研究者の保守化という現象は、アメリカでも如実である。

従来は、こうした法学のイデオロギー的色彩、政治的・政策的帰結などは、

────────────

(20)　例えば、得津晶「負け犬の遠吠え──多元的法政策の必要性またはその不要性」新世代法政策学研究1号（2009）、同「多元分散型統御の基礎理論を目指して民商の壁──一商法学者から見た法解釈方法論争」新世代法政策学研究2号（2009）。

　なおさらに、西内康人・消費者契約の経済分析（有斐閣、2016）は、行動経済学の手法を駆使して、『弱者保護的な契約介入』の将来への影響可能性を克明に問題にする。単純に市場主義的・保守主義的とは言えないが、概して市場介入を弱める方向に作用するであろう。

第1部 契約法 序論

日本ではあまり意識化されなかったので（それを明確化したのは、アメリカの批判法学の功績である）、なおのこと厄介である（例えば、「私的自治の原理」研究に腐心する山本敬三教授（京都大学）[21]にこういう色彩（市場主義的色彩）を指摘したら、思いもよらなかったためか、嫌な顔をされたことを思い出す）。契約法は、所有法に比べて、技術色が強く、この点はわかりにくいかも知れないが、《批判法学は契約法学から始められた！》ことに鑑みても、ここに述べた理論的視角のレンズを通して、——それにもっと敏感になり——民法学を自省的に再検討する必要性は小さくないだろう。

(3) 解釈方法論ないし法命題パターンという視点

rule v. standard（もともとは、Kennedy 論文[22]による分析軸である）という視点である。

……形式的合理性と実質的利益調整；明確なルールと総合的なファクター考量；演繹法と帰納法；体系性と機能性；all or nothing（binary code）（二値編成型）v. multi-factors balancing test（多因子考量型）という法的命題のタイプないし思考様式や考量の中身にも関係してくる。

……因みに、（吉田）は、どちらか一方で割り切らないプラグマティストの立場であるし、法的議論のコンテクストにもよる（日本と欧米とでは背景も異なる）と考える。……わが国では、大岡越前の《三方一両損》〔左官屋が3両入った財布を拾って、落とし主と分かる大工に届けるが、もう自分のものではないと言い受け取らない。そこで紛争は、越前守が裁くことになり、彼は自分も1両出し、2両ずつ両人に褒美として分け与えたというやり方（三方ともに1両ずつ損をしている）〕的に、《痛み分け判断》をするというのが日本的判断とされたりする[23]。

すなわち、欧米のように白黒つけず（つけるのが、ルール的判断）に中間的な

---

(21) 例えば、山本敬三「現代社会におけるリベラリズムと私的自治（2・完）」法学論叢 133 巻 5 号（1993）など。これに対する私のリアクションは、吉田邦彦・民法解釈と揺れ動く所有論（有斐閣、2000）155 頁以下参照。

(22) Duncan Kennedy, *Form and Substance in Private Law Adjudication*, 89 Harv. L. Rev. 1685 (1976).

(23) 例えば、能見善久「『痛み分け』社会の民法」落合誠一編・論文から見る現代社会と法（有斐閣、1995）。

16

ところで線を引いたりするのが日本的特徴か。そのために、総合事情考慮型の判決（スタンダード型の判断）が日本の法的判断様式として、伝統的なようだ（例えば、この点で重宝がられるのは、過失相殺の規定（民法418条、722条2項で、その類推適用も判例上定着していることは、不法行為の箇所など参照）である。更に、中国の不法行為法（侵権責任法）（2009年）となると「公平責任」の規定があり（24条。これは民法通則（1986年）132条の承継である）、無過失の場合の責任分担として、様々なことが考慮されている[24]。

　しかし欧米では、進歩的なアンチ・テーゼとして、スタンダード型判断が説かれることも多い（例えば、所有権の制限の領域など）。——こうした中で、日本では、伝統的曖昧判断に対するアンチ・テーゼとして、ルール式判断が批判的意義を持つ場合もあり、他方で、欧米と等し並みに、進歩的（弱者保護的）にスタンダード型判断が求められることもあろう（例えば、「正当事由」による（または、賃貸人・賃借人双方の利益考量による）地主・家主の引渡し（明渡し）請求の制限）[25]。

＊ルール型契約法の例

　例えば、第1に、《演繹的三段論法》的なものがそれであり、意思主義的な所有権移転とリンクさせて危険負担を考えたりする（その表れとして、民法534条の広汎な債権者主義）のが一例であろう。

　また、第2に、《峻別の論理》がそうであり、川島博士や広中博士に強く窺える。例えば、賃貸借の解除（民法612条）の基準である「信頼関係破壊」について、M・ウェーバーに依拠しつつ、経済的（物質的）側面に限定し、人的側面の考慮を排しようとする広中博士の提案（後述する）などがこれである。また、民法651条の解除（委任契約の解除）から、有償委任を排除しようとする提案（同博士。これも後述する）もそうであり、その背後には、有償契約と無償契約との峻別論理がある（広中353頁以下）。

---

(24)　例えば、住田尚之「中国における新しい不法行為法の制定」ジュリスト1406号（2010）51頁、吉田邦彦「21世紀の日中不法行為法の諸課題」同・東アジア民法学と災害・居住・民族補償（前編）（信山社、2015）1章。

(25)　詳しくは、吉田邦彦・民法解釈と揺れ動く所有論（有斐閣、2000）1章、2章、特に49頁以下、79頁以下、111頁以下参照。

第1部 契約法 序論

＊平井教授による利益考量論批判[26]の意味

　1990年頃に平井宜雄教授により出された、利益考量論批判ないしそこで強調された「反論可能性」基準は、これに関係しており、同教授には、明確なルール志向が看取できる。その背景として、わが国では、総合考量型の判決が多く（例えば、責任法領域ではあるが、過失相殺（民法418条、722条2項）の多用（前述）。また、借地借家法の「正当事由」論や表見代理（民法110条）の「正当理由」論、さらには、公序良俗規定（民法90条）の弾力的運用）、中間的な解決（「大岡裁き」的解決）が求められやすいのも、わが国の特色である）、欧米的二値編成的な思考様式からすると、違和感が出るところであり、これは、東洋と西洋の法思想の相違というところにも繋がる問題である（これについても、前掲拙文参照）。

　⑷　「生ける法」ないし契約実務（あるいは日本的特色）との接合・統合という視点──契約類型の捉え方の視点（「法と社会」的視点）──

　関係的契約理論（Macneil）、契約法学と「生ける契約」（契約実務）とのズレ（Macaulay などウィスコンシン学派といわれる潮流）

　これについては、論ずるべきことが多く、節を分けて論じたい。

4. 契約法学の関係的展開（関係契約法の諸相）[27]

　⑴　関係契約法理論の法学史上のオリジナリティーとその含意

・法社会学者の E・Ehrlich の「生ける法（lebendiges Recht）」、さらには、リ

---

　(26)　平井宜雄・法律学基礎論覚書（有斐閣、1989）、同・続・法律学基礎論覚書（有斐閣、1991）。

　(27)　これについて詳しくは、内田貴・契約の再生（弘文堂、1990）、吉田邦彦・契約法・医事法の関係的展開（有斐閣、2003）、同・前掲書（注18）（2011）9章参照（なお、内田教授のマクニール理論の理解には、不正確なところがあり、むしろマコーレー契約法学に近いことは拙文参照）。関係理論については、やはり、IAN MACNEIL, THE NEW SOCIAL CONTRACT: AN INQUIRY INTO MODERN CONTRACTUAL RELATIONS（Yale U.P., 1980）; do.（DAVID CAMPBELL ed.）, THE RELATIONAL THEORY OF CONTRACT: SELECTED WORKS OF IAN MACNEIL（Sweet & Maxwell, 2001）の一読を薦めたい。また、マコーレー契約法については、JEAN BRAUCHER ED., REVISITING THE CONTRACTS SCHOLARSHIP OF STEWART MACAULAY（Hart Pub., 2013）がある。

4. 契約法学の関係的展開（関係契約法の諸相）

アリズム法学（K・Llewellyn など、law on the books と law in action との乖離の指摘）による、わが国の民法学への影響は大きく（末弘博士以来の概念法学批判）、方法論的にはなじんでいるが、関係理論の新しさは、それを<u>法原理的ないし社会編成原理的に批判的に古典的契約法モデル〔申し込み・承諾という「意思の合致」（meeting of minds）により、一瞬にして契約が成立するという、単発的・個人主義的モデル〕を批判したところにある。</u>

・その含意として、第1に、契約実態として、継続的契約に注目させたこと、第2に、理念・原理的に、近代経済学がモデルとする「利己主義（egoism）」の世界だけではなく、「利他主義（altruism）」の世界、すなわち社会連帯の側面や信頼保護の側面をクローズアップさせたこと（例えば、社会保障制度にまで行かなくとも、民法においても、継続的契約（賃貸借契約、雇用契約）における「正当事由」による解約制限、さらには、外観信頼保護法理（民法110条など）における信頼の保護、また安全配慮義務など関係しよう）（因みに、贈与契約は、一番利他的と言えるものだが、贈与の連鎖による関係維持という広い背景で考えると関係的な契約と言えよう）、さらに、第3に、（第2とも関係するが）関係当事者の権力問題に敏感になるから（弱者保護的な視角である）、それを是正する保護法理を求めることになり、例えば、消費者保護（クーリング・オフ、民法90条違反）、賃借人・労働者保護（前述）を志向することになる。そうなると、社会編成原理として、国家による市場への介入には、積極的な「大きな政府」志向になってくるのである。

＊**関係契約理論（マクニール理論）における経済学方法論的批判**——新制度派経済学、「囚人のディレンマ」（ゲーム理論）、効率的契約違反との関係
　関係契約理論のインパクトは、上記に尽きない。それは、実は、単発契約でも継続的契約でも、押し並べて社会的背景として関係的側面があるのにもかかわらず、従来の古典的契約理論家は、意思の合致だけを取り出し、そしてさらには、法と経済学者（ゲーム理論も含む）は、関係当事者を孤立的にくくりだし（その点では、古典的意思主義論者と同様である）[28]、合理的な（個人主義的

---

(28)　それゆえに、マクニール教授の晩年の著作である、Ian Macneil, *Relational Contract Theory: Challenges and Queries*, 94 Nw.U.L.Rev. 877, at 898~（2000）では、「孤立的であるかのように」（as-if-discrete）扱う論者として、検討されて

第 1 部　契約法 序論

な）利益最大化を図るものと措定することに対する方法論的批判を含んでいる。そのような機会主義的（opportunistic）捉え方では、「囚人のディレンマ」（prisoner's dilemma）的状況（囚人は、お互いに協調的に黙秘をすれば、当事者全体の利益（効用）は高まるのに、裏切って告白すれば、特別の便益をやると言って進めれば、各自が自己利益中心的に双方ともに告白して、結局両者の効用は低くなるというディレンマ。当事者が協調すれば、社会的効用は高まるのに、当事者は、自己利益中心的に（近視眼的に）振る舞うから、結局そうしたナッシュ均衡的状態しか導かれないというわけである）は解決されない。

　具体的な良い例は、「効率的契約違反の問題」である[29]。わが国では、一般的にこれを是認する方向でコンセンサスが得られたように捉えられるふしがあるが（例えば、樋口教授）[30]、それは機会主義的行動を前提としており、そのような取引社会では、信頼規範は、稀薄となり、この点では、ゲーム理論家が強調する「出し惜しみ」（ホールド・アウト）と「フリーライド」の戦略的行動とて変わらない。マクニール教授は、この問題と格闘して、結局この問題の対処のためには、関係契約における「役割の統合」（role integrity）規範（それは、機会主義とは対蹠的な立場の一貫性ということである）が重要となるとする。そうした関係性規範の基礎付けとして、学際的に、社会学、人類学、昆虫学等を射程に入れ、更には、アメリカ社会のコミュニティの実践的体験等も踏まえたものである[31]。

　この点は、同じく所有法レベルないし共有レベルで、機会主義的行動の産物である「コモンズの悲劇」（それは、海・大気などの共有地さらには、オープンアクセスの場所は、その関係者の自己利益最大化の行動により、汚染等損害を被り悲

　　いる。それは、今は皆契約における関係的側面を誰しもが認めるのに、学理的
　　分析となると、個人主義的・孤立主義的契約分析しようとする様を示している。
(29)　これについては、吉田邦彦・アメリカ法［1989-1］80 頁以下、同・債権侵
　　害論再考（有斐閣、1991）第 5 章参照。
(30)　当初の樋口・前掲（注 7）［1983-2］217 頁以下では、ここに論ずる批判理
　　論を意識した書き方であったが、樋口範雄・はじめてのアメリカ法（有斐閣、
　　2010）73 頁以下では、「契約を破る自由」をヨリ前面に出し、疑われざる命題の
　　ような筆致になっている。
(31)　その初めての包括的な所産は、Ian Macneil, *The Many Futures of Contracts*,
　　47 S. CAL. L. REV. 691 (1974) である。

4. 契約法学の関係的展開（関係契約法の諸相）

劇的状況に到るとする、G・ハーディンが説く問題）に格闘して、協調行動を導くために、自己組織的・自己統治的な資源管理コミュニティにおける関係当事者の規範遵守、そのための監視と段階的制裁の意義を理論的・経験的（実証的）に導かれるE・オストロム教授のそれ[32]と（問題意識として）共通することに留意されるべきであろう。規範に関わる制度問題を重視し、「新制度派経済学」（new institutional economics）を重視する点でも、マクニール教授、またウィリアムソン教授（同教授は、関係契約、更には、それよりもヒエラルヒー構造が強固の企業制度にも目配りして検討した）とともに、オストロム教授のアプローチは共通していると言えよう。

(2) 契約現象の関係的考察

・関係的契約理論との関係でも、近年注目されているのは、契約現象のプロセスないし長期的継続という観点からの批判的考察である。例えば、——

① 契約形成のプロセス（交渉プロセス）（多くの重要な取引では、瞬時に——スポット的に——「申込み」と「承諾」により契約が成立するわけではなくて、一連の交渉のプロセスを経て成立するということで、その反面として、成立前の交渉で挫折した場合でも、関係当事者の信頼を保護すべきではないかということが問題になる）

・「契約締結上の過失（culpa in contrahendo）」（Jhering 以来）……当時は、契約の原始的不能の場合〔その場合には、ドイツ法に倣い契約無効とされるのが従来の通説〕を念頭に説かれたが、今日では、契約有効の場合も射程に入れられる。

・契約交渉破棄の責任の事例も増えつつある。……最判昭和 59.9.18 判時 1137 号 51 頁（歯科医がマンションの買主希望をして、レイアウト、大型電気容量の要求をして対応してもらっていたのに、その後にキャンセルしたという事例。売主からの損害賠償請求（信頼利益の賠償）認容）が端緒。

近時のものとして、最決平成 16.8.30 民集 58 巻 6 号 1763 頁（協同事業化

---

(32)　その主著は、いうまでもなく、Elinor Ostrom, Governing the Commons (Cambridge U.P., 1990) である。その他、「コモンズの悲劇」の問題も含めて、吉田邦彦・所有法（物権法）・担保物権法講義録（信山社、2010）の入会の箇所を参照。

第1部　契約法 序論

に関する基本合意に定める誠実協議義務、独占交渉義務の条項の効力に関する。
交渉破棄の場合には、基本合意に基づく債務も消滅する（違反しても期待侵害に
止まる）とした）、さらに、最判平成 18. 9. 4 判時 1949 号 30 頁（下請業者が、
仕事の準備作業を契約締結前に開始していた場合に、施主（元請業者の注文者）
が、支出費補填をせずに、発注を中止するのは、不法行為になるとする）、同平成
19. 2. 27 判時 1964 号 45 頁（麻雀のゲーム装置の順次販売の連鎖的契約（開発費
は最終的に転買主が負担する合意ある場合）が成立しなかった（転買主が、契約
締結直前にゲーム装置の仕様変更）事例で、売主からの開発費などについての損
害賠償請求につき、交渉段階で相手方〔売主〕に契約成立への過大な期待を抱か
せ、商品開発・製造をさせるに至る行為をした場合には、信義則上の注意義務に
違反するとした）がある（最後の 2 判決は、破棄判決）。

② 継続的契約論

(i) 解除（解約告知）の非遡及効（民法 620 条（賃貸借）、その準用。民法 630
条（雇用）、652 条（委任）、684 条（組合））

(ii) 契約の柔軟性……事態の変化に応じた契約内容の修正、改訂、再交渉の
必要性。

(iii) 権力関係のコントロールの必要性（例えば、解除権の制限、「正当事由」
論）……民法 612 条の解除制限、借地借家法 6 条、28 条の「正当事由」
による解約・更新拒絶の制限、代理店契約・フランチャイズ契約の解約制
限（例えば、名古屋高判昭和 46. 3. 29 判時 634 号 50 頁（海苔・茶の一手販売契
約の事例）、札幌高決昭和 62. 9. 30 判時 1258 号 76 頁（代理店契約の更新拒絶の
制限）、大阪地判平成 5. 6. 21 判時 1490 号 111 頁（ジーンズの継続的供給契約事
例で、買主が再販売価格維持要請に従わなかった場合に信頼関係破壊の有無を
論ずる））、労働契約における解雇権濫用法理（最判昭和 50. 4. 25 民集 29 巻 4
号 456 頁など）（平成 15(2003) 年改正として、労基法 18 条の 2 として明文化さ
れた）（cf. 民法 627 条）。

(iv) 損害賠償に際しての関係的利益の考慮（関係的投資〔埋没投資〕の保護）
の必要性（例えば、京都地判平成 3. 10. 1 判時 1413 号 102 頁では、パンのフラ
ンチャイズ契約で、加盟店をはずした場合に、店舗改装工事費、賃借費、什器
購入費などの賠償責任を肯定する）……とくに従来型の日本型経済システム

4. 契約法学の関係的展開（関係契約法の諸相）

（終身雇用制、メインバンクシステム、流通系列化など）においては、そうで
ある。

＊事情変更と再交渉

　事情変更による契約の解除については、（判例）は、一般的に慎重であるが
（例えば、最判昭和 29.1.28 民集 8 巻 1 号 234 頁〔家屋売買後の売主の居住家屋の戦
災による焼失〕、最判平成 9.7.1 民集 51 巻 6 号 2452 頁【43】〔長雨でゴルフ場の法面の
大規模崩落が生じて、その営業が不可能となった場合に、ゴルフ会員権の地位が
争われた（本件法面崩壊は予見可能だとして、事情変更原則の適用を否定）〕）、近時
は、サブリース事例で賃料減額請求の可否が争われたものが多数出て、それに
ついては、積極的立場を採っている（賃貸借のところで、後述する）。再交渉問
題については、多くの議論が出ている(33)。

　①②ともに、詳しくは、債権総論を参照。

(3)　平井教授の継続的契約論（組織型契約論）(34)——関係契約論との対比で

　近時の平井教授の継続的契約論（教授は、一時的契約と対照させて、組織型契
約とされる）における理論構築は、注目されるが、上記の関係的契約論と問題
意識は共通し、オーバーラップするところはあるが、かなり民法（契約法）解
釈論的に詰められ、契約解釈及び契約成立過程分析において、オリジナルな展
開を示しているので、ここで紹介しておこう。

　すなわち、①理論的基礎部分として、市場型契約と組織型契約に分けられ、
後者には、契約財の「資産特殊性」（asset specificity）ないし「取引特殊的財」
（transaction specific asset）（いわゆる非代替性）が関係して（例えば、マクドナル

---

(33)　山本顯治「契約と交渉」田中成明編・現代理論法学入門（法律文化社、
　　　1993）、五十嵐清「事情変更・契約調整・再交渉義務」札大企業法務 2 号（1997）、
　　　石川博康「『再交渉義務』論の構造とその理論的基礎(1)(2・完)」法協 118 号 2 号、
　　　4 号（2001）など。
(34)　平井宜雄「いわゆる継続的契約に関する一考察」（星野古稀）日本民法学の
　　　形成と課題（下）（有斐閣、1996）、同「契約法学の再構築(1)～(3・完)」ジュリ
　　　スト 1158～1160 号（1999）、さらに特に、同・債権各論 I 上契約総論（弘文堂、
　　　2008）64 頁以下（本文の頁数は、本書のそれを指す）。また、同＝村井武「交渉
　　　に基づく契約の成立（上）（中）（下）」ＮＢＬ 702～704 号（2000～2001）も参照。

第1部 契約法 序論

ドのフランチャイズ契約とか、トヨタの部品製造の下請負契約とかを考えよ）、必然的に継続的・組織的になるとする（64-65頁）。これは、教授の法政策学（法政策学（第2版）（有斐閣、1995））の契約法への応用であるが、関係契約理論から刺激を受けている私としては、──「組織的契約」として、用語は違うものを使われるが──その実質は、かなり共通する部分があり、関係契約理論への言及があってもよいと思われる（すなわち、それは Macneil 教授の関係契約的財（relational ［idiosyncratic］ goods）の指摘に対応しているし、そもそもそうした議論の淵源は、新制度派経済学（new institutional economics）（O.Williamson/I.R.Macneil 教授ら）であることからも推測できる。また、Radin 教授の人格的所有理論における「人格的」（personal）／「代替的」（fungible）という基本的分析視角とも共通する）。それゆえに、②契約終了において、投下費用回収問題が出るとされ（67頁）、期間満了・更新拒絶などで直ちに終了と解すべきではないとされるところ（252-253頁）も、上述したところと共通する。（なお、③同時履行の抗弁権や危険負担の規定は、市場型契約（特に一時的契約）に適用されるとする指摘（67頁）（組織型契約では、いわゆる「不安の抗弁権」（履行前の抗弁権）が認められるべきだという指摘（202頁））は、目新しい。）

　しかし他方で、契約解釈及び契約成立過程（契約の拘束力）分析で、独自のオリジナルな展開がみられて、注目されるであろう。すなわち、④第1に、契約解釈論として、組織型契約（関係契約）においては、「組織原理」を顧慮する解釈が要請されるとする（117頁）。具体的には、共同事業型契約などでは、説明義務、情報開示義務がクローズアップされ（契約締結前の重い説明義務も強調されて、ここから交渉に関わる責任も必要だとする（なお、「信頼利益」概念は、不適切だが、賠償範囲は、結局それに近いものになるとする）（123頁、129-131頁））、他方で、秘密保持義務も対外的にあり（119頁、122頁、143頁）、また存続保障（告知制限、場合により契約内容の変更）、同一性保持義務が要請されるとする（120-121頁）。……このあたりのかなり（特に後半部分）は、関係理論で説かれていることである。

　⑤第2に、契約成立のプロセスないしその拘束力の捉え方も、組織型契約においては、独自のものとなることを強調されて、申込み・承諾に関する契約成立に関する民法規定（民法521条以下）は一切適用されず、一般的な合意原則によるべきだとする（167頁以下）（民法規定の理論前提として、「鏡像理論」

（mirror image theory）があるとするとし、その前提がおかしいとする（145頁以下））。……このあたりも、関係理論の問題意識と共通する。「鏡像理論」というよりも、Williston 的契約観として、意思の合致（meeting of minds）理論と言われることも多い。

　そうして、組織契約においては、「契約予備書面」（letter of intent）（LOI）の積み上げにより、交渉は深められていき、その都度の権利義務が形成されていくが（67-68頁、136-137頁）、それはある程度詳細な内容が定められても、交渉の余地を残すもので、原則的に拘束力は排除されて、それについての債務不履行責任は負わないとされる（もっとも、例外的に拘束力を認めるべきは、「合意項目書」（heads of agreement）（HOA）ないし「了解事項メモ」（memorandom of understanding）（MOU）だとされる）（138頁）[35]。……これらは、従来全く議論がないところで、注目すべきであろう。

＊（因みに）北大国際本部でグローバル教育の一環で、進めようとしているプログラムの一つであるコチュテル・プログラムに関する合意を目下私も進めているが（アラスカ大学の「アラスカ原住民研究・地域再生学部」との間で）、その際に締結しようとするのも、MOU である。

5. 契約総論の若干の補足

・既に述べたように、契約総論規定は、講学的に他の問題と併せて履修すべきで、そうすると、契約法の総論はもっと別の叙述となるというのが、本講義の立場であるが、民法典には、契約総論規定が幾つかあるので、最低限のことを補っておきたい。

⑴　契 約 成 立

・まず、「契約の成立」に関して、到達主義の原則（民法97条1項）を修正し、相手方の承諾について「発信主義」を採り（民法526条1項）、わが民法のイギリス判例法の継受の一例で、英米の「郵便箱ルール」（mailbox rule）が採

---

(35)　See also, G.C.Moss, *The Function of Letters of Intent and their Recognition in Modern Legal System*, in: E. Schultze ed., New Features in Contract Law (Sellier, 2007).

第1部　契約法 序論

られていて、これは微妙な利益考量によると指摘されていた（星野博士）[36]。しかし近時の債権法改正で、この立場は改められて、到達主義の立場が貫徹されるに至っている（新523条、525条）。……どれだけ英米の伝統的立場を変更する必要があるか、正直よくわからないが、電子通信の場合以外の伝統的なやりとりで契約を成立させる場面は減っており、所詮任意規定であるので、論点の実益もそれほどではない。従来の規定は、かなりゴテゴテしていることは否めず（ちょっと「頭の体操」的である）、デフォルト・ルールが、かなりすっきりしたことはよいのではないか。

＊（雑談）「到達主義」などは、民法総則講義では必ず話すものの、日常であまり意識することは多くない。しかし近時切実に意識することがあった。同僚の櫛橋明香准教授（北大）が、彼女の「人体処分の法的意味」に関する処女作について、我々の業界の大きな学会である日本私法学会での報告申込みを、同学会理事としてお手伝いすることになった。そして、同学会では、その個別報告規程3条2項で「4月末日までに、理事長に提出しなければならない」とあるので（因みに、私が助教授になりたての頃の個別報告を行った30年前には、このような細密な規定は皆無だった）、その意義を事務局に問い合わせたところ、民法97条が背後にあるのであろう、《到達主義の意味として、あと1週間に迫る4月末日「必着」の意味であり、「消印有効」の意味ではない》という返答であった（さらに余談があり、学会事務センターに到着していればよく、理事会に届くのは連休明けでも構わないとのことである（理事長見解）。規定を一読してもそこまではわからない）。すべてを間際に行うという余裕のない生活を行う、私などにとっては、これは、大きな現実的意味であることを痛感している（笑い）。

＊**契約成立（申込み・承諾による）に関する法制と「郵便箱ルール」（mailbox**

---

(36)　星野英一「編纂過程から見た民法拾遺——民法92条・法例2条論、民法97条・526条・521条論」同・民法論集1巻（有斐閣、1970）184頁以下。穂積・梅委員が発信主義、富井委員が到達主義であった。とくに210頁、215-217頁で、緻密な利益考量がなされていることを指摘する（申込者の危険は、承諾期間を設けることにより、防ぐことができる。いわば、解除条件付発信主義だとする）。

5. 契約総論の若干の補足

rule)——そして電子契約の場合のその変容

　わが民法は、古典的な契約成立モデル（申込み・承諾による契約成立）に関して、意思表示一般については、到達主義を採っているのに（民法97条1項）、承諾については、発信主義を採り、それにより契約が成立するという立場を採っている（前述）。これは、英米の伝統的な判例法の立場であり、これを「郵便箱ルール」といい（郵便箱に入れた段階で契約は成立すると言うわけである）、英米法独自の立場であるが、これを立法者が採用したという点でも注目されるが、これに関しては、起草当時に既に立法者間で立場が分かれており、妥協の産物で、さらに承諾期間がある場合には、到達主義を採るという複雑な様相を示しており（民法521条2項）（これは、民法526条1項の特則ということになる）、かなり緻密な利益考量がなされた（見方によっては、妥協の産物）といえよう。もっとも、加入した国際動産売買に関するウィーン条約においては、契約成立に関して到達主義が採られており（同条約18条2項、23条）、国際取引においては、その立場が採られることになることに留意しなければならず、債権法改正にも影響を与えていると言えるだろう。（確かに、近時は、諸外国（とくにアメリカ）では、絵葉書を入手することも難しくなり、またわが国でも若者世代では、年賀状の習慣すら崩れつつある現状を見るならば、郵便文化は変容しつつあり、いつまでも《郵便箱ルール》に固執することは時代遅れになっているのかも知れない（雑談）。）

　また、この問題で近時大きな問題となってきているのは、電子消費者契約の場合である。このときには、発信主義は排されて到達主義になっているが（電子消費者契約及び電子承諾通知に関する民法の特例に関する法律（平成13(2001)年法律95号）4条）、実際には、クリック一つで電子契約が成立してしまっている（それゆえに、クリック・オン契約、ブラウズ・ラップ契約などといわれる）。この場合には、詳細な契約文言が小さな字で記されているのであるが、実際には、読まずにクリックすることが多く、約款規制と同様の問題がある[37]。

───────────

(37)　これに関する近時の多面的考察として、Margaret Jane Radin, Boilerplate: The Fine Print, Vanishing Rights, and the Rule of Law (Princeton, 2013) であり、こうした雛形的な契約関係が、民主主義的価値を害し、しかもこうした契約的規律は知的所有権的規律よりも優位に立ち、それを塗り替えていくというのであり、その効果の大きさを強調する。こうした問題の処理として、契約法

27

第 1 部　契約法 序論

⑵　危 険 負 担
・近時の債権法改正では、所有権者危険負担原則からの広範な債権者主義
（534 条）は排されているが、他方で、この法理自体は捨てられることなく、
債務者主義については履行拒絶権方式で維持されている。債権者主義も個別
に維持されている。（債権法改正の過程では、廃止論も有力であったが（内田前
教授）、それが却けられたのは、もっともであろう。これは実際に、国際的合意な
どでこれと異なるリスク負担の定めがあることなどは、別問題である。）

⑶　契 約 解 除　　＊これについては、債権総論講義録を参照。
・債権者にとって、不履行合意から解放されて、他者との契約の道を開く。帰
責事由の要件への批判説は、解除の方から出されてきた。比較法的には、
《重大な契約違反》（fundamental breach of contract）で認めるという立場が、
かねて多数であった。
・解除といっても、様々なものがあり、「解除条件」「解約告知」「任意解除
権」などと混乱しないことが肝要である。

＊ 解除、取消、撤回の用語の区別
　法的には、これらの用語は、異なることに留意されたい。平成 16（2004）年の
民法の現代語化の前には、民法 521 条、524 条などの「撤回」も、「取消」と
書かれていたが、これらは、通常の取消原因がある「取消」と異なり、「撤
回」の趣旨だと講学上区別していたのである。因みに、民法 115 条（無権代理
の相手方の取消権）においては、今でも「取消す」と書かれているが、講学上
は「撤回」である。こうした不統一はみっともないが、そうなったのは、担当
者の分担により、作業が進められたからであろう。
　なお、まもなく講ずる手付にかかわる解除（民法 557 条）は、通常の債務不
履行の解除原因ある「解除」とは違っていて、性質的に「撤回に近い解除」で
あることにも、留意すべきだろう。また債権法改正では、契約では、「解除」
ということにしている（かつては贈与の撤回としていたものを、解除とする（550
条参照））。

　よりも不法行為法的なアプローチを提言している。

28

⑷ 第三者のためにする契約

・何故契約総論にこのような規定があるのかは、よくわからないだろう。今日的には、『第三者のための契約』が認められることに異論はないからである。その意味で沿革の産物で、欧米の伝統的法理では、『契約の相対性』（privity of contract）法理がそれだけ強固であったことの裏返しである。……それゆえに、あまり『第三者のためにする契約』論を抽象的に振り回して、議論することは生産的ではなく、例えば、補償関係（要約者と諾約者との関係）における出捐の有無（有償か否か）を第三者（受益者）の権利に反映させる来栖論文[38]も、──その影響力にもかかわらず──概念法学的で採るべきではないであろう。

＊なお用語として、第三者に給付するものが、諾約者、それを持ちかけるのが要約者だが、英語では、各々promisor（約束者）、promisee（被約束者・受約者）と言われるので、混乱しないように。

・すなわち、基本的に『第三者のためにする契約』の各論的議論に解消するべきであり、補償関係が無償的なものでも、積極的にそれを認定していく新堂論文[39]の方向性（債権者受益者類型、受贈者受益者類型、新たな類型に分けて考察する）が妥当だろう。……具体的には、①保険契約（生命保険、損害保険、責任保険）、②送金・振込み契約（最判昭和32.12.6民集11巻3号2078頁、同38.2.26民集17巻1号248頁、同43.12.5民集22巻13号2876頁（同一事件。仕向銀行と被仕向銀行との電信送金契約につき、送金受取人たる「第三者のためにする契約」ではないとしたが、肯定説も有力であり（星野65頁、内田81頁、中馬＝新堂・新版注民[13]723-727頁）、積極的に考えるべきだと私も思う。その他、振込みについては、最判平成6.1.20金法1383号37頁、同平成8.4.26民集50巻5号1267頁を巡り多くの議論がある[40]）、③サブリース契約、④患者が幼児の

---

(38)　来栖三郎「第三者のためにする契約」民商39巻4＝5＝6合併号（1959）〔来栖三郎著作集Ⅱ・契約法（信山社、2004）に所収〕。例えば、星野61-65頁も、これによっている。

(39)　新堂明子「第三者のためにする契約法理の現代的意義⑴⑵・完」法協115巻10号、11号（1998）。また、新版注釈民法(13)補訂版（有斐閣、2006）693頁以下も参照。

(40)　中田裕康他・金融取引と民法法理（有斐閣、2000）の森田論文、山本論文など。また、岩原紳作・電子決済と法（有斐閣、2003）73頁以下、282-283頁、

第1部 契約法 序論

医療契約、⑤政府契約（公害防止協定など）が議論されている。同論文では、アメリカ契約法学を参考に、不法行為責任との機能的な比較考察や第三者のためにする契約の根拠（関係者の意思以外に、第三者の信頼、利便性、正義公平など）も説いていて、なされるべき考察である（そうすると、契約法における厳格責任等も関係してくる）。

6. 契約法学の特徴　Cf. 不法行為法学

(1)　規定の断片性……重要な特別法に注意して（例えば、利息制限法、割賦販売法、特定商取引法、借地借家法、また消費者契約法）、総合的に見る必要がある。

(2)　規定の性格……原則として任意規定である（数は多いが）（もっとも、「任意規定の半強行法規化」という、それに対する近時の批判は有力である）。

・また、非典型契約は重要な意味を持っている（例えば、特約店・代理店契約、リース契約（第三者（lessor）が介在して、その者が購入して利用者（user）に貸し与える）、ローン提携販売（銀行などが、代わりに支払い、消費者は銀行にローン返済する）・割賦購入斡旋（信販会社などが、加盟店に立替払いし、消費者が信販会社に分割返済する）などの割賦販売、フランチャイズ契約、宿泊契約、旅行契約、出版契約など）。

・約款が発展し、その消費者保護的な規制が実際上は重要である。

(3)　判例の持つ意味……不法行為ほどではない。もっとも、不動産取引（マンション契約）、借地借家、高利貸しの領域は、重要だし、約款の司法的規制も議論が多いところである。

(4)　紛争解決方法の相違……訴訟にならないことは多い（とくに企業間紛争は、訴訟にならないことが多いとされる（北川教授[41]））（訴訟にかかるコスト、

419頁以下では、ネットワークアプローチを支持し、振込み実現に向けた結果債務的な請負契約とし、マネーバックギャランティルールを説く。

(41)　同教授の民法に捉われない現代型契約の先駆的研究は、北川善太郎・現代契約法1、2（商事法務研究会、1973）、同編・現代契約法入門——新しい契約法

6. 契約法学の特徴　Cf. 不法行為法学

時間的コスト、それが取引継続に及ぼすコストから、取引交渉による方が安価であり、契約紛争のタイプの多くは、「利益紛争」（Aubert）であり（「価値紛争」と対立的に使われる）、取引交渉になじみやすいと言える）。Cf. 伝統的な法意識論（訴訟嫌い）（川島）

＊仲裁の議論の契約法的意義

仲裁が発展していることも、企業がらみでは多い。近時、学生諸君の間で、わが国でも模擬仲裁法廷に関する国際的大学間コンテストが、目につくようになっている[42]のも、こうした契約法学的背景があることを忘れてはいけないだろう。

＊紛争解決のための契約「和解・示談」の意義（民法 695 条〜）

契約法ではクローズアップされる裁判外の紛争処理手続き（alternative dispute resolution［ADR］）については、近時多くの議論があるところであるが[43]、13 の典型契約の中で、「和解」契約は、独自の位置を占めている。

そこでは、①和解と錯誤（民法 95 条）との関係（（判例）は、錯誤が「争いの目的として合意した事項か、その前提をなす事項か」で区別する（この分類には、我妻博士の立場[44]の影響もある）が、あまりはっきりしない（最判昭和 33.6.14 民集 12 巻 9 号 1492 頁（金銭支払義務の争いの解決として、苺ジャムによる代物弁済による和解が成立した場合に、それが粗悪品のときに錯誤を認めた））（曽野解説でもその不明晰性を指摘する）。概して和解を維持する傾向があろうか）、②後遺症と和解との関係（これについては、不法行為法に譲る）、など議論があるが、③和

　を考える（有斐閣、1974）である。
(42)　例えば、曽野裕夫「国際模擬仲裁大会でウィーン売買条約（CISG）を学ぶ」
　　　法セミ 667 号（2010）。
(43)　例えば、小島武司＝伊藤眞・裁判外紛争処理法（有斐閣、1998）など参照。
(44)　我妻栄「和解と錯誤との関係について」法協 56 巻 4 号（1938）同・民法研
　　　究Ⅵ（有斐閣、1969）174 頁以下では、(i)争いの対象とし、互譲により決定した
　　　事項自体に錯誤がある場合、(ii)争いの対象たる事項の前提ないし基礎として、
　　　両当事者が争いも疑いもない事実として予定された事項に錯誤ある場合、(iii)そ
　　　れ以外の事項の錯誤に分類する。なお、村上淳一「和解と錯誤」契約法大系Ⅴ
　　　（有斐閣、1963）191 頁は、(ii)(iii)の区別は、ド民法 779 条特殊の分類とする（な
　　　お、我妻・前掲 177 頁もこれを意識する如くである）。

第 1 部　契約法　序論

解契約にも公序（民法 90 条）による制約があるとされていることに注意を改め
て喚起しておきたい。——つまり、損害賠償請求権を放棄する合意などは、公
序に反するはずであるが（免責約款の規制の議論参照）、国際条約になると、途
端に民法の常識が妥当しなくなるのだろうか？この点で、最判平成 19.4.27 民
集 61 巻 3 号 1188 頁〔西松建設中国人強制連行事件〕（日中共同声明で、個人の
賠償請求権は、放棄されたとし、裁判上の訴求はできない（自然債務に止まる）と
する。同共同声明が、個人的請求権を放棄するかどうかは、日中両国で解釈が分か
れるところである）。

(5)　哲学的・基礎理論的研究も盛んである。……主としてアメリカ契約法学
の影響も大きいが（前述）、ドイツ法の影響もある（例えば、Savigny 研究
の一環で、私的自治・意思自治原理の近時の復権現象などあるが、これと現代
における約款規制との関係はよく分からない）。基本的な人間観とか、社会編
成原理の捉え方と契約法の立法論・解釈論とが連動していることに留意さ
れたい（今なお、十分に意識化されずに議論されているところも少なくないの
で）。因みに、（吉田）は、契約正義による自由競争への介入には、好意的
な立場であり、保守的なリバタリアン、「法と経済学」論者とは異なる
（なお、わが国の法経済学者の層は薄く、市場主義的な論者で覆われる観があるが、「進歩的な（規制積極的な）法と経済学」が、アメリカなどでは、有力であることに注意されたい）。

（文献紹介）

民法(6)（有斐閣双書）（有斐閣、1970）（第 4 版増補訂版、2002）……双書の中
では最良のものであろう。＊もっとも、双書および S シリーズでは、巻末の
文献紹介では、論文を引用しないというスタンスをとるが、このような立場に
は、理解できないところがある。

広中俊雄・債権各論講義（第 6 版）（有斐閣、1994）（初版、1961）……契約法
の第一人者によるもの。法社会学的叙述、ルール志向・峻別志向に特色が
ある。

星野英一・民法概論 IV（良書普及会、1986）（初版、1975、76）……判例の詳
しい叙述に特色がある。やや読みづらいか。

6. 契約法学の特徴　Cf. 不法行為法学

我妻栄・債権各論(中)の一・二（岩波書店、1957、62）……伝統的通説の定番。本格的に学説を進展させるためには、これをしっかり咀嚼する必要がある。

鈴木禄弥・債権法講義（4訂版）（創文社、2001）（初版、1980）……機能的叙述に長けた本。説が、版ごとに変わるところも少なくないところにも注意を要する（頭が下がる）。

来栖三郎・契約法（法律学全集）（有斐閣、1974）……徹底的に学者的エネルギーを注いで書かれた本。これを読破したものは、研究者でも多くないのではないか。ただ、筆者の見解が一読して明らかではないかもしれない。

三宅正男・契約法各論(上)(下)（青林書院、1983、1988）……概念的論理をぎりぎり詰めたところに特色があり、やや読みづらいかも知れない。

藤岡康宏ほか・民法IV——債権各論（3版）（有斐閣Sシリーズ）（有斐閣、2005）（補訂版、2009）（初版1991）……今日の代表的な民法研究者による教科書。ちょっと簡単ではあるが、Sシリーズの中でも良い巻だと思う。契約法の部分は、若干手薄か（例えば、サブリースなどの記述はない）。

水本浩・契約法（有斐閣、1995）……当時の段階で、コンパクトにまとめられた良書であろう。著者は、賃貸借法の専門家である。

内田貴・民法II債権各論（東大出版会、1997）（2版、2007）……諸君お馴染みの本で、明快に書かれているが、入門書的でもあるので、他の本格的なもので、補う必要もあろう。

潮見佳男・契約各論I（信山社、2002）……最近の詳細な体系書で、関西の論客の議論を見るには便利であろう。契約各論の途中で終わっているのが残念である。

大村敦志・基本民法II債権各論（有斐閣、2003）……文献の分布を見るには便利だが、入門書。あまり学問的刺激は、受けない。内田著のほうが、まだ自説がきちんと書かれている。

山本敬三・民法講義IV－1契約（有斐閣、2005）……一見詳細そうだが、オーソドックスで、それ程は刺激を受けない（文献調査は、ある意味で行き届いているのに、その整理が平板ゆえか）。要件事実論との関連での記述に特色はあるが。

加藤雅信・新民法大系IV契約法（有斐閣、2007）……浩瀚な本（近年のもっとも詳細な本）であり、著者のエネルギーを感ずることは認めるが、著者の

33

第1部 契約法 序論

　考え方の枠組みは、概してクラシカルであり、ときに学説（史）の扱い方にも違和感がなくもない。

　潮見佳男・基本講義・債権各論Ⅰ契約法・事務管理・不当利得（新世社、2005）（第2版、2009）……入門書で「ですます」体に驚くが、関西切っての論客によるもの。要件事実論なども、入門書の割には、意識して書かれている。

　注釈書としては、注釈民法(14)〜(17)（旧版、新版）（有斐閣、1966、1989、1993、2006）が欠かせない。

　研究書は、その都度紹介する。

　辞書は、金子宏他編・法律学小辞典（第3版）（有斐閣、1999）（4版、2004）〔補訂版、2008〕が手頃であり、その種のものは、必携であろう。〔目下、編者が異なる5版（2016）が出ている。〕

　【Q0-1】レッセフェール的な市場主義（自由尊重主義）的立場（規制緩和論もこの系列）をとるか、パターナリスティックな弱者保護的な市場介入の立場をとるかという政策論的立場によって、個々の契約法の解釈論がどのように変わってくるかを考えてみなさい（時々振り返って）。

　【Q0-2】契約法学において、関係的視角が与える示唆を考えてみなさい。また、近年議論の多い、継続的契約法学には、単発的契約と比較して、どのような特色があるかを検討しなさい。

　【Q0-3】申込・承諾による契約成立を巡る民法規定の法制を確認し、そこにおける利益考量を検討しなさい。そして、それが現代的契約においては、どのような現れ方をしているのかも考察しなさい。

　【Q0-4】契約法学は、例えば、不法行為法学と比較してどのような特色があるかを考えてみなさい（不法行為法を勉強してから、振り返って）。

第2部　契約各論の諸類型

第1章　「財産（物）の譲渡」に関する契約

1－1　売　　買
1－1－1　意義（民法555条）など
（売主側）財産権の移転——有体物に限られない（例えば、債権譲渡）

（買主側）代金支払い

cf. 交換（民法586条）……売買の規定が準用されるから（民法559条）、規律
内容に大差ない。歴史的には、——贈与とともに——貨幣経済が普及する前
から存在した。しかし、法的に承認されるのは、売買の後で、当初は、無
名・要物契約としてであり、その後に諾成契約となった。例えば、明治維
新以前の北海道におけるオムシャでのアイヌ民族と和人（松前藩）との
物々交換（対価の不均衡が問題とされた）。

・有償・双務契約。

・諾成契約——わが国では、売買契約書の作成は、成立要件ではなく、諸外国
より、要件は緩い。……これは、「近代法」だからというよりも、むしろ、
あまり方式を重視しないわが国の慣行の反映からだろうか（？）。もっとも、
近年は、方式の意義などの再評価がなされている（とくに、電子商取引ないし
インターネットとの関連でその点が強調されている）（内田）[45]。Cf. 重要取引に
おいては、書面が要求されている（宅建業法37条、会計法29条の8（競争入
札、随意契約による売買・貸借、請負などの契約）、また、貸金業法17条（貸
金業者による金銭消費貸借契約））。

（しかし他方で、手付慣行があることは、後述する（これは、近代法論者からは、
拘束力を弱めるとして、白い目で見られるが、別におかしな制度ではないと思われ
れる（吉田））。）

---

(45)　内田貴「電子商取引と民法」（別冊 NBL51 号）債権法改正の課題と方向（商
事法務研究会、1998）277 頁以下。

第 2 部　契約各論の諸類型

・物権・債権は密接である。Cf. ドイツ法は、峻別構成。
　（なお、所有権移転時期の問題は、それとは別問題として議論がある（物権法参照）。）
・現実売買（契約とともに、履行がなされる場合。例えば、生協・スーパーでの買物、自販機による飲み物の購入）にも、基本的に売買の規定は、適用される（cf. 民法 573 条）。……その性格論（債権説、物権説）は意味がなく、ドイツ法的思考の産物である。
・売買のプロセスと諸制度（諸規定）。

　＊枠で囲んだものが、ここで学ぶ事柄である。

1 − 1 − 2　売買（一方）の予約（民法 556 条）

・定義……売買一方の予約とは、一方当事者のみが、予約完結権を有するものであり（cf. 売買双方の予約）、予約完結の意思表示で直ちに売買を成立させるというもので、本契約の承諾のプロセスを省いている（これに対して、本来の予約（例えば、穏やかな週末だったら、スキーチケットを買わせてくれという予約）とは、承諾しなければ、承諾に代わる判決（民法 414 条 2 項但書）を求めて訴訟することになる）。なお、ホテル・飛行機の予約は、本契約である。
・なお、民法 556 条 2 項は、予約義務者の地位の不安定さに配慮した規定である。（そこでの「相手方」が、予約完結権者（予約権利者）である。）
・意義……担保的機能（→担保物権法）。例えば、代物弁済予約、再売買の予約など、非典型担保（仮登記担保）といわれる。
　Cf. 買戻し（民法 579 条以下）も、非典型担保であるが、これは、沿革的には古く、明治期以降、フランス法的な脚色が加わった。これまで、周縁化されてきたが、本来の意義に即した再解釈がなされようとしている。──従来は、非典型担保として、譲渡担保・仮登記担保と等し並に説かれ（清算義務、物

第1章 「財産（物）の譲渡」に関する契約

上代位など）、その上で周縁化されて来たが（なお買戻しは、対抗力は、付記登記（不登96条、不登規3条9号）による）、代金・契約費用の返還に限る（民法583条）という買主（融資者）のリスクの反面で丸取りもおかしくないとして、私的自治的な非典型担保の独自性を説くものが現れており（池田雄二論文[46]）、改めての再考が求められよう（詳しくは、担保物権法に譲る）。

1－1－3　手付法（民法557条）[47]

・通常は、金銭で（それに限られない）、代金の1〜2割になる。cf. 内金……それよりも、多額の場合であり、「代金の一部支払」の意味がある。

・種類：①証約手付……契約成立の証拠（最小限この効果はある。英米のearnestなどが、この立場）、②解約手付……民法557条は、この推定をしている（解約権の留保である）（なお、宅建業法39条は、消費者保護の見地から、10分の2を超えることはできないとし（1項）、解約手付とみなしている（2項））、③違約手付……損賠額の予定、違約罰的な意味を持つ場合であり、比較的多数の場合がこれである。

（Cf. 成約手付……手付が成立要件になっている場合であり、あまりない。）

・日本の慣行（「手付損倍戻し」）の考慮が、起草者意思である（梅・要義巻之三481頁）（ボアソナードの旧民法財産取得編29条が、フランス式（フ民1590条）に予約とリンクさせてであるが、既に日本の慣習を考慮していたことについては、来栖＝太田102頁）。比較法的には、手付けはあまり大きな意味を持っていない（来栖論文755-756頁）。

・戦後の近代法論（契約の拘束力の強調）（広中ほか、加藤（一）、吉田（豊）、柚木＝高木（注民（14））など多数説）の立場からは、解約手付けに対しては、制限的になる。

───────────

(46)　池田雄二「非典型担保における買戻(1)(2・完)」北大法学論集59巻5号、6号（2009）。

(47)　広中俊雄「解約手附であると同時に違約手附でもあるということは可能か」民法の基礎知識1（有斐閣、1964）、来栖三郎「日本の手附法」法協80巻6号（1964）、来栖三郎＝太田知行・手附（総判27巻）（有斐閣、1965）、吉田豊「近代民事責任の原理と解約手附制度との矛盾をめぐって」法学新報72巻1＝3合併号（1965）（同・手付の研究（中央大学出版部、2005）に所収）、また、横山美夏「民法557条」民法典の百年Ⅲ（有斐閣、1998）も参照。

第2部　契約各論の諸類型

Cf. これに対して、有力説（来栖説）は、（判例）に好意的である。——慣行に
即して、場合分けしつつ検討する。

すなわち、①当事者の意思、②手付額、③慣行から判断し、(a)建築請負
なら、内金ないし消費貸借とし、(b)株式売買なら、合意だけで足りるとし、
(c)仲介業者による不動産売買ならば、解約手付の典型例とし、片面的な解
約手付（業者の方からは、解除できないとする）という有力説（来栖50頁）
を展開する。

なお、(d)マンション売買の場合の「申込証拠金」「契約保証料」は、契
約不成立ならば、返還されるべきものとされる（内田117頁）。

（検討）

解約手付けは、契約の拘束力を弱める。この兼ね合いをどう考えたらよいか。
——この点では、基本的に来栖路線に従いたく、むしろそれは、現代的契約法
モデルからも、以下の如く、関係的・プロセス的契約論の見地から、説得的に
正当化できると考える（吉田）。

＊解約手付法のプロセス契約法（関係契約法）的合理性

手付（解約手付）には合理性があるので、制限的に解さなくともよい。……
とくに契約をプロセス的（関係的）に解すると、瞬時に完全な拘束力を想定す
る「近代契約法」の考え方こそ、反省が必要であろう。確かに身分法のように、
意思の浮動性に留意した解釈（身分行為理論）[48]では、取引の安定性を害して
問題であるが、他方で、不動産取引のように、重大資産に関する取引契約にお
いては、熟慮・再検討の余地を残すような契約法の設計が合理的であろう。

「意思による拘束力」という観念のわが国における弱さとも関係しているの
であろうが、このような法制度は、むしろ比較法的な普遍性が主張できるほど
の合理性があるのではないか？諸外国における要式化要求と類似したところが
ある。なお、来栖博士は、しばしば「要物性への執着」とする（来栖論文769
頁、来栖42-43頁、47-48頁）が、そこまでいう必要もないのではないか。単に
契約からの解放のルートの法理的承認というだけである（吉田）（なお、潮見83

---

(48)　これについては、さしあたり、吉田邦彦・家族法（親族法・相続法）講義
録（信山社、2007）40頁参照。

38

第1章　「財産（物）の譲渡」に関する契約

頁〔基本59頁〕も、自己決定としての契約からの離脱を説く）。

＊ファーンズワース教授晩年の「契約後悔」論

　アメリカの契約法の泰斗故ファーンズワース教授が、晩年に、従来の契約法に手薄な考慮として、《契約の後悔・撤回を認める制度の再検討》を模索している[49]ことが、このことを示していると思われる。契約の拘束力の議論からは、逆向きであるが、それが現代的にも重要であり、しかし閑却されてきたことを示す大家の思索である。

　なお、このような視角は、例えば、マンション建替えによる等価交換契約などについて、その建替えの合意（区分所有法62条などの特別多数決による）が、単発的・ワンショット的になっていることへの批判的視角を与えるものであり、応用可能性が広いものであろう。すなわち、被災・老朽化マンションについて、修繕にするか建替えを行うかは、コスト負担や居住環境の変化との兼ね合いで、「迷い」を伴う決断である。当初のマンション購入には、解約手付による解放のルートがあるのに、建替え（いわばそれは新たな建替えマンションの購入判断である）に関する区分所有法のメカニズムはそうなっていないということである（建替えに反対した場合の補償額は安く算定されていると事実上賛成を強要される面がある）（詳細は、所有法講義録参照）。

（個別的な論点）

(1)　**個々の手付授受の解釈**。——とくに、違約手付（損害賠償額の予定）と解約手付との共存の可否。

　（判例）は、民法557条の適用（解除）を肯定する（最判昭和24.10.4民集3巻10号437頁〔疎開のために、京都所在の家屋の売買の事案である（代金1万500円で、手付金1050円）が、締約の約1年半後に、売主が手付倍戻しにより、解除権を行使された事例。これに対して、買主は、契約履行として、所有権移転登記手続きを請求したのが本件訴訟である。＊その解除権行使は、「売主不履行ノ時ハ、買主ヘ既収手付金ヲ返還スルト同時ニ、同額ヲ違約金トシテ別ニ賠償シテ損害補償ニ供スルモノトス」という条項によったというケース。なお、買主はその後、他の家屋

_____

(49)　See, ALLAN FARNSWORTH, CHANGING YOUR MINDS: THE LAW OF REGRETTED DECISIONS (Yale U.P., 1998).

第2部　契約各論の諸類型

買入れ交渉をしていたが、本件では、「履行の着手」が肯定された（最判昭和30.12.
26民集9巻14号2140頁）］。その後、最大判昭和40.11.24後出も同様である）。

　（学説）の多くは、これを批判し、制度趣旨が両立しないとするのに対し
（吉田豊論文（注47）、広中51-52頁、柚木＝高木・新版注民(14)175-176頁など）、
（有力説）（来栖）は、（判例）を支持し、契約不履行、損害塡補の点で、両手付
は、目的を同じくし、法意識としても共存するとし（来栖36頁では、違約手付
は、売主の解除権消滅後に適用されるともする）、このような見解は支持を集めて
いる（同旨、星野120-121頁（手付損・手付倍戻しでないと解除できないという限
りで、拘束力は強まっているとする）。大村28頁も大差ない）。
＊もっとも、このような併存肯定説でも、違約罰としての違約手付の場合は、
　別であるとするのが、一般的である（来栖34頁、星野120頁ほか）。

　（検討）
　上記併存説（有力説）でよいだろう（ただ、拘束力が強まっているのではなく、
損害を塡補しているだけのことである）。さらに、考えると、「違約罰的な違約手
付」と性質決定されることは、例外的であるとのことなので、あまり実益もな
いが、その場合でも、契約からの離脱の余地を認めてもよくはないか（プラス
アルファーの金員の授受で解除をその場合でも認めるのである）（吉田）。……ある
意味で、手付による解約に制限的な近代法理論とは対蹠的な見方であるが、プ
ロセス的な契約法理論からは、そのような帰結も導きうる。

✐ **（雑談）**「気骨の判決」（体制翼賛選挙無効判決）を書いた吉田久氏（大審院判
事。民法学者（中央大学教授））については、NHKスペシャルで放映されたが
（2009年8月16日）（そのもととなったのは、清水聡・気骨の判決（新潮社、2008）。
同判決が、2006年に発見されて話題となった）、そこでも吉田豊教授（川村泰啓教
授門下で、川島博士と同様の近代法理論の影響が強い）は、コメントされていた
ので、同教授は、ご子息か。

　(2)　「履行の着手」の解釈
　（有力説）（学説多数説？）からは、緩く解釈すべきことになる（契約の拘束力

第1章 「財産（物）の譲渡」に関する契約

を認めることになるから）。これに対して、（判例）は、ケース・バイ・ケースだが、比較的限定的である（解除を比較的認めている）。

・この解除制限の趣旨は？──「着手」による相手方の不測の損害の回避。この趣旨を考慮する目的論的解釈では、この要件を絞る（手付解除を広げる）（判例）の立場になじむ。Cf. 文言解釈。

・チェックポイント……(i)履行期の前の行為か後の行為かで違うか、(ii)自ら履行着手した者から解除だったらどうか。

　（判例）は、「客観的に外部から認識しうるような形での履行行為の一部をなし、又は履行の提供をするために不可欠の前提行為をした場合」として、履行期前の目的物調達を「着手」があったとするが、他面で、履行着手者自らが（着手していない相手方に対して、）解除することはできるとして「履行着手」の制限解釈を施した（最大判昭和 40.11.24 民集 19 巻 8 号 2019 頁〔不動産（代金 220万円）の売買で、手付金 40 万円。売主からの倍戻しによる解除の主張。売主が、現所有者である大阪市に対して、買主から受領した手付金の一部（19 万円余）を支払い、自分名義の移転登記を得たことが、「履行着手」かが問われた〕）（これに対して、横田裁判官は、反対する）。また、「当該行為の態様、債務の内容、履行期が定められた趣旨・目的等諸般の事情を総合勘案して……」として、履行着手を否定する事案がある（同平成 5.3.16 民集 47 巻 4 号 3005 頁〔土地建物（代金 8600 万円余）の契約締結時に 100 万円が支払われ、履行期までに相当期間〔約 1 年 9 ヶ月〕ある時点での土地測量（実測費用 14 万円弱は買主負担）、さらにその数カ月後の買主からの残代金を準備した履行勧告の事例。売主は、買換えのための本件不動産売却を行ったが、バブルのためにその代金で買換え先購入は困難となり、倍額支払いで解除したというケースであり、履行着手否定、解除肯定。履行期に特別の意味があったとも見うる〕）。

＊（判例）は、履行期前の行為か、履行期後の行為かを一応のメルクマールとしているようでもある。

＊（学説）も近時は、こうした（判例）を支持するものも有力になっている（例えば、内田 119 頁。吉田も）（なお、潮見 81 頁は、手付における契約離脱の自己決定の尊重と言いつつ（前述）、この場面では、（判例）を批判するが、一貫し

第 2 部　契約各論の諸類型

ているのだろうか)。

(3)　売主による倍額償還の方法

(判例)は、買主への現実の提供を要する(最判平成 6.3.22 民集 48 巻 3 号
859 頁)。

Cf. 弁済の提供(民法 493 条)一般では、口頭の提供で足りる。また買戻しの
　　場合でも(民法 583 条)。

「解除」をその限りで絞っている。買主の手付金回収のリスクへの配慮の面
もある(池田(清)評釈・北法 46 巻 2 号)。

(検討)

手付金を巡る紛争では、売主から倍額償還して解除するというケースが多い。
——手付を放棄する主体が誰なのかという分析視角は重要であり(しかしこの点
は、従来閑却されてきた)、売主が業者ないし大企業、買主が消費者という権力
関係に鑑みると、消費者保護の見地からも、解除には慎重な検討が必要である。
その意味では、近代法論者の主張には、理由付けはともかく、結論的には、類
似する立場を志向するところ(履行着手の認定の仕方。倍額償還の認定の仕方。
片面的解除論(来栖))は、わからなくもない。(他方で、買主に手付を放棄させる
ような債権侵害(「二重譲渡」ではなく、「二重買受け」的なそれ)は、容認して不
法行為に消極的になるような解釈論はあり得る[50]。)

　ただ、いわゆる契約における「翻意」をどの程度認めるかという問題の一環
であり、バブルなど不動産価格変動の激しいときに見られる契約現象というこ
とができ、規制のあり方は、一律に決められるものでもないし、ここで論じた
のは、あくまで手付段階での契約からの解放論である。

【QⅠ-1】手付法に対する近代契約法論者の批判を整理して、さらにそ
　れを、関係的プロセスとしてみる現代契約法の見地から、批判的に論じ
　てみなさい。
【QⅠ-2】「履行の着手」に関する議論の背後の原理的対立を考えてみ

---

(50)　吉田邦彦・民法解釈と揺れ動く所有論(有斐閣、2000)267 頁参照。

第1章 「財産（物）の譲渡」に関する契約

なさい（QＩ－１とも関係する）。

１－１－４　代金支払い、果実収取等
（1）　**売主の果実収取権（民法575条）**──引渡しがメルクマール。

・（趣旨）売主・買主間の諸種の錯雑なる関係を相消［解消］するため（梅・要義巻之三537頁）（（売主）〔果実－管理費用〕＝（買主）〔代金の利息〕という理解）。その前提として、契約成立とともに、所有権は、買主に移るというフランス式の発想があり、これが起草者の立場である。

（判例）①衡平の観念から、代金支払いがあれば、果実収取権は移る（大判昭和7.3.3民集11巻274頁）。

②目的物の引渡し遅滞あるときも、なお売主に収取権があり、代金支払に遅滞があっても目的物の引渡しまでは、買主は代金利息を支払う必要はないとする（大判大正13.9.24民集3巻440頁【55】(5版)）（売主遅滞のケース）（なお、池田(恒)解説では、遅滞の場合には、民法415条に戻り、買主の賠償請求（売主の遅延利息請求）を各々認める（同旨、三宅(上)207頁））。Cf.悪意の占有者の場合……果実返還、消費・毀損分は代価の償還義務（民法190条）。……わからなくもないが、大差ないのではないか。問題事例で賠償を認めればよいのではないか（吉田）。

（なお、登記移転が先行する場合でも、果実収取権が残るという説も有力である（星野Ⅳ125頁）。）

・契約の解釈問題。別様の取り決めをすればそのように解する。
・所有権移転、危険負担との関係。
　①　（所有権移転）伝統的通説（起草者。我妻・各論中(1)208頁、柚木＝高木・注民(14)290頁など）は、契約時説。しかし、引渡し時、代金支払い時に所有権移転とするのも有力である（川島・民法Ⅰ153頁、広中55頁ほか）。
　　近年は、そもそも「所有権」を論ずる意味がなく、個別に果実収取権の帰属、代金利息の問題を論じようとする見解も有力である（鈴木教授）。（物権法に譲る）

43

第2部　契約各論の諸類型

　　……体系性 v.　機能性という解釈方法論上の問題
　②　（危険負担）比較法的に果実収取権とリンクさせる例が多い（ドイツ、
　　フランス、スイス）。

(2)　**代金支払義務（民法555条）について**
・事情変更による増額評価（契約総論・債権総論に譲る）。
・幾つかの補充規定（default rules）
　①　支払い時期（573条）──引渡しと合わせる。
　②　支払い場所（574条）──引渡しと同時の時は、引渡し場所で。
　　　　　　　　　　　　そうでないときには、持参債務の原則（民法484条）。
　③　代金利息（575条2項）
　④　代金支払い拒絶権（担保責任、抵当権消滅請求との関連）（576～577条）。
　　その場合の売主の代金供託請求権（578条）。

(3)　**なお、目的物受領義務（民法413条参照）は、債権総論に譲る。**

1－1－5　売主の担保責任
(1)　**総　　説**
権利の瑕疵……561条、563～569条。
物の瑕疵……570条（瑕疵担保責任）。

（存在理由）……債務不履行一般の場合（履行強制（民法414条）、損賠（民法
415条）、解除（民法541条、543条）との比較。
　1.　帰責事由が不要（無過失責任）。Cf. もっとも、債務不履行責任のほうでも
　　揺らいできている。
　2.　解除、損賠、代金減額。Cf. 完全履行請求（代物請求、修補請求）の可否。
　3.　解除に催告不要。Cf. 民法541条。
　4.　1年間の期間制限（民法564条、566条3項）。Cf. 債権の消滅時効一般（10
　　年）（民法167条1項）。
　5.　損賠の範囲につき、信頼利益の賠償とするのが、伝統的通説。Cf. 履行利
　　益まで（民法416条）。

第1章　「財産（物）の譲渡」に関する契約

　　6.　買主の善意・悪意による区別。＊この区分がどこから来るかは、後に検
　　　　討する。

・特約による免責ないし責任軽減はできる（もっとも、民法572条による制限は
　ある）。しかし慎重に見ていく必要はある。いわゆる《免責約款の司法的規制》
　の問題であり、本格的には、債務不履行一般のところ（債権総論）で扱う。
　　Cf. 宅建業法40条……買主に不利な特約の禁止（目的物引渡しから一定期間内
　　　（2年以上）とすることはできる）。住宅品質確保促進法（平成11(1999)年法
　　　律81号）では、10年の瑕疵担保責任として、片面的強行規定とする（88
　　　条2項）〔現在95条2項〕。……これらは、消費者保護強化の現れ。
・逆に、担保責任を重くする特約も有効（実際には、それほどない）。
　債権の売買で、売主が資力を担保した場合につき、民法569条。
・歴史的には、ローマ法の売主の限定された債務の補充という意味合いがある
　（広中56頁）。
・アメリカなどでは、日常生活で、欠陥があればもちろん、そうでなくとも、
　レシートがあれば、返還（返品）、代物請求できることは、日本以上に定着
　しているようだ。欠陥品（いわゆる「レモン」）も日本以上に多いが……（余
　談）例えば、コートなどのバーゲンを見つけたので、堂々と数日前に購入し
　たコートを返品して、新しく買い直した20年も前のアメリカでの体験は、
　カルチャーショックだったが、今の日本はアメリカ化しているのだろうか
　（そもそも中古市場がわが国よりはるかに多い。アメリカで近時一般化した教科書
　類の中古市場化などは、日本ではまだまだだろう）。
・民法学者が、後述する性格論ばかりに大議論をしている反面で、実際には、
　《欠陥住宅問題》は跡を絶たず（もっとも、四川大地震（2008年）、台湾南部地
　震（2016年）で倒壊した欠陥ビルを見ると、この問題は日本だけの問題でないこ
　とがわかる）、それについて十分な社会的発言もできないうちに、外在的に
　上記立法がなされたという経緯も情けない感じがする（中国・台湾の民法学
　も、日本以上に概念法学である）。

＊なお、債権法改正では、(i)原始的不能論（かつてのドイツ法（ド民旧307条）
　では、債務不履行とは考えないという伝統的通説。債権総論参照）は廃棄されて、

45

第2部　契約各論の諸類型

債務不履行によれるとされる（新412条の2第2項）と連動して、いわゆる
「特定物のドグマ」（部分的な原始的不能理論）（後述する）も廃棄されて、債
務不履行的に考えられるようになり、《瑕疵》という言葉は避けられ、《契約
の不適合》問題とされる。(ii)従来解釈論として認められてきた、追完請求権
（新562条）、代金減額請求権（新563条）が新設される。(iii)損害賠償・解除
は債務不履行一般の415条、541条、542条によることとし、請負における
担保責任の規定（634条、635条）が削除（整理・統合）される。

(2)　他人物売買（民法560条、561条）、数量不足（民法565）等
＊他人物売買（他人の権利の売買ともいう）の規定（とくに、民法561条）は、
実は、民法総則でおなじみの規定である。錯誤無効、詐欺・強迫による取消、
無権代理、未成年者の行為の取消がなされた後の債権法上の後始末の規定で
あり、こういう場合を《追奪担保責任》という。転得者に関する絶対的構成
をとるか、相対的構成をとるかも、民法561条の解釈によるのである。

(2−1) 他人の物の売買につき、日本民法は、有効としている（民法560条）。
この限りで、債権的効果と物権的効果との分裂。

　(N.B.)（nota bene〔mark（note）well（注意せよ）のラテン語〕）　この点、立
　法例が分かれる。売買とは、所有権の移転行為だとする立場を貫徹すれば、
　無効説となる。これが、フランス法系の立場である[51]。これに対して、
　（梅・要義巻之三488-489頁）は批判的で、不特定物売買には、他人物売買
　の例は多いとする。

(2−2) 売主が調達できなかったら、担保責任（追奪担保責任）を負う（民法
　561条）。……この場合には、短期の期間制限（除斥期間）はなく、一般の
　10年の消滅時効によることになる（民法167条）。

────────────

(51)　フランス民法1599条では、他人物売買は、善良の風俗に反して無効だとす
　る（グルニエ委員による）。旧民法財産取得編42条も同旨であり、モンテーニュ
　（原二郎訳）・エセー(5)（岩波文庫）（岩波書店、1967）241頁でも同趣旨の叙述
　がある。

第1章 「財産（物）の譲渡」に関する契約

　　買主が善意……解除、損賠

　　　　悪意……解除、（民法415条による損賠）

・「移転不能」……常識的に取引通念による。

・売主に帰責事由があれば、悪意の買主でも損賠請求できる（判例。最判昭和41.9.8民集20巻7号1325頁）。

・善意の売主にも解除権がある（民法562条（買主の善意の時には、損害賠償をしつつ行い（1項）、悪意の時はそれも不要（2項）））（Cf.民法561条は、買主の解除権、損害賠償請求権）。

・買主の使用利益の返還義務（判例。最判昭和51.2.13民集30巻1号1頁）。……詳細は、不当利得法に譲る。

・無権代理との類似性（誰の名でする売買かが違うだけである。他人物売買は、自己の名で行うので、いわゆる処分「授権」（Ermächtigung）に対応する）。……民法総則で既習。

　「他人の権利の売主を権利者が相続した場合」、履行義務を拒否することができるとされる（判例。最大判昭和49.9.4民集28巻6号169頁）。相続態様による相違。無権代理についても同様の議論があることを、想起せよ。──「本人による無権代理人相続の場合」に、無権代理の追認拒絶（民法113条）はできても（①）、無権代理人の責任（民法117条）を拒絶できない（②）というのが、（判例）であるが（①につき、最判昭和37.4.20民集16巻4号955頁、②につき、同昭和48.7.3民集27巻7号751頁）、それは、他人物売買においては、善意買主の損害賠償請求を拒めないとの含意を持つであろう（事例はないが）。

【QⅠ-3】外観保護理論（例えば、表見代理）の転得者保護における「絶対的構成」「相対的構成」の是非について、民法561条の解釈論と関連させつつ、論じなさい。

【QⅠ-4】無権代理と相続に関する一連の判例を検討し、それと他人物売買における類似の状況と比較考察しなさい。

＊（補足）民法561条にもかかわらず、買主悪意の場合に損害賠償請求させる

47

第2部　契約各論の諸類型

こと（（判例）・（通説））のおかしさ

　民法561条後段に正面から反する形で、判例があって、やや不可解だと申し上げたら、すぐにもっと詳しく説明してほしいとの質問が来た（従来講義するたびに、この部分は、買主悪意の場合には、債務不履行一般の法理によるから、帰責事由が要求されるために、買主善意の場合（帰責事由は要求されない）と、ある種のバランスが保たれているぐらいに考えていた。しかし、債務不履行一般についても過失の意味での帰責事由は要求しないという立場が、有力説であるので（学界では中堅以下の学者では多数説化していて[52]、今般の債権法改正でも実現されようとしていることは前述した）、もっときちんと考える必要があることとなる（潮見・基本70頁では、ただ「問題があります」とだけ指摘する）。

① 　この点、起草者の梅博士は、同条但し書（現行民法561条後段）を起草する際には、悪意の買主に対して他人物売買しても、売主に「過失」がないからと書いてある（梅謙次郎・民法要義(三)（有斐閣、1911）492頁参照）。ここからも、前記「帰責事由」に関わるバランス論がおかしいことがわかる。

② 　41年最判（さらに、最判昭和50.12.25金法784号34頁）の判例には、当時の通説（我妻・中一277頁、柚木・注民(14)139頁など）が、売主の担保責任の場合にも、債務不履行法理の援用を主張したことの影響が説かれている（潮見・民法典の百年Ⅲ（有斐閣、1998）364頁参照）。

③ 　（吉田）しかし、それだけでは、561条但し書（現行561条後段）の趣旨と415条との関係は、説明されていない。つまり、ここでは、「当該契約不履行に至る蓋然性が高い事情を知っている買主（債権者）はどれだけのことを請求できるか」という問題が問われており、むしろ、《買主側の事情による損害賠償の制限》の問題であり、それは《買主の損害軽減義務（一種の協力義務）ないし信義則（禁反言)》とも通ずることである。だから、民法415条とは別の問題であり、判例の立場には問題があるというべきであろう（同旨、潮見120-21頁。因みに、山本247-248頁は、こうした他説

──────────

(52)　吉田邦彦「債権の各種──『帰責事由』論の再検討」（初出1990〔民法講座別巻2（有斐閣、1990)〕）同・契約法・医事法の関係的展開（有斐閣、2003）第1章として所収）以降の動きで、近時のものとしては、潮見佳男・契約責任の体系（有斐閣、2000）を参照。詳しくは、債権総論で習う。

第1章 「財産（物）の譲渡」に関する契約

には触れるが、同教授の立場は書かれていない）（なお、内田 145-146 頁（2 版 146-147 頁）でも、この問題に気付いておられるようだが、最終的に再度、保証責任（無過失責任）の問題に戻そうとされるのは、おかしいと思う）。そして、こういう考え方は、瑕疵担保規定が準用する 566 条でも同様で、善意の買主のみ救済されるスキームになっていて、その背後の問題意識とも通底しているであろうことにも留意すべきであろう。

　そして、こうした解釈論の展開は、前述の転得者の保護に関するいわゆる「相対的構成」（「絶対的構成」よりも具体的正義に叶う柔軟な構成）を、民法 561 条の側から、補強することにもなっていくのであることにも、留意して欲しい。

★教師のモノローグ——以上に、ややアンバランスに、詳論したのは、一見当たり前のように書かれてあることでも（有斐閣双書(6) 42-43 頁〔平井〕。同旨、S シリーズ 73 頁〔浦川〕）（前述通説的叙述のリフレインと想像される）、よく考えるとおかしなことがあるという一例を示したかったからである。些細な論点かも知れないが、こうした「疑問」を持つことによって、学説は動いていく。しかも、根幹に関わり、かつ社会の要請ともふれあい、従来の議論（の前提）を決定的に覆すような批判的「創見」を出す学説ほどすばらしい（もちろんその論証、説得力が問われることはいうまでもないが）。民法学者が、日々やっている作業は、このようなダイナミックな作業であることを垣間見てほしいし、意欲のある学生諸君は、どんどんこのような研究の営為に参加してきてほしい。「学問の精神」の厳しさとともに、従来の独断を崩していく楽しさ・やりがいについても、考えてみてほしい（大塚久雄「学問の精神」参照）。

　もしかしたら、諸君は、教師は、何でも知っていると思うかも知れないが、学問の実態はそれと異なる。昔、我妻先生の講義（今だったら、内田教科書？）は、わかりが良すぎて、あとの学者は、もう何も研究することがないと錯覚してしまったとの感想を漏らした人があったと聞いている。最近の民法教科書の平易化とともに、民法学の研究が減退しているとしたら、少しそれと類似しているところがあり、学問の進展にとっては不幸なことである。「民法は、わからないことだらけ」というのは、言い過ぎであるが、しかし、

第2部　契約各論の諸類型

「わからないこと」「疑問に思うこと」「やられていないこと」を感ずることができなければ、研究者はつとまらないし、おもしろいことに、勉強すればするほど、そういうことは、増えてくる。そしてこれは、別に研究者に限られず、学問（勉強）をする者ならば、同じことであり、既存の議論を鵜呑みにせずに、問題提起すること、疑問を感じ批判を投ずること、それがないと事態は進展してゆかないことに留意して欲しい。目下「知のあり方」が変質し、陳腐化している。情報時代において、知識を並べることがもてはやされるふしがあるが、大事なことは、チャレンジ精神であり、洞察力により、学説の価値が決まるという認識である（今こそ川島博士の言[53]をかみしめて、民法学における知のあり方を再考すべきだと思う）。

　教師は、よく勉強していないと、諸君は、頼りなく思うであろうし、それは教官として恥ずかしいことである。しかし、あまりに「物知り顔」で語るのは、学問的に不誠実となり、権威主義の嫌いもあろう。このあたりのバランスが難しいといつも感じている。かつて、来栖先生は、教室に来ておられてもなかなか講義が始まらなかったことが多かったと聞いている（その理由は、勉強が足りなくて、先生の私見がなかなか定まらなかったからと説明されたとのことである）。なかなか講義をしてもらえないのも困るが、先生の誠実さ、学問に対する厳しさ・謙虚さを物語るエピソードだと思う。

(2－3) 権利の一部が他人に属する場合（民法563条、564条）。

買主が善意……代金減額、解除、損賠

　　　　悪意……代金減額

1年の期間制限（民法564条。565条で準用。同旨、566条3項）。……561条ほ

---

(53)　川島武宜・ある法学者の軌跡（有斐閣、1978）128-129頁（チャレンジングであれ。これは、M・ラインシュタイン教授の言とのこと）（また、116頁（学問上の良心としての引用の重要性））、351-355頁（学問上のフロンティア・スピリット、知的好奇心の重要性）、361-362頁（大事なことは、「多くを知っていることではない」。「絶えず考えていること」「よく考えて自分の理論を作り出すこと」が任務である）（これは、知識量というよりも分析・考察の洞察力で、「知のあり方」を勝負するという見方である（吉田））などは、すべて「反時代的メッセージ」であり（しかし、アメリカなど諸外国では当たり前のことである）、研究者に限らず、民法学習者の必見の書であろう。

第1章 「財産（物）の譲渡」に関する契約

ど、裁判例は多くない。他人帰属の事実を知ったとき（善意の場合）、契約時
（悪意の場合）から1年以内に（！）。

＊同様の制限は、数量不足、利用権等による制限の場合にもあり（民法565条、
民法566条3項）、これが瑕疵担保の場合にも準用されていること（570条）
が重要である。

（判例）は、これを除斥期間として、期間内に裁判外で行使すれば足りる。
それから先は一般の消滅時効の問題とする（大判昭和10.11.9民集14巻1899頁
判民123事件川島〔売買土地の一部が京都市の所有という事例〕、最判平成4.10.20
民集46巻7号1129頁【商法総則・商行為57】(4版)〔韓国産ストッキングの瑕疵
（つま先の穴あき、糸の太さの不揃い）という民法570条の事例。具体的に、瑕疵の
内容、それに基づく損賠請求する旨、損害額の算定根拠を示すなどして、売主の担
保責任を問う意思を明確に告げる必要があるとする（転売先からの通知を受けて瑕
疵を発見し、直ちに靴下会社にその通知をしたから、損害賠償できるとした原審ま
での判断を破棄差戻し）〕）。

＊**短期の期間制限の起算点に関する（判例）**——一方で、遅らせる努力。他方
で、重畳的制限の議論

1年の期間制限（民法564条）の起算点につき、最判平成13.2.22判時1745
号85頁【50】(6版)〔土地売買の契約及び引渡し後に、隣接土地所有者との境
界を巡る紛争が生じた場合で、買主が563条ないし565条による代金減額請求
した事例〕は、「担保責任を追及し得る程度に確実な事実関係を認識したこと
を要する」として、隣接土地所有者が異なる境界を主張した時（平成3月12
月）ではなく、隣接境界紛争につき、公権的判断を待とうとしたときには、そ
の判断が出てから（境界訴訟の上告審判決は平成8年3月。代金減額の裁判外の意
思表明は同7年11月、訴訟提起は同8年4月）とした。

また、同昭和48.7.12民集27巻7号785頁【50】(5版)〔山林の転売で、そ
の面積が違っていた場合につき、買主は売主が誰かについても、誤認していた
事例〕は、民法565条（数量指示売買）の事例だが、564条の起算点の解釈と
して、「数量不足につき知るのみならず、売主が誰かにつきその責めに帰すべ
きでない事由により知りえなかった場合には、売主を知った時から」としてお

51

第 2 部　契約各論の諸類型

り（そして本件では、別訴で、売主誤認が分かった時からとした）、別訴により、条文措定の状況が確実になった時からとする点では、平成 13 年 2 月最判は、そのラインに乗っていて、起算点を遅らせたと言える。

　なお、上記とは別に、重畳的に制限する方向性の（判例）として、同平成 13. 11. 27 民集 55 巻 6 号 1311 頁法協 120 巻 9 号吉川〔宅地に道路位置指定がなされていたという、民法 570 条の事例〕がある。同判決では、瑕疵担保による損害賠償請求権については、民法 167 の消滅時効が問題となり（同条は排除されないとして）、その起算点は、<u>売買目的物の引渡しを受けた時</u>とする（本件では、引渡しは、昭和 48(1973) 年 5 月、隠れた権利瑕疵に気付いたのは、平成 6 (1994)2〜3 月、同年 7 月に損賠請求の通知をしている〔引渡しから 21 年余り後である〕。なお判決では、さらに時効援用が権利濫用であるかを審理すべきであるとしている）。これは、権利瑕疵を知らずに長期間経った場合には、別途買主救済の道は制約されうることを示したわけである。

　この点の（学説）として、(i)まず（立法者）は、そもそも一部追奪の裁判確定から 1 年というオランダ法（オランダ民法（1838 年）1536 条）の立場を意識しながら、民法 564 条を定めていることからも、近時の（判例）の立場と親和的である。(ii)また、民法 167 条の重畳適用に関しては、（判例）（平成 13 年 11 月最判）と同様に、引渡し時からとするのが多数説である（森田教授ほか[54]）（それは、瑕疵認識からという趣旨にも適合的である）が、契約時からとする説も有力である（三宅 340 頁、新版注民(14) 233 頁（松岡）。因みに、梅・民法債権（贈与・売買ほか）129-130 頁も同旨）。

　一般論としては、それでよいかも知れないが、平成 13 年 11 月最判事例のように、権利の瑕疵の発見が困難な場合には、何らかの配慮をしておく必要があるのではないか。——この点で、（判例）は、時効の援用の濫用の余地を説くのも示唆的だし、有力説（田中（宏治）評釈・阪大法学 55 巻 2 号 491 頁）は、引渡しから 10 年の制限がかかるのは、「物の性状の瑕疵」の場合で、「法律上の制限」には及ばないとしている。一考すべき類型的区別であろう（吉田）。(iii)なお、売主誤認に関しては、関連規定（例えば、行政事件訴訟法 15 条、民法 117

（54）　森田宏樹「売買契約における瑕疵修補請求権に関する一考察（3・完）」法学 55 巻 2 号（1991）118 頁。また、内田 138 頁、潮見 236 頁、松井【54】解説 111 頁。

第 1 章 「財産（物）の譲渡」に関する契約

条）から、他者訴えの時点を基準としてよいという構成でもよく、また不知につき、帰責事由がないことを要求するのは、バランスを失しているとの見解（廣瀬教授）（とくに、行訴法 15 条では、原告に故意又は重過失がなければよいとしていることとの比較をする）（【50】(5 版) 廣瀬解説 111 頁、同・法協 93 巻 1 号評釈）がある。

　短期の期間制限の趣旨につき、学説は、早期の権利関係安定の趣旨から、①（判例）と同様に、除斥期間と解しつつ、裁判外でもよいとする見解（鳩山（上）326-327 頁ほか伝統的多数説）の他に、②訴えを要求するもの（我妻中 I 279頁、柚木＝高木 406 頁など有力説）（なお、③（立法者）(梅) は、除斥期間〔(梅) は、「予定期間（delai prefix）」という[55]〕だからとして中断を否定するとしつつ出訴を要求した（一部追奪の場合には、調査・証明に困難な事実が多いから、短期間に権利を行使すべきだとしたとする）(梅 501-503 頁など)（なお、来栖 62-63 頁は、裁判外でもよいとしていたと解する〔そして確かに、岡松・次 99-100 頁では明示的にそう書いてある〕が (梅) は、そうではないようである[56]）、さらに、④その先の損賠請求権、原状回復請求権の短期消滅時効とするもの（形成権それ自体は、裁判外でもよいとする）(川島・民法解釈学の諸問題 184 頁、広中 61 頁、鈴木 253 頁など）がある。……このように歴史的に見てみると、（判例）・（通説）の立場も、立法者の立場ともずれていて、たまたまそういう立場に落ち着いているだけで（その際には、鳩山博士の影響力も感ずる）、必然的なものではないことがわかる。

──────────

(55)　この概念については、さしあたり、吉田邦彦・多文化時代と所有・居住福祉・補償問題（有斐閣、2006）438-439 頁参照。

(56)　この点、（条文の誤記はあるが）松岡久和・民商 109 巻 1 号（1993）112 頁参照。旧民法財産取得編 43 条 3 項（一部滅失につき、知ってから 6 ヶ月（解除（鎖除））、2 年（代価減少））、54 条（面積不足、数量不足につき、売主は契約時から（買主は引渡時から）1 年（不動産）、1 ヶ月（動産））、99 条（瑕疵担保の解除（廃却）・代価減少・損害賠償につき、6 ヶ月（不動産）、3 ヶ月（動産）、1 ヶ月（動物））が出訴期間（予定期間）であったこととの連続性からも、（立法者）(梅) は、除斥期間的な出訴期間説とする。この点、例えば、旧民法の瑕疵担保の期間制限に関する、梅謙次郎・日本売買法全（八尾書店、1891）（復刻版、新青出版、2001）313 頁の叙述が「期間内ニ訴ヲ起スヘキコトヲ曰フ所以ナリ」としていて、明示的である。

第2部　契約各論の諸類型

（検討）

前記平成4年判決は、伝統的立場を採りつつ、学説に配慮してその請求の仕方につき、やや要件を厳しくする中間的立場を採ったものと位置付けうる（鎌田・重判【民6】解説参照）。

……これは、（立法者）の立場とはずれるかもしれないし、短期決済の要請には反するが、裁判外で紛争がまず問題となる日本的事情に適合し、（判例）の立場が、買主保護の実際上の必要性との関係で、穏当ではないか（吉田）。

（2－4）数量不足（数量指示売買の場合）または物の一部滅失の場合（民法565条。563条、564条の準用）。

買主善意のときのみ……代金減額、解除、損賠。期間制限。

・事例は、それほど多くない。

・数量指示売買か否か──（判例）はかなり厳格である（最判昭和43.8.20民集22巻8号1692頁（単なる登記簿記載の坪数では足りないという））。……「実際の面積、容積、重量、員数〔人・物の数〕、尺度あることを売主が契約において表示して、その数量を基礎として、代金額が定められることを要する」とする。もっとも近時は、やや緩和傾向にある（最判平成13.11.22判時1772号49頁は、土地売買で、単位数量金額の算定方法をとらなくとも、売主が一定の面積を保証して、それが代金算定の重要な要素となっていればよいとする）。

（問題点）

1. 損害賠償の範囲

損害賠償の範囲（最判昭和57.1.21民集36巻1号71頁〔土地の数量指示売買で、隣接地との関係で数量不足であることが判明し、不足分の土地値上がり分の損害賠償請求の事例〕）（信頼利益の賠償のみとする〔土地値上がり分は、履行利益で、売買契約目的達成の上で特段の意味を有しなければ、売主は賠償責任を負わないとする〕）については、瑕疵担保のところで、まとめて後述する。……民法565条に関する従来の多数説（末弘・債権各論404-405頁、我妻・中Ⅰ271-272頁〔売主に過失があれば、履行利益の賠償もできるとする〕、柚木＝高木・新版注民(14)154頁など）（これに対して、鳩山(上)329頁は、履行利益の賠償もできるとしていた）と同様である（潮見・基本74頁も参照）。

第1章 「財産（物）の譲渡」に関する契約

（検討）

(1)　（判例）は従来、多数説（我妻ほか。Sシリーズ80頁（浦川）もこの立場）が説くように、売主の過失責任・無過失責任と対応させるように、履行利益・信頼利益の責任を論じるというやり方はしていない。そうではなくて、「売買契約上の特段の意味」として保証約束しているかという当事者意思解釈に帰着させている。（判例）は元来、民法565条は、無過失責任だから、信頼利益に限られるという硬直な立場ではない。数量指示売買の担保責任の中に、場合により、値上げ分の賠償も含ませている。

(2)　なお本件は、契約後長期間経って損害賠償請求するという事案でもあり、この論点はまだ前面に出ていないが、前述（判例）（平成13年11月最判）で、目的物引渡し後10年（民法167条1項）の制約にかかるということとの関係で、やや微妙な事案であった（契約締結から約12年経過。目的物引渡し・移転登記から9年6カ月後本訴提起の事案である）（この点は、森田解説参照）。

2.　期間制限の起算点（前述）

期間制限の起算点……数量不足を知ったが、売主を知り得なかった場合には、売主を知ったときからとされる（判例。最判昭和48.7.12前出）（前述）。

3.　数量超過の扱い

逆に、数量超過の場合、売主の増額請求につき、（通説）・（判例）は否定する。（梅）も同旨であり、旧民法の立場を批判していた[57]（Cf. 旧民法財産取得編49条2項は、肯定していた）。……売買当事者の力関係を意識した常識論・信義則から、意図的にこうした限定的立場が示されたことに注目したい（吉田）。因みに、数量超過のリスクを売主に負わせるのは妥当ではないとし、第1に、買主に超過分の返還の選択権をまず与え、第2に、返還しない場合には、売主

---

(57)　法典調査会民法議事速記録4（商事法務版、1984）26-27頁の梅発言（第85回法典調査会〔明治28（1895）.5.10〕）では、元来売主で調べて渡すべきものでは、後から、数量が多いことから、解除ないし損害賠償を言わせるのは、不都合・不必要で、数量が大事な特別の意思がある場合には、別途例外的に契約解釈として、債務不履行の問題とすればよいとする。

55

第2部　契約各論の諸類型

の代金増額の請求権を認める、潮見教授の立場（潮見・基本76頁）は、売主・買主の権力関係を対等視する見方が、私よりも強いように思われる。

　……近時ほぼ同旨の（判例）が出された（最判平成13.11.27民集55巻6号1380頁）（前出同一年月日判決とは、別事件）（超過部分の代金支払いの合意があれば、別であるが、民法565条を類推適用して、代金増額の支払い請求はできないとする）。

（2−5）利用権などによる利用制限の場合（民法566条）。

　善意の買主のみ、解除、損賠。（代金減額が認められないのは、減価分の比例算出が困難のため。立法論的には批判があり、債権法改正では、代金減額の一般規定が入ることは前述した）

　期間制限。

　1項……地上権、永小作権、地役権、留置権、質権による制約の場合。

　2項……地役権不存在、対抗力ある賃借権（登記した賃借権に限られない）による制約の場合。

　事例は少ないが、本条文が570条で準用されていることが重要である。

＊なお、建物の競売事例（この場合に、後述の瑕疵担保責任規定は適用されない（民法570条但書）ことに注意せよ）で、存在すべき借地権が存在しなかった場合に、民法568条及び本条1項、2項を類推適用して（2項のみを引くべきであろう（吉田））、契約解除及び配当を受けた債権者への代金返還請求を認めた事例が出た（最判平成8.1.26民集50巻1号155頁）。

（2−6）担保権による制限の場合（民法567条）。

　買主の善意・悪意を問わずに、解除、損賠、出捐償還。（短期の期間制限はない。）

　あまり、実際には使われない。多くは、抵当債務の引受けがあり（抵当債務額を引いて、代金が決められる）、その場合には、「担保責任を負わない旨の特約」（民法572条参照）があると見られて、民法567条は、不適用となるのである。

【QⅠ−5】売主の担保責任で、買主の善意・悪意で、同人に与えられる救済方法が異なる状況を整理し、そのような扱いの根拠を検討しなさい。

第 1 章 「財産（物）の譲渡」に関する契約

【QI－6】一部追奪、数量不足ないし瑕疵担保で、短期の期間制限が設けられていることにつき、(1)その根拠を述べなさい。また、(2)立法者（さらにはフランス法）はその期間制限の運用につきどのように考え、わが判例は、それをどのように独自に柔軟化したか（またその背景）、さらにそれに対する諸学説の対応につき、論評しなさい。

【QI－7】担保責任の期間制限に関する起算点の柔軟化（逆に、担保責任規定以外の期間制限のかけられ方）につき、知るところを記しなさい。

(3)　瑕疵担保責任（民法570条）

(3－1)　総　　論

・売主の担保責任の中でも、最も事例が多く、重要度も高い。ただ、現代社会では不特定物（代替物）売買が重要であるので、特定物を想定した民570条の機能はそれほど大きくはない（とくに、動産に関するかつての裁判例はobsolete な感じがしなくもない）。しかし、住宅などの不動産事例では、まだまだこの法理の積極的運用の要請はあるのではないか。

・学界においては、従来、数多くの議論が蓄積しており、著名な見解の対立があるが、それは多分に理論的な対立であり、論争の実際の意義はそれほど大きくないのではないか。債務不履行説の批判は貴重だが、それは結局、570条の歴史的意義を踏まえて、その今日における適用場面、その重要度をどのように評価するかに帰着するように思われる。

・期間制限については、住宅の場合、特別法（住宅の品質確保の促進等に関する法律）（平成11(1999)年法律81号（平成12(2000)年4月施行））による期間伸長があることは、前述した（すなわち、施行日以降に締結された新築住宅の売買契約で、住宅の基礎構造部分に隠れた瑕疵がある場合には、引渡日から10年間、損害賠償請求権、瑕疵修補請求権を行使でき、契約目的を達成できないときには、契約解除できる（88条1項、2項〔現在は、95条1項、2項〕）。また、特約により、20年以内で、その期間を伸張できる（90条〔現在は、97条〕)))。＊なお、瑕疵を知った時から1年以内に権利行使をすべきことになる（95条3項による民法566条3項の準用）。（これら及び条数の変更については、平成16(2004)年改正（法律141号）による。）

57

第 2 部　契約各論の諸類型

（問題点）

　以下扱う論点は、①隠れた瑕疵の意味、②適用の場面（ないし性質論）、③損害賠償の範囲、④代金減額の可否、⑤錯誤との関係、⑥期間制限などである（⑥については、前述した）。

（3 − 2）「隠レタル瑕疵」（現代語化で、「隠れた瑕疵」）とは

　（E.g.）見本売買の場合（保証した品質、性能を基準とする）。中古車の売買。欠陥住宅。さらには、（2010 年当時）私自身悩まされていた（異常な熱を発して頻回停止する）欠陥あるパソコン（購入当初は、問題はなかった）（なお、保証期間は、購入（売買契約）から 1 年とされる）。＊結局、その後買い換えた。瑕疵担保責任の追及などはもちろんない。業者によれば、そういう機械に当たるかどうかは、「運不運の問題」らしい。今一つ釈然としないが……（笑い）。

・敷地利用権（賃借権）付き建物売買における敷地の欠陥はどう扱うべきか。（判例）は、売買目的物の「隠レタル瑕疵」ではないとする（最判平成 3.4.2 民集 45 巻 4 号 349 頁（大雨による擁壁の傾斜・亀裂による宅地の沈下・傾斜ができたという事例））。……賃貸人の修繕義務の履行により、補完されるべき敷地の欠陥については、賃貸人に対して修繕を請求すべきだとする。

　Cf. 売買目的物たる賃借物の欠陥・瑕疵の場合でも、面積不足、敷地についての法的規制、使用方法の制限など客観的事由だったらいいとする（平成 3 年判決）。

・なお、金銭債権の売買の担保責任については、民法 569 条（ここでは、債務者の資力の担保特約が要求される）参照。

（検討）

(1)　上記の両者で截然と区別できるのか。やや本判決は、形式的な詭弁のところがなくはないか。契約の解釈如何では異論の余地があって、売買目的物たる敷地賃借権の一定の状態の売主による保証ということはあってよい（吉田）（同旨の見解は多い。例えば、吉田光碩評釈（判タ 778 号）、潮見評釈（民商 106 巻 2 号）、高木解説（重判【民法 5】）。これに対して、半田【54】（5 版）、【53】（6 版）解説は、保証特約・担保約束を要求して、判旨を支持する）。

(2)　判旨では、賃貸人に請求すればいいとするが、その無資力の負担（本件

第1章 「財産（物）の譲渡」に関する契約

もそのようなケース）を買主に負担させて良いのだろうか。住宅問題にお
ける民法570条適用に際しての、消費者（居住者）保護の視角の弱さが出
ている判決のように思われる（半田・前掲解説は、通常は、買主は、地主に
責任追及すべきだとするが、このあたりは「消費者保護的な感覚」の違いだろ
うか。買主としては、まずは直接の取引相手である売主に責任追及するのが消
費者取引の実情として、通常ではないか（吉田））。

・隠れた瑕疵の基準時

　（判例）は、契約当時とする（最判平成22.6.1民集64巻4号953頁〔東京足立
区から23億円で買受けた（平成3年）土地が、その後有害物質とされた（平成13
年）フッ素で汚染されていることが判明し、土壌汚染の調査・対策費用12億円余
の内、4億6000万円請求。原審（東京高判平成20.9.25金判1305号36頁）は、
「事後的に有害であることが社会的に認識されるに至ったときには、民法570条の
隠れた瑕疵に当たると解するのが相当である」として、4億5000万円の賠償を命
じていたが、破棄自判〕）。

（検討）

　本判決は、まさしく契約内容を契約締結時に決するという古典的モデルに囚
われたものであり（それでよいとするものとして、潮見佳男・私判リ2011（下）41
頁（同教授及び奥田教授は、消極論の意見書を出していたようだ（私的自治の原則
に触れる））。また榎本・最判解平22年度（上）346-349頁は、これが「主観的瑕疵概
念」で通説的だとして、正当化する）、他方で、原審を支持する有力説もあった
（吉政・民商143巻4＝5合併号483-484頁、田中洋・神戸法学雑誌60巻3＝4合
併号184頁以下）。

　私は関係契約的に捉えるゆえに、瑕疵の捉え方も原審のように捉えるべきだ
と考える。……(1)理論的のみならず、実質的にも、買主にリスクを負担させる
ことは不当であり、継続的リスク評価をして何故おかしいのか、わからない。
また売主は、東京都足立区であり、時的な余後効を有する公共的な保証責任を
負うとすべきではないか。(2)瑕疵の捉え方の客観・主観の問題と、基準時の問
題とは区別して捉えるべきである。(3)平成13年最判（二重の期間制限）との関
係でも損害賠償は難しいとする見方があるが（榎本351頁）、同最判の射程外と

第2部　契約各論の諸類型

考えるべきであろう（吉田。同旨、曽野・教室262号145頁）。……近時の民法学説の古典性、保守性を如実に示すものであろう。

・物質的な瑕疵のみならず、法律的な瑕疵を含むか。

　（判例）は570条の適用を肯定する（最判昭和41.4.14民集20巻4号649頁法協84巻3号下森〔都市計画街路の境域地の部分が約8割を占める土地の売買（計画事業が、公示されていても、それが売買の10数年以前の告示でなされていたケース）〕でも、肯定する。同旨、最判昭和56.9.8判時1019号73頁〔保安林の指定（森林法34条──伐採制限）ある山林の売買〕）。

　これに対して有力学説は反対して、民法566条に準じた処理をすべきであるとする（我妻［434］、広中68頁、下森評釈）（もっとも、（判例）を支持する見解もある（来栖94頁──公簿・競売条件に公示されている点以外は、競落人が注意しなければならないとする））。

（検討）

1.　競売との関係

この点を論ずる意味は、<u>競売の場合の担保責任の有無</u>にある。すなわち、民法570条の瑕疵とされると、競落人は民法568条の担保責任の保護を受けられないことになる（570但書）（瑕疵担保につき、競売の場合をはずしてある理由は、①権利関係を極めて煩雑にはさせず、また、②競売の場合には、買主は、多少の瑕疵を予期して、安く買い取っているので、認めなくとも不公平にはならないからとされる（梅・要義526頁））。また性質論的には、ここでの瑕疵を民法566の場合と区別する合理性はなく（広中が強調する）、有力説は筋が通っている（解釈における体系性・一貫性）。──「権利の瑕疵」とここでの「物の瑕疵としての法律上の制限」の類似性ということである。

……(1)もっとも、（判例）の立場でも、評価人の不法行為責任を問題にする余地はあろう（568条の前身の旧民法財産取得編67条では、公吏の責任も定めていた）。

　　(2)来栖博士は、安価になりがちな競落価格に徴して、実際的配慮を加えているというべきだろうかとする（物の瑕疵程度だったら、公的機関の媒介もあり、競売代金も安価であるから、担保責任を認めないということか。それにしても、民法566条の類推とのアンバランス問題は、残る）。──実質的保

第1章 「財産（物）の譲渡」に関する契約

護を図るということならば、競売事例も考慮して、民法570条のルートではなく、566条の準用ということになるのではないか。「法律上の瑕疵」の場合には、「権利瑕疵」との違いも微妙だし（むしろ親和性もある）、競売物件は安いから保護も適当でよいというのは、どうもついていけない（吉田）。

　＊従来の判例の事例は、競売ケースではなく、その点を検討する必要もなく、さしあたり不都合がないから、民法570条を、法律上の瑕疵にまで広げていると言える。それに対して、最近の競売ケースの（判例）は、民法566条によっているというべきか（前掲平成8年最判参照）。

◇　民法568条の担保責任……競落人からの解除、減額請求（1項）、債務者が無資力の時の配当を受けた債権者に対する請求権（2項）、過失者に対する損賠賠償請求権（3項）。

2. 法律上の制限に気付かずに、長年月経過の場合の救済の問題（前述）。

　この点で、従来は、あまり問題とされずに、保護の必要性というニーズに応えられる状況だったが、近時の（判例）で、「目的物引渡しから10年経過すれば」民法167条1項の重畳適用がなされるとの立場が示され（最判平成13.11.27前出）、改めて場合により救済の必要性が意識されよう（吉田）（前述）。

　・予期すべき負担か、「隠れたる瑕疵」かどうか

　　この点で問題となったものが、最判平成25.3.22判時2184号33頁である（土地区画整理事業の対象の仮換地の売買の事例。買主がその後、賦課金を請求された場合に、瑕疵担保で請求できるかが問われる。買主は、土地区画整理組合員になっている。売買が平成9〜10年になされ、同13〜14年に組合員への賦課金徴収の議決がなされ、同15年4月に賦課金を支払い、同21年11月に瑕疵担保責任追及というケース。原審では、隠れた瑕疵に当たるとして、期間制限の起算点も遅らせて、損害賠償請求を一部認めていた）。（判例）は、こういう場合には、民法570条の瑕疵はないという。

（検討）

・かつてバブル期には、保留地の売却で経費を処理できたが、バブル崩壊後に

61

第2部　契約各論の諸類型

は、土地区画整理事業との関係でこういう賦課金徴収の例も増えているようだ。微妙な事例だが、土地区画整理組合員にもなったのであれば、こういう負担は、《土地区画事業に内在するリスク》（「一般的・抽象的可能性として常に存在する」と、平成25年最判も言う）として、買主が負担すべきものであろう。事後的な瑕疵をどう考慮するかという理論的課題にも関わる（後述する）。……（吉田）は、一般論としては、関係的に扱いたい（事後的瑕疵も排除しない）立場だが、本件の場合に即した、組合員となった買主が、土地区画整理事業のリスクをどのように負担すべきかという問題として、やはり賦課金は負担すべきではないかということである。フッ素事案（平成22年最判）と関連させて、議論がなされているが、事案的に異なるのではないか。
・二重の期間制限（消滅時効一般（民法167条）による制約）（平成13年最判）にも、引っかかりそうな事案でもある。

(3-3) 570条の性質論ないしその適用の場面――特定物売買だけか、不特定売買にも適用されるか

担保責任の性質論とも関係し、昭和30〜40年代（1960年代〜70年代）の民法学界の大きな関心事であった（論文は、最近にいたるまで出続けている）。

Ⅰ（判例）は、不特定物にも適用する。但し、一定の要件を付して、――すなわち、「瑕疵の存在を認識した上でこれを履行として認容した場合」には、瑕疵担保責任を問うという形で――民法570条の射程を絞りつつ適用している（後述の伝統的通説とは、やや異なることに注意せよ）。

(i)　大判大正14.3.13民集4巻217頁判民35事件舟橋
　　12馬力のタービンポンプの売買で、エンジン発火装置に隠れた瑕疵あり。買主からの解除・代金返還請求に対し、民法570条による解除を肯定する。「瑕疵ヲ知リツツ受領セシモノ」と解する。
(ii)　その後の裁判例では、瑕疵担保の問題として、期間制限により買主の主張を斥けている。大判昭和2.4.15民集6巻249頁（ブリキ板530箱）、同昭和3.12.12民集7巻1071頁（樅板115坪の見本売買）、同昭和6.2.10新聞3236号13頁（粗竹三間物）、同昭和6.5.13民集10巻252頁（山羊毛）

第1章 「財産(物)の譲渡」に関する契約

……瑕疵を知りつつ費消したケース。
(iii) 戦後、最判昭和 36.12.15 民集 15 巻 11 号 2852 頁は、有線放送用のスピーカー売買(付属品なども含めて、代金 24 万余円)(昭和 27 年 3 月に契約)で、音声不良という事例。受領後使用し(同年 4 月に使用、5 月に引渡し)、故障の修理を行ったが効果がなく(数回修理、しかし直らず、同年 6 月に持ち帰っての修理を催告)、売主が放置するので(同年 8 月には他社から機械を借りて使用)、買主が解除請求したというもの。解除は肯定された。「瑕疵を認識した上でこれを履行として認容し、瑕疵担保を問」わない限り、受領後も、取り替え・追完などの完全履行請求権があり、これに基づき、不完全履行が帰責事由によるときには、債務不履行として契約解除(損害賠償)ができるとする。

契約　　受領　　　履行として
　　　　　　　　　認容

(検討)

1. (判旨)は、民法 415 条、541 条によっているが、瑕疵担保としても処理できた(同様の結論が導けた)ケースである。この判例は、受領し、履行として認容していても(その時点で、瑕疵を認識していても、契約時に善意であれば)、民法 570 条の瑕疵担保責任を問いうることを、述べていることに注意せよ(こうした場合には、債務不履行責任だったら、もはや問いにくいのであり、やや細かいことだが、公平上、債務不履行責任よりも広げている。同旨(?)森田(宏))。

2. しかし、他方で、570 条の適用の射程となる時点を遅らせる傾向にあるようでもあり、同条の適用領域は、かなり限られているようでもある。さらに考えてみると、そのような射程の狭さの背後には、短期の期間制限があるならば、瑕疵担保制度が、現代社会における消費者保護の要請に適合的かどうかも問われるべきであったというべきではないか(吉田)。

3. この段階の考え方の背後には、債務不履行責任と瑕疵担保責任の適用領域の区別[峻別]という前提があり、その限りでは、伝統的通説の問題(次述)と共通する。

第2部　契約各論の諸類型

4. ただ、実際上は、プラグマティックに、柔軟な概念の操作で、事態適合的に処理をしてきたようである（この点は、また後述する）。

Ⅱ　（学説）には、以下のごとき、著名な展開が見られる[58]。

（i）　伝統的通説（我妻、柚木、下森各博士ら）：特定物売買についてだけ、民法570条適用。

（これに対して、不特定物売買ならば、債務不履行［不完全履行］の責任追及になるとする。）

------

(58)　問題を投じた見解を中心的に記すと、五十嵐清「瑕疵担保と比較法」比較民法学の諸問題（一粒社、1976）（初出、1959-60）、北川善太郎・契約責任の研究（有斐閣、1963）（同・日本法学の歴史と理論（日本評論社、1968）も参照）、星野英一「瑕疵担保の研究——日本」民法論集3巻（有斐閣、1972）（初出、1963）。

　　その後のものとして、加藤雅信「売主の瑕疵担保責任——対価的制限説再評価の観点から」民法Ⅱ判例と学説（日本評論社、1977）（同・現代民法学の展開（有斐閣、1993）所収）、好美清光・金商650号（1982）、円谷峻「瑕疵担保責任」民法講座5（有斐閣、1985）、森田宏樹「瑕疵担保責任に関する基礎的考察(1)(2)」法協107巻2号、6号（1990）、同「不特定物売買と瑕疵担保」判例に学ぶ民法（有斐閣、1994）、笠井修・保証責任と契約法理論（弘文堂、1999）、潮見佳男・前掲書（注52）（有斐閣、2000）、同「ドイツ債務法の現代化と日本債権法学の課題(1)」民商法雑誌124巻3号（2001）、潮見161頁以下、野澤正充「瑕疵担保責任の法的性質」法時80巻8号（2008）（同編・瑕疵担保責任と債務不履行責任（日本評論社、2009）に所収）、同「瑕疵担保責任の比較法的考察(1)〜(6・完)——日本・フランス・EU」立教法学73号、74号、76号、77号、81号、91号（2007、2009、2011、2015）、下田由紀「フランス法における瑕疵担保責任の要件および効果について」関西大学大学院法学ジャーナル83号（2008）、同「売主の適合物引渡義務と瑕疵担保責任——フランス法における二元的構成」関西法学論集59巻6号（2010）、山本顯治「市場法としての契約法と瑕疵担保責任」神戸法学雑誌63巻1号（2013）参照。

　　これに対して、伝統的通説の代表的論客としては、柚木馨・売主瑕疵担保責任の研究（有斐閣、1963）、広中俊雄「売主の瑕疵担保責任」法セミ34号（1959）、加藤一郎「担保責任」民法演習Ⅳ（有斐閣、1959）、下森定「不特定物売買と瑕疵担保責任」法学志林66巻4号（1969）、同「建物（マンション）の欠陥（瑕疵）と修補」現代契約法大系4（有斐閣、1985）、同「不完全履行と瑕疵担保責任」（加藤古稀）現代社会と民法学の動向（下）（有斐閣、1992）、同「瑕疵担保責任論の新たな展開とその検討」（五十嵐ほか古稀）民法学と比較法学の諸相(3)（信山社、1993）などがある。

第1章　「財産（物）の譲渡」に関する契約

・その論理：特定物に瑕疵ある場合、瑕疵無きものの給付はできない（原始的一部不能）。すなわち、債務は、「そのものの給付」で尽きており（民法483参照）、債務不履行はないというわけである。……こうした発想は、前述の判例のロジックにも忍び込んでいる。
・しかし、これでは、公平上問題があるとして、買主保護を図ったのが瑕疵担保だと理解する（法定責任説）。

Cf. 戦前における反対説の例……①（末川）（私法19号（1958）でも再説する）は、特定物・不特定物を問わず適用する。；②対価的制限説（勝本）（「不完全履行序説」同・民法研究1巻（厳松堂書店、1932（初出1929）210頁）の支持。；代物請求は、信義則・慣習から認める。
　；③（末弘）（「種類売買に於ける瑕疵担保について」同・民法雑考（日本評論社、1932）（初出、1930））は、代替物・不代替物の区別に着目する。

（問題点）

1. 目的物が特定物か不特定物かで、要件・効果に相違が出る。とくに、期間制限；代物・修補請求の可能性。──これに対しては、信義則（我妻）、民法566条3項の類推適用（加藤（一）、広中）により、効果面での調整がなされる。これにより、かなり、実際上の不都合はなくなる。
2. その他相違点は、損害賠償の範囲。伝統的立場だと、原始的不能ゆえに信頼利益の賠償に限られる。一般に履行利益の賠償（民416条）よりも小さいとされる。

(ii)　これに対する前提の批判──瑕疵担保を債務不履行の一種とする債務不履行説［契約責任説］の主張がなされ、その後の学界の共有財産となる（今日の通説的見解であろう）。……五十嵐（1959〜60）、北川（1960）、星野（1963）など。＊とくに、E・ラーベルらのドイツのおける比較法学者の研究を基に、いち早く指摘された五十嵐博士のものが、オリジナリティーの面で、光っているであろう。
・「瑕疵ある特定物の給付で、債務は尽きる」とすることを、「特定物のドグマ」と称する（北川）。

65

第2部　契約各論の諸類型

・それは、常識に反し、一応完全履行義務を考えるべきだとする（星野）。また比較法的潮流も、債務不履行の一環として瑕疵担保を捉えているとされる（五十嵐）。

・民法570条を、債務不履行責任の特則であるとすることの帰結として、不完全履行の一般規定も適用されて、両者が抵触する時には、民法570条が優先するとする。──特定物・不特定物を問わずに、むしろ代替物・不代替物の区別に即して、代物請求、修補請求を認めてよい（民法414条）。；そして、瑕疵の追完・修補が不可能の場合には、解除できる。；損賠については、次述する。

★（モノローグ）「法学者35歳才能絶頂説」──因みに、五十嵐清博士（1925～2015）は、法学研究者の才能絶頂の時期は、35歳くらいであるというのが、持論であった（五十嵐清「法学者の能力の絶頂期」ジュリスト685号（1979）、山田卓生ほか編・ある比較法学者の歩いた道──五十嵐清先生に聞く（信山社、2015）180-181頁に所収）。同博士の場合には、「瑕疵担保」「夫婦財産制」「事情変更の原則」などの基本的な制度について、比較法研究を通じて、根底から批判するオリジナルな研究を出されたのが、いずれも1960年頃で、まさしく持論を自ら実践されたということが言えよう。自身が、30歳代半ばの頃に何をしていただろうかと思うと、心許ない。もちろん、法学の場合は、理系と違って、研究活動の期間は長く、そうした持続力は、優れた研究者の指標であろう。しかしそれと同時に、35歳までに、学界の議論を塗り替えるオリジナルな論文を出しているかは、学生諸君が、先達を評価する際の指標となることも間違いないであろう。

＊「特定物のドグマ」と「原始的不能論」

「原始的不能論（impossibilium nulla obligatio）」とは、契約取引の対象となるためには、外界に実在する有体物でなければならない、従って物質的に可能でなければならないという法理であり、さらに、履行不能を知っていれば当事者はその給付の債務を負担しなかったという当事者意思からも、ローマ法を受けたドイツ普通法学の議論を受けて、ドイツ民法旧306条が規定するものであり（これについては、磯村哲「Impossibilium nulla obligatio 原則の形成とその批判理

第1章 「財産（物）の譲渡」に関する契約

論」（石田（文）還暦）私法学の諸問題（第1民法）（有斐閣、1955）参照）、これが、わが民法学説に広く影響し、伝統的通説の地位を占めていた（例えば、末弘30頁、鳩山（上）67頁、我妻・上80頁など）。瑕疵担保の伝統的通説の法定責任説の前提には、その枝分かれともいうべき「原始的一部不能論」があることを踏まえておく必要がある。そして、今やそうしたドイツ法の立場は、批判されていて（目下ドイツ法自体も、ヨーロッパ法化の流れの下でこうした法理は廃されて、残るはドイツ法を継受した台湾法くらいである）、わが国の有力説による1950年代末からの批判は、その前駆をなしていたとも見ることができるわけである。

（検討）

① （歴史面）瑕疵担保の歴史的経緯に即して考えれば、伝統的立場のほうが、自然なのであろう。

② （実態面）しかし、不特定物（代替物）の売買取引の増大・一般化の流れからしても、同制度の拡充が要請され、60〜70年代の議論は、制度のリベラルな開放・柔軟化の現われとも見うる。そして、今から見れば、特則説それ自体は、かなり自明のことと見うるかもしれない。

③ （その後の展開との関係）別の言い方をすれば、債務概念の拡張の一断面であり、目的物の属性・機能について、買主の期待に添わない瑕疵があれば、売主の債務不履行があったとして保護を与えておかしくない。それは、近年のヨーロッパ法の統一に伴うドイツの「原始的不能」概念（それは、ローマ法の厳正契約法〔ローマ後期のより柔軟な誠意契約法に対するもの〕の継受と関係する）の廃棄の動向とも通ずるものである。

　　また、無過失責任を規定する民法570条を（通説）よりも広く解しようとする有力説の捉え方は、──本則の民法415条の「帰責事由」を薄めて無過失責任化（特に結果債務の場合）するその後の展開（吉田論文（1990）以降）（そしてこの点でも、比較法的に従来立法例が分かれていて、ドイツ法の過失責任主義は、ヨーロッパ法統一により、フランス式・英米式の無過失責任化にシフトしつつある）との関係でみると──その先駆け的な意味合いがある（とくに五十嵐論文）（この点で、Sシリーズ82-83頁〔浦川〕は、過失責任・無過失責任を対応させていて、理解の仕方が、やや古い）。

④ ただ、30年前は、債務不履行一般法理に目が向いていたが、今日的に

第2部　契約各論の諸類型

は、再度、売買契約に即した瑕疵担保制度の特則的意義を確認しておくべきであろう。例えば、どうして、買主の善意・悪意を区別しているかなど。

⑤　それにしても、一番目立つ短期の期間制限は、立法論的に再検討すべきであり、伝統的通説及び判例（とくに判例法理での独特の適用領域論）は、<u>570条を制限的に適用する論拠を与えていたという実際的意義があったの</u>かもしれない（錯誤（民法95条）との競合理解でもそうであるが、判例におけるそれなりのプラグマティズムである）。しかし、それにしても、民法570条に関する裁判例の少なさからは、欠陥住宅問題などの実際上の要請に十分に対応していなかったことにも気付くべきであり、立法的改正も喫緊ではないか（なお、住宅品質確保促進法については、前述した）。

(3－4)　損害賠償の範囲

Ⅰ（学説）：

(ⅰ)　（通説）は、信頼利益の賠償に限ったのに対し、債務不履行説は民法416条により賠償範囲は決せられ、履行利益もカバーされるとする（無過失責任としつつ。もっとも、不可抗力の場合には免責を認める）（星野、五十嵐）。……「信頼利益」概念は、曖昧だとされる（星野226頁以下）。

(ⅱ)　これに対する批判がその後、出される。加藤(雅)(1977)、好美（1982）、円谷（1985）など。

1.　一般的法理とのアンバランスがあるか。しかし、債務不履行責任一般についても、特に、引渡債務ないし結果債務については、無過失責任的処理が示唆されている（吉田、森田(宏)）（前述。詳しくは、債権総論参照）。だからこの点は、大した論点ではなくなりつつある（なお近時、加藤教授は、債権法改正に反対されて、契約責任（債務不履行責任）一般のレベルで、過失責任を説かれ、この点につき保守勢力に訴えようとされている[59]。しかしこの動きはいささか時代復古的な独自の展開であり、現代的課題を踏まえた契約法思潮（本講義総論部分参照）としても、問題があると思われる）。

2.　<u>危険負担制度〔不可抗力的場合で、債務者［売主］は債務から解放され、反対給付がどうなるかに関する制度。債務者主義なら売主がリスクを負担</u>

──────────

(59)　加藤雅信・民法（債権法）改正──民法典はどこに行くのか（日本評論社、2011）36頁以下、同・迫りつつある債権法改正（信山社、2015）136頁以下。

第1章　「財産（物）の譲渡」に関する契約

するから、反対給付（対価）もなくなることになる〕との比較が問題になる。不可抗力的な場合も、瑕疵担保は、カバーしうるから。

・危険負担の効果とパラレルのものとして、「代金減額」（民法 566 条、570 条の損賠は、その趣旨だとする）が考えられて、その意味で「対価的制限説」（勝本）が再評価されることになる（加藤（雅）論文。同旨、加藤（雅）225-226 頁）。

・近年は、立法者意思の再検討から、瑕疵担保を危険負担的に捉える有力説が出ている（好美、円谷。また、近時の野澤論文（2008）も大差ない）。……有償契約の対価的均衡から効果として、解除と代金減額を考える。

（検討）

当たっている部分もあるが、やや危険負担に引きつけ過ぎではないか（吉田）。……その前提に、債務不履行は過失責任で、危険負担は無過失の場合という伝統的枠組みがあるようである。しかし、近時の債務不履行責任の帰責事由では、無過失責任をも取り込むから、はるかに債務不履行との対応関係は大きいのである。しかし、（吉田）とて、帰責事由がない場合（不可抗力的な場合）はフランス法的に維持して、その時には、危険負担との対応問題はあるということになる。

＊瑕疵担保制度の領域に関する理解とその変容（？）の整理

瑕疵担保の適用場面の理解としては、第1に、瑕疵の存在時の問題として、伝統的通説は、「原始的（一部）不能」の問題であるから、契約成立以前から存在している瑕疵の問題に対応する制度と考えて、成立後の瑕疵への対応は、債務不履行ないし危険負担によるということになる。この点で、はっきり意識されているわけではないが、有力説はそれ程厳格に適用領域を限定しないから、成立後に始まった瑕疵であっても、民法 570 条を適用するのであろう。◇前述判例の事例を使うと、平成 22 年最判のフッ素汚染のケースだと、既に契約時から汚染され、認識が刷新されたことになり、《瑕疵は契約時から存在していた》ことになり、平成 25 年最判の土地整理区画事業の賦課金となると、《契約後に生じてきた瑕疵事情》とみうる。組合事業運営如何にかかると思われるが、一般的には、組合運営上のリスクは組合財産によるとの規範があれば、瑕疵担保責任を買主は問いうるが、どうもそうでもないようであり、買主が予期すべ

69

第2部　契約各論の諸類型

き負担のようである（前述））。

　他方で、混乱しないでほしい問題として、第2に、契約履行のプロセスで、いつまで債務不履行ないし瑕疵担保を主張できるかという問題である（前述した判例で論じられる基準の問題）。換言すると、時系列的に債務不履行を主張できるのはいつまでなのか（どこから瑕疵担保しか主張できないか）という視点からの領域区分（瑕疵担保請求可能時という区分）であり、わかりにくいが、第1の問題と混乱してはならないであろう。

　　　　　　　　　　　　　　　　＋
　　　────────────────────────────────────▶
　　瑕疵担保　　　　（契約成立）　　債務不履行ないし危険負担

　3. 拡大損害（瑕疵結果損害）の問題も、近年クローズアップされており、ここでは、売主の過失を要件とする必要があろう。
・これは、立法者意思にも反さないとされる。
・いわゆる「付随義務」違反の問題ともなり、債務内容からのアプローチでも、手段債務的に過失責任ということになろう。その意味で、民法570条の本来予定していた瑕疵担保の拡張した類型ということになり、帰責要件も変わる（付随義務違反という意味で、過失責任である）ことになる（吉田）。Cf.品質・性状の保証。

　（吉田）ゆえに、一応民法416条によるということでもよいが、損害の発生態様、種類に応じた場合分けが必要であると考える（瑕疵担保といっても、責任系列が複次的であるから）。また、信頼賠償は、立証との関係でも、また中間的解決という意味でも、もっと注目されてもよい（吉田論文[60]参照）。

────────────────

(60)　吉田邦彦「アメリカ法における損害賠償利益論」同・契約法・医事法の関係的展開（有斐閣、2003）第2章参照。因みに、アメリカ契約法では、期待利益（expectation interest）、信頼利益（reliance interest）、原状回復利益（restitution interest）は、契約法の講義でまず習う基本問題で、数多くの蓄積がある。これに対して、わが国の「履行利益」「信頼利益」概念については、瑕疵担保責任の通説批判との関連で、ドイツ学説の継受で有害無益の如く扱われてしまったために（星野・前掲論文あたりが嚆矢であり、近時も、能見善久「履行障害」債権法改正の課題と方向（商事法務研究会、1998）123-125頁の扱いも控えめで、さらに、潮見佳男・契約責任の体系（有斐閣、2000）373-374頁、392頁以下では、「信頼賠償」ドグマとして、否定的に扱う）、十分な議論がなされていない

第 1 章 「財産（物）の譲渡」に関する契約

・なお、拡大損害について、メーカーに訴えるのは、不法行為責任（製造物責任）の問題である。フランスでは、こういう場合にも、瑕疵担保が拡張されている。

　Ⅱ（判例）は、①対価的に制限するもの（東京高判昭和 23.7.19 高民集 1 巻 2 号 106 頁〔登記簿に「無期限」と記載された地上権の売買。期限の定めなしとされ、和解で地上権消滅。和解時の地上権価格（¥22722）が請求されたが、売買代金（¥11250）から瑕疵あるものとしての代価（¥5900）を差し引いた額（¥5350）のみの賠償を認めた原審が支持された〕）、②信頼利益の賠償に限ったりするもの（例えば、大阪高判昭和 35.8.9 高民集 13 巻 5 号 513 頁〔乳牛の売買で、牛が不妊症であることが判明した事例。信頼利益の賠償を内容とし、履行利益を含めて考えることは矛盾だとする〕）が多い。

　もっとも、③それ以上の賠償が、全く否定されているわけではない（最判昭和 57.1.21 前出（但し、この部分は、この事例でそのように判断されていないから、傍論（obiter dicta）にすぎない。Cf. 真の判決理由（ratio decidendi））〔土地の数量指示売買の事例につき、土地の値上がりによる利益についての賠償を否定したもの。「表示通りの面積を有したとすれば、買主が（転売で）得たであろう利益」（いわゆる履行利益）についてまで、売主は賠償責任を負わないとする。本件では、土地面積の表示が売買契約の目的達成のうえで、特段の意味を有しない（その旨の立証がない）とされた。「特段の意味」があれば（例えば、買主が特定の使用目的、転売目的とかを説明して、それを踏まえて面積表示する場合）、別であるとする〕。また、札幌高判 39.11.28 高民集 17 巻 7 号 537 頁〔山林の立木売買で 3 分の 1 が腐蝕していたというケースで、販売先に支払った賠償額の請求を肯定する〕）。

（3 – 5）代金減額請求の可否：条文には、書かれていないができるかどうか。
　（判例）は、代金減額請求は、認められないが、損害賠償請求と代金との相殺ならよいとする。
　最判昭和 29.1.22 民集 8 巻 1 号 198 頁動産売買判百【54】竹内（商事売買のケース）（中古自動車売買。代金 25 万円。10 万円の減額請求を棄却する）

　のは、残念である。

第 2 部　契約各論の諸類型

　最判昭和 50.2.25 民集 29 巻 2 号 168 頁（カマスの売買。一枚 65 円を 20 円に
する減価採用で精算したのを、損害賠償請求権による相殺と解釈する）

　（学説）は、「代金減額」を認めることに、近年は肯定的である（民法 570
条の損害賠償は、沿革的には、代金減額であり（旧民法財産取得編 95 条では、便益
を失う割合に応じて代金減額できるとされていた）、便宜的に修正されただけで（起
草者が、減価計算が困難だと考えたことによる（民法修正案理由書 492-493 頁参照）、
性格が変更されたり、理屈の上で、否定されたりしたわけではない）。

　（吉田）単に、この場合には、算定困難というだけでは、根拠不充分であり、
端的に「代金減額」を認めてはどうであろうか。本来は、法改正によるべきで
あろうが……。

＊債権法改正による明文化については前述。

(3 − 6) 瑕疵担保責任と錯誤[61]

　沿革的には、瑕疵担保には、錯誤の系譜があり（この点、森田(宏)論文[62]に
詳しい）、制度的に両者はオーバーラップする（請求権競合の問題の一例）。

［両者の相違］

	（錯誤）	（瑕疵担保）
効果	無効	解除・損賠
期間制限	なし（債権の場合には、10 年（民 167 条 1 項）。物権（物権的請求権）の場合には、議論があるが、時効にかからないというのが、伝統的立場）。	あり（1 年以内に）。

・重複した場合の処理の仕方について、見解が分かれる。

　（判例）は、錯誤規定を優先させているとされる（もっとも、請求通り、認め
ているから、請求権競合説〔判例の立場〕の応用とみうる（後述））（最判昭和 33.

---

(61)　近時のものとしては、蝦名祐人「瑕疵担保責任と錯誤」タートンヌマン 9
　　号（2007）、川原格「錯誤と瑕疵担保責任との競合」大東文化大学紀要 47 号
　　（2009）、須田晟雄「錯誤と瑕疵担保責任の関係について(1)」北海学園大学法学
　　研究 49 巻 4 号（2014）。

(62)　森田宏樹「瑕疵担保責任に関する基礎的考察(1)(2)」法協 107 巻 2 号、6 号
　　（1990）及び私法 51 号（1989）参照。

第1章 「財産（物）の譲渡」に関する契約

6.14 民集 12 巻 9 号 1492 頁〔粗悪な苺ジャムの売買のケース〕）が、それが引用する大正 10 年判決（大判大正 10.12.15 民録 27 輯 2160 頁〔「アルゲマイネ」社製三相交流 130 馬力の中古電動機の売買で、検査したところ 30〜70 馬力しかなかったというもの〕）では、「一定の品質を具有することを、重要なものとして意思表示したのに、その品質の瑕疵・欠缺があった」ときには、民法 95 条の錯誤ありとして適用領域を分けるかのようである（もっとも、最判昭和 41.4.14 前掲（都市計画街路事例）は要素の錯誤的ケースだが、瑕疵担保による解除が主張され、そのまま認められている。だから、どちらできてもよいとする請求権競合説を採っているようでもある）。

（学説）はこれに対して、期間制限を重視して、瑕疵担保を優先させるのが通説であるが（我妻〔460〕、広中 80 頁、星野 234 頁など）、非競合説も有力である（三宅・契約法大系Ⅱ 125 頁以下、来栖 99 頁以下）。

（検討）

概念分析論にはあまり説得力はなく、効果の相違をどのように調整するかがここでの問題である。その際例えば、①錯誤への民法 566 条 3 項の準用（野村（豊））、②「無効の時効」というべきもの（末弘・民法雑記帳 92 頁以下）をどう考えるか、③錯誤者の相手方に対する損害賠償責任追及の余地（フランスでは不法行為責任が認められているし、英米でも不実表示の責任法理がある）、さらには④民法 570 条優先説の背後にある短期期間制限志向についても再検討の余地があるのではなかろうか。特則ということで無造作に短期時効を志向するのは、消費者保護の見地から疑問があり、現実的アクチュアリティがあるのだろうか（その意味で、判例のほうがプラグマティックである）。

（3−7）期間制限（前述）……期間内になすべきことに関する意見の対立、起算点の捉え方など、既に述べた。

（N.B.〔若干の補足〕）

1. 最近の一部追奪担保事例（民法 563 条、564 条）で、やはり起算点を慎重に解して遅らせているものとして、最判平成 13.2.22 前出（買主と隣地所有者との間に境界紛争があり、隣地所有者が、仮処分事件で、所有権を主張しても、

第 2 部　契約各論の諸類型

まだ足りず、公権的判断を待って対処するのが通常だとして、そこまで遅らすことを「買主が売主に対して担保責任を追及しうる程度に確実な事実関係を認識することを要する」と解するのが相当であるとして正当化する）がある。……時効の起算点（民法 166 条）につき原則的には、比較的厳格に解する立場に対する例外現象として注目されよう。

2.　建物の瑕疵により生命・身体・財産が侵害された場合に、建物の設計士など第三者が不法行為責任を負うとするものとして、最判平成 19.7.6 民集 61 巻 5 号 1769 頁（鉄筋コンクリート造りの建物で、廊下、床、壁のひび割れ、はりの傾斜、鉄筋量の不足、バルコニーの手すりのぐらつきなどあるという事例。原審は、強い違法性がある場合（請負人に加害の意図がある場合、瑕疵内容の反社会性、反倫理性がある場合、その内容・程度が重大で、社会的に危険な場合）に限っていたが、最高裁は、契約関係にない居住者に対して基本的な安全性が欠けないように配慮すべき注意義務を負うとして、破棄差し戻した。差戻審（最判平成 23.7.21 判時 2129 号 36 頁では、「建物としての基本的な安全性を損なう瑕疵（居住者等の生命、身体又は財産を危険にさらす瑕疵）がある場合に、（売却代金以上の）修補費用相当額の損害賠償請求ができる」とする）が出た。

　　……平成 3 年最判前出でも、賃貸人（契約第三者）に対する修繕請求すればよいとしていたが、欠陥住宅に関する第三者の責任を充実させる方向で注目すべきものである。取引的不法行為の過失不法行為の展開であり、債権侵害としてみることができ、（吉田）の類型では、「特殊取引義務違反型」事例ということができる[63]。

3.　（担保責任を免責する特約）民 572 条は、売主が、瑕疵につき悪意（故意）の場合を別として、民 560 条～571 条の担保責任を免責できるとする。……任意規定という性格から一応理解できるが（もっとも、消費者契約法 8 条、10 条の制約はあり、さらに、住宅品質確保促進法の適用がある限りで、期間制限は強行規定である）、しかし疑問は出しうる。例えば、民法 416 条は、強行規定的側面がある（アメリカでは、そのもととなるハドレー判決につき、

――――――――――

(63)　これについては、吉田邦彦・債権侵害論再考（有斐閣、1991）555-556 頁、651 頁以下参照。

第1章 「財産（物）の譲渡」に関する契約

罰則的規定（penalty defaults）という説明〔その意味でも、単純な任意規定理解ではない（吉田）〕も有力である[64]とするならば、民法570条とて同様ではないか、という「任意規定の半強行法規化」的批判を投ずることができるのではないか。だから、（パソコン問題にこだわるわけではないが（笑））通常異常が出てくる時期の実態を無視した「保証期間」の設定という特約による塗り替えにも、異論を出しうるのではないか（吉田）。

【QⅠ-8】瑕疵担保の内、「法律上の瑕疵」の場合には、どのような特殊の問題があるかを検討しなさい。

【QⅠ-9】瑕疵担保の性質論に関する1960年代の議論は、今日から見ればどのような意味があったと考えられるであろうか。ドイツ法の近時の動向も踏まえて考察せよ。

【QⅠ-10】瑕疵担保の適用領域について、学理上の理解ないし判例上の議論を区別して整理しなさい。

【QⅠ-11】瑕疵担保制度には、効果論的に実際上どのような問題点がある（あった）のだろうか。

【QⅠ-12】信頼利益論については、わが国では今でも否定的議論が学界では強いが、それについて、批判的に再検討してみなさい。

＊ウィーン売買条約と売主の担保責任との関係[65]

ウィーン売買条約（CISG）は、世界の貿易（国際商事取引）の3分の2を支配する共通言語となっているとのことである（曽野裕夫「商人による私法秩序形成と国家の役割」絹巻康史ほか・国際契約ルールの誕生（同文館、2006）51頁）が、

---

(64)　これについては、吉田邦彦「契約の解釈・補充と任意規定の意義」同・契約法・医事法の関係的展開（有斐閣、2003）127頁以下参照。

(65)　曽野裕夫「ウィーン売買条約（CISG）における瑕疵担保責任の不存在とその理由」野澤編・瑕疵担保責任と債務不履行責任（日本評論社、2009）（初出、法律時報80巻8号（2008））。さらに、より一般的には、曽野裕夫ほか「ウィーン売買条約（CISG）の解説(1)～(5・完)」NBL887号、888号、890号、891号、895号（2008）、同「ウィーン売買条約（CISG）の締結とその文脈」法の支配153号（2009）参照。

第2部　契約各論の諸類型

ここでの売主の担保責任に関わる扱いを見ておこう。

すなわち、ここでは、売主の契約違反、特に「契約に適合した物品の引渡し義務違反」（35条以下）の問題とされ（契約の有効性に関しては、一般的には、CISGの規律外だが、その例外として、不適合問題を排他的にCISGが規定することとなっている）、そこでは、契約責任に収斂されて、瑕疵担保（ないし別途の担保責任）、危険負担、原始的不能論、さらに過失責任主義の立場は、捨てられていることをまず押さえておく必要がある（そして近時の民法（債権法）改正は、このような立場に影響を受けていることは、既に述べた）。

そして、効果として、①履行請求、解除、代金減額、損害賠償請求が認められ（45条(1)）（第1に、「契約不適合」がある場合には、(i)修補請求（46条(3)）（不合理な費用がかかるときには、認められない。民法で、同旨のものとして森田(宏)[66]、(ii)損害賠償請求（45条(1)(b)）、(iii)代金減額（50条）、また第2に、「重大な契約違反」がある場合には、(vi)契約解除（49条）、代替品引渡し請求（46条(2)）ということになっている）、さらに、②買主の検査通知義務が定められ（38条、39条。これは、商法526条（6か月以内のそれ）の特則となり、合理的期間内に（遅くとも物品引渡しの2年以内）なされることとなる（その例外として、40条、44条））、さらに、③売主の追完権が定められ（37条、48条）、これは、①の解除に優先する。

従って特色として、一般論として、契約不履行説の延長線上にあるといえようが、<u>実務的な詰め</u>がなされていることが、参考となろう。例えば、第1に、損害賠償は、「契約締結時に売主の予見可能であった損害の範囲内で、売主の適合性義務違反により買主が被った損失額」とされ（74条）（解除の場合には、75条、76条）、代金減額は、契約価格に、物品引渡し時における不適合物品の価値減少割合を乗じたものとされ（50条）、両者が原理的に異なることを示している（代金減額では、対価的バランス、損害賠償では、免責範囲が問題とされる）。なお、民法563条、565条では、量的な瑕疵とともに、質的なそれをも射程に入れている。第2に、代替品の引渡し請求（46条(2)）にも、——解除と横並びに——「重大な契約違反」の要件がかけられ、民法が履行請求（民法414条）として、一般的に請求できるのとは異なる立場をとっている（履行請求権に制限をかける一般規定として、28条参照）[67]のは、英米法と大陸法との相違（ウィー

---

(66)　森田宏樹・契約責任の法学的構造（有斐閣、2006）245頁以下。

(67)　これについては、吉政知広「『履行請求権の限界』の判断構造と契約規範(1)

第1章 「財産（物）の譲渡」に関する契約

ン条約は、英米法の影響が大きい）にも繋がっている。＊なお、「重大な契約違反」とは、契約締結時の違反者の予見可能性を基準としつつ、契約に基づき期待できたものを実質的に奪うという意味である。

第3に、売主の合理的追完権を買主の救済、とくに解除に優先させている（37条但書、48条(1)但書、同条(2)、50条但書）。なお第4に、契約適合性の判断基準として、原則として危険移転時までのそれとしている（36条(1)）（危険移転時後についての品質保証は特約ある場合に限られる（36条(2)））。これなどは、実質的に危険負担的な配慮ではないかと思われる。因みに、解除後の物品返還不能の場合の解除権の有無を規定する（82条）（曽野論文129頁は、民法548条よりもCISGの方が、買主に（解除権が認められることが多く）有利だとする）のも、危険負担的配慮であろう。

さらに、第5に重要なこととして、短期の期間制限について、国際商取引の消滅時効一般については、別途、（CISGに先立つ）「国際物品売買における時効に関する条約」（1974年。修正議定書は、1980年）によっており、そこでは、原則4年とされ（8条）、他方で、仲裁手続きに時効中断効を認めている（14条）。

＊（ついでに）ウィーン条約と関係的契約の視座

因みに、ウィーン条約は、本講義の基本的視座である関係的契約につき、十分な配慮を示しているかというと、どうもそうではないようである。当初の契約の意思志向が強いし（それは、マクニール教授の言葉を借りれば、「現在化」（presentation）がなされているということとなろう）、本条約が立案された1970年代は、（1980年代に関係的契約理論による批判が出される前にことであり、）まだ古典的契約理論のパラダイムが妥当していた頃であることも関係していよう。

しかし、重要な国際的取引は、長期的な継続的契約であることが多く、関係契約理論の観点からの批判的再検討が必要なところであろう。＊それゆえに、

（2・完）」民商法雑誌130巻1号、2号（2004）、同「ウィーン売買条約（CISG）と履行請求権の限界——ドイツ国内法との交錯」名古屋大学法政論集227号（2008）参照。また、履行期前の履行拒絶の問題を通して、この問題を論ずるものとして、吉川吉樹・履行請求権と損害軽減義務——履行期前の履行拒絶に関する考察（東大出版会、2010）もある。

第2部　契約各論の諸類型

同理論の影響を受けていたはずの内田貴前教授が、古典的パラダイムの下ででをているウィーン条約志向的な債権法改正のリーダーになっていることも、やや理解に苦しむところもある。

もっとも、関係理論的法経済学者（例えば、L・バーンスティーン教授）からは、一種の罰則的補充規定としての古典的なウィーン条約（ないし自治規範としての取引規則（trade rules））は残しておいて、商取引当事者は、それとは別の「関係維持規範」としての商慣習を志向して、非国家的な自生規範としては関係的配慮を施した規律をすることになり、他方でだからと言って、「エンド・ゲーム規範」としての国家規範との割り振りがなされており、それはそれで問題はないとの応答もなされていて[68]、この点は聞くべきところがあろう。

【Q I - 13】ウィーン売買条約では、瑕疵担保ないし売主の担保責任の問題につき、どのような扱いになっているのかを検討しなさい。

1-2　特殊の売買——消費者保護的規制

1-2-1　割賦販売（割賦支払い約款付き売買）

高価な動産及び不動産を対象とする取引の場合、しばしば売主の優位な地位を背景として、不当な特約がおかれるために、消費者保護的規制がはかられる。……動産に付き、割賦販売法（昭和 36(1961)年法律 159 号）、不動産に付き、宅建業法（昭和 27(1952)年法律 176 号）など。

＊なお、本項及び次項に関わることとして、特定商取引法（当初は、訪問販売法と言われ、平成 12(2000)年改正で名称変更された）及び割賦販売法については、平成 20(2008)年に改正されている（平成 20 年法律 74 号）[69]。その改正背

---

(68)　E.g., Lisa Bernstein, *Merchant Law in a Marchant Court: Rethinking the Code's Search for Immanent Business Norms*, 144 U. Pa. L. Rev. 1765 （1996）. See also, do., *Opting Out of the Legal System: Extralegal Contractual Relations in the Diamond Industry*, 21 J. Leg. Stud. 115(1992); *Social Norms and Default Rules Analysis*, 3 S. Cal. Interdisc. L. J. 59(1993). また、曽野裕夫「商慣習法と任意法規」ジュリスト 1155 号（1999）88 頁も参照。

(69)　さしあたり、渡辺真幸ほか「『特定商取引に関する法律』・『割賦販売法』の改正の概要」ジュリスト 1364 号（2008）参照。

第1章 「財産（物）の譲渡」に関する契約

景としては、割賦販売法関連では、個別クレジット関連の被害の増加、過剰
与信問題、クレジットカードの不正使用問題などがあり、特定商取引法関連
では、高齢者の被害の増加、インターネット取引関連でのトラブルの増加か
ら、ヨリ包括的な規制を試みるものである。これについては、それ以前の法
状況を説明してから、改正点を述べるというやり方で進めたい。

（動産）

① 2ヶ月以上、3回以上の分割で
売却（割販2条1項）。
「指定商品」「指定役務」について。

＊平成20年改正で、クレジット契
約につき、指定商品・指定役務
制を廃止し、また、2カ月以上
の長期信用であれば分割の回数
に限らず、規制対象とする（2条
3項）。

② 販売条件の表示、書面の交付（3
条、4条、4条の2）

一定以上の字の大きさで。

③ クーリング・オフ制度（4条の4）
（昭和47(1972)年改正による）（現在は、特定商取引法9条ほか）。営業所以外の
場所での契約の場合。無条件で書面による申し込みの撤回、契約解除。商品
が引き渡されていれば、業者の負担で引き取る。撤回できることを告げられ
てから8日以内（昭和63(1988)年改正）（当初は4日から。59年改正で7日、本
改正で8日に）。

（不動産）

1年以上、2回以上に分割する場合
（宅建35条2項）。

重要事項説明、書面交付（35条2項、
37条）。

同左──8日以内（宅建業法37条の2）。

＊強行規定（特定商取引9条8項など）。

＊現在は、訪問販売につき、特定商取引法9条、9条の2（8日）、電話勧誘販
売につき、同24条（8日）、連鎖販売取引（マルチ商法）（昭和63年以降）に
つき、同40条（20日）、特定継続的役務提供（エステサロン、外国語教室な
ど）（平成11年以降）につき、同48条（8日）、業務提供誘引販売取引（内職
商法、モニター商法など）（平成12年以降）につき、同58条（20日）など。

79

第2部　契約各論の諸類型

　なお、ローン提携販売（2条2項）、割賦購入斡旋（2条3項）の場合も同様
（割賦29条の4、30条の6）。

＊平成20年改正で再編されている（個別信用購入斡旋で細密に規定する）（割賦
　35条の3の10～12）。

④　解除の制限——20日以上の相当
　な期間を定めて、書面での催告を
　要求する（割賦5条）。

同左——30日以上の相当の期間で、
書面による催告（宅建42条）。

⑤　損賠額の予定・違約金の制限（割
　賦6条）
　返還の場合、通常の使用料プラス
　法定利率（商514条——年6%）（1
　項）、支払い不履行の場合、割賦金
　プラス法定利率（2項）。

同左（代金の10分の2以内）（宅建38
条）。

手付け金の制限（代金の10分の2以
内）（39条1項）。

⑥　瑕疵担保——中古車を除き、責任
　を負わない旨の特約禁止（施行規
　則1条の3）。

同左——引き渡しから、2年以上の期
間制限の特約以外の不利な特約禁止
（40条）（なお、品質確保促進法88条〔現
95条〕参照）。

⑦　代金完済まで所有権留保の推定
　（7条）。

所有権留保の原則的禁止（43条）。

販売業者（加盟店）
↑
消費者 → 信販会社ないし銀行
　　　？

⑧　抗弁の切断・接続の問題——割賦購入斡旋（今は、信用購入斡旋という）の
　場合（30条の4、30条の5）（昭和59(1984)年改正）。上図で、販売業者に出せ
　る抗弁（契約の無効・取消・解除等）を、信販会社等に出せるかという問題で
　ある。

＊当時、ローン提携販売がはずれたのは、同法所管の通産（経済産業）省が、
　銀行を所管する大蔵（財務）省に遠慮したため。その後、平成11(1999)改正

第 1 章　「財産（物）の譲渡」に関する契約

により、ローン提携販売にも拡張された（29 条の 4）。

＊なお、昭和 59 年改正前の事例として、最判平成 2.2.20 判時 1354 号 76 頁
（個品割賦購入斡旋で、販売会社の債務不履行で合意解除されても、その結果を斡
旋業者に帰せしめるのが、信義則上相当とする事情がなければ、合意解除を理由
に斡旋業者の請求を拒むことはできないとする〔請求を棄却した原判決を破棄差
戻し〕）。

（吉田）判例は、法改正を創設的とするが、確認的と考えるべきではないか。
消費者に売主不履行のリスクを負わせるべきではない。

＊更に関連して、未払い分に関する支払拒否（上記抗弁）のみならず、既払い
分についての返還ができるかが問題となり、（判例）は、特段の事情が無い
限り返還できないとした（最判平成 23.10.25 民集 65 巻 7 号 3114 頁〔デート商
法（レストランで女性が宝石の購入勧誘。市価 10 万程度のものを代金 157 万円余
で売買契約。これに関連した立替払い契約が、売買契約無効（公序良俗違反）で、
どうなるかが問われた。原審は、ともに無効だと返還を認めたが、最高裁は、破
棄して、一体的に立替払条項も効力否定することを信義則上相当とする特段の事
情がない限り、別個の契約たる立替払い契約は無効とならないとして、既払い分
の返還を否定する〕）。

＊この点で、平成 20 年改正では、「抗弁の切断」について、30 条の 4（包括信
用購入斡旋）と 35 条の 3 の 19（個別信用購入斡旋）とで、分けて規定する。
さらに、35 条の 3 の 13〜35 条の 3 の 16 では、不実告知、故意の不告知の
場合、販売契約のみならず、立替払い契約（個別信用購入斡旋）の取消しを
可能とする。

　　（吉田）は、これも確認的に解釈し、その意味で、平成 23 年最判は、やや
堅い解釈だと考える。ともかく、今後は、同判決における「特段の事情」の
判断因子としては、(ⅰ)販売業者とクレジット会社との組織的密接性、(ⅱ)取引
におけるイニシアティブ、(ⅲ)クレジット会社の主観的態様などがポイントと
なり（【56】山本豊解説 115 頁参照）、できるだけ緩やかに判断されるべきであ
ろう。

＊平成 20（2008）年改正としては、①割賦購入あっせんを、「信用購入斡旋」
とし（さらに、「総合……」を「包括……」に、「個品……」を「個別……」とす
る）、クレジットカードの問題であることを鮮明にさせ、分割条件を外し（2

第2部　契約各論の諸類型

条3項、4項、30条以下)、クレジット契約に関しては、指定商品、指定役務制度を廃止した。②個別クレジット業者に対する書面交付の義務付け（35条の3の9）、登録制の導入（35条の3の23以下）などの規制強化、③個別クレジット契約におけるクーリング・オフ制度の導入（書面を受領した日から、特定商取引法に定める販売形態と同じ日数〔すなわち、8日間〕の間、クレジット会社へのクーリング・オフの通知、支払った金額の返還請求を認める（与信契約のクーリング・オフ制度の創設）（35条の3の10・11）（また訪問販売の場合に過量販売がなされたときには、契約締結から1年以内は、クーリング・オフないし解除できるとされた（35条の3の12））、④既払い金返還に関して、訪問販売業者などが、虚偽説明などによる勧誘をした場合に、申込者（消費者）の個別クレジット業者への請求を認める（35条の3の13〜16）。また、⑤過剰与信禁止義務規定を置き（30条の2の2・35条の3の4）、消費者の支払い能力の調査の義務付けも課している（30条の2・35条の3の3・35条の3の56）。

　そして、⑥クレジットカード情報の保護として、カード会社のカード番号などの適切な管理を促す事前予防措置をとり（35条の16）、カード番号などの不正提供、不正取得、不正売買した者に刑事罰を科す（49条の2）。

　クレジットカードは、目下わが国では、3億2000万枚が使われ、これを巡って年間43兆円の授受がなされているとのことで（渡辺ほか・前掲解説）、日本もすっかり「クレジットカード社会」になったわけである。そしてそのことの反映として、その損害対策も急務となったというわけである。20年前に初めてのアメリカ留学をした頃には、彼地では、クレジットカードが定着していることに驚いたものである（もう一つの驚きは、チェック（小切手）の日常的利用であった）が、今昔の感がある。

▲（つぶやき）割賦販売法・考

　割賦販売法などみていると、枝条文が多く、条文も長く、私でも読んでいるとストレスがたまる書きぶりである。果たして「消費者」でどれだけの者が読んでいるのだろうか？結局消費者保護センターのスタッフなどが、これをマニュアル化して、運用するというのが実態ではないか？そうだとすると、今進行中の民法（債権法）改正でも、「市民のための民法」にすると言いながら、現在以上に条文は長くなる傾向があり、やはり題目と現実の運用とにギャップ

第1章 「財産（物）の譲渡」に関する契約

ができないか、懸念されるところである。

平成 20 年改正で、もうひとつ分かりにくいのは、信用購入斡旋本位に改正がなされていることである。確かに今日の割賦販売法で、重要な規制領域は、クレジット契約であり、同改正はそれについて規制を充実したもので、実態規制という点では、もっともであるが、法律の組み立てとの関係で、ややエレガンスに欠くのではないか。例えば、第1に、経済産業省の改正担当者によれば、指定商品、指定役務制度は廃止したとされる（前掲ジュリスト 1364 号 94 頁）が、規定の上では、残っていて、制度的には、クレジット契約について廃止したというべきであろうし（同旨、S シリーズ（補訂版）98 頁）、第2に、クーリング・オフ制度についても、信用購入斡旋のところに規定した（35 条の3の 10～12）からと言って、従来の一般規定（4 条の4）を削除するのも落ち着きが悪いように思われる。法務省の官僚がコミットしていないことにもよるのであろうか。

1－2－2　訪問販売・通信販売・連鎖販売取引（マルチ販売）など

訪問販売法（昭和 51(1976)年法律 57 号）は、昭和 63(1988)年に、消費者保護を強化する大きな法改正がなされた（指定された商品以外に、権利（レジャー施設、スポーツクラブなどの会員権など）、役務（リースなどにおけるサービスなど）も、対象にする）。

その後、電話勧誘取引（平成 8(1996)年）、特定継続的役務提供（平成 11(1999)年）を加え（具体的には、エステ、語学教室、学習塾、家庭教師）、平成 12(2000)年に特定商取引法に名前が変わる（マルチ取引規制強化、インターネットによる通信販売の規制充実、内職・モニター商法（内職などの収入機会の提供による勧誘）に対応する業務提供誘引販売取引の追加）（平成 16(2004)年には、「特定継続的役務提供」に、パソコン教室や結婚相手紹介サービスが加えられ、6 業種となった）（同時に、割賦販売法の改正により、クレジット会社への抗弁の対抗が認められるようになる）。

＊平成 20(2008)年改正では、指定商品・指定役務制を廃止した（2 条、26 条）。

（訪問販売）

・販売業者の氏名、商品などの明示（3 条）。

83

第 2 部　契約各論の諸類型

・営業所以外での契約申し込み、契約締結の場合には、書面交付（4 条）。
・買主のクーリング・オフ——書面受領の日から、8 日間（9 条）。
・損害賠償額・違約金の制限（10 条）。
・不実告知・不当勧誘の禁止（6 条）。
＊平成 20 年改正では、勧誘を受ける消費者保護の必要から、再勧誘の禁止規定を入れ（3 条の 2）（勧誘を受ける意思確認、それがない意思表明の場合の勧誘の禁止）、過剰販売の解除（契約後 1 年間）（9 条の 2）ができることとされた。

（通信販売）
・広告による一定事項の表示（11 条）。
・遅滞なき承諾などの通知義務（業者側）（13 条）。
・インターネット取引に留意した顧客の利益保護（14 条。特定商取引法施行規則 16 条 1 項）。
　◇なお、インターネット取引に関しては、平成 13 年に、電子消費者契約・電子承諾通知法（民法特則法）が成立。……民法 95 条但書不適用（3 条）。到達主義の採用（民法 526 条 1 項、527 条の不適用）（4 条）。
・誇大広告の禁止（12 条）。
・なお、クーリング・オフの規定はなく、約款で定められない限り（定められることも多い）、その保護はなかった。
＊平成 20 年改正で、返品に関する表示がなかった場合には、受領から 8 日間は、消費者の送料負担で、返品（契約解除）できるとされた（11 条、15 条の 2）（通信販売におけるクーリング・オフの新設）。また、電子メール広告については、平成 14 年改正で「オプトアウト規制」（受信を拒絶する意思表示すれば、その後の送信が禁止されるという規制）がなされていたが、さらに規制強化されて、「オプトイン規制」（送信につき承諾ある場合のみ送信を可能とする規制）となった（12 条の 3 など）。

（マルチ商法（連鎖販売）［消費者をピラミッド式に組織的に加入させるやり方］）
・取引そのものは、認めつつ、商品・役務、特定利益・負担などの開示義務（35 条）、書面交付義務（37 条）、不実告知・威迫困惑の禁止（34 条）、誇大広告禁止（36 条）。

第1章 「財産（物）の譲渡」に関する契約

・クーリング・オフは、書面受領から 20 日間できて（40 条）、長い。

　◇なお、ネズミ講については、全面的には禁止（昭和 53 年無限連鎖講防止法）。

　　……ここでは、金銭授受のみがなされて、商品（役務）の取引があるマルチ商法とは異なる。

（電話勧誘販売）でも類似の規制（16〜25 条）。

（特定継続的役務提供）（例えば、エステサロン、学習塾などであり、消費者が、長期間拘束されて、負担が多額になる）については、書面受領から 8 日以内のクーリング・オフ（48 条 1 項）、将来に向かっての任意解約権（49 条）（民法651 条の特則）が注目される。

（ネガティヴオプション）（販売業者が商品を一方的に送りつけ、代金請求するやり方）につき、商品送付から 14 日以内（商品引き取り請求してから 7 日以内）に、消費者が申し込みを承諾せず、かつ、業者が商品を引き取らねば、業者は、商品を返還請求できなくなるとする（59 条）。

　以上については、さらに詳しくは、消費者法に譲る。

【QⅠ－14】いわゆる「抗弁の接続」を説明し、それが消費者保護上どのような意義があるのかを考察しなさい。また、従来それを認めなかったのは、どうしてかも述べなさい。

【QⅠ－15】インターネット取引は、伝統的な契約法学と比較して、どのような特色があり、その法規制には、いかなることを考えればいいのだろうか。

【QⅠ－16】平成 20 年の割賦販売法、特定商取引法の改正により、どのように消費者保護規制が強められたのかを整理して述べなさい。

１－２－３　その他の特殊な売買

・継続的契約については、多くの議論がある（契約総論に譲る）。

第2部 契約各論の諸類型

・見本売買・試味売買（試験売買）（民法556条類推適用）については、テキスト類の記述参照。

1-3 贈　与
1-3-1 概況——意義および機能[70]
⑴ 背景事情

・無償（対価を伴わない）、片務、諾成契約（民法549条）。……最後の点は、比較法的には、珍しい（諸外国では、もっと要式を要求する）。

・今日では、確かに有償契約である売買が、経済活動として枢要な位置を占めているが、他方で、日本社会において（他国でも）共同体の内部（「関係的社会」、中根千枝のいう「ウチ」の世界）では、贈与の役割は小さくない（わが国では、土産、中元、歳暮、賄賂など贈与がいまだ多い。比較法理論的に「市場化」の進行の程度問題かもしれないが……。緊密な社交圏（「ウチ」の世界）では、贈与の連鎖に、金銭を介在させること——その意味で、（市場）取引すること——は嫌われているようでもある（たとえば、友人間のベビーシッターで、金銭取引は、定着していない。先年のいわゆる隣人訴訟（預かった子どもが溺死した事例。これについて、損害賠償を肯定した判決〔津地判昭和58.2.25判時1083号125頁〕に対してバッシングが生じた)[71]も、こうした社交圏で生じたケースである）。そして、背後の「恒常的関係」「同朋的結合」の義務的贈与（M.モース）ないし共同体的社会関係を視野に入れると、ある種の贈与による互酬的相互関係（reciprocity）（いわゆる「義理」「恩」の観念）もあるようである。

・もっとも、ローカルな「共同体的義理」を超えた、純粋に利他的な好意・慈

---

(70)　末弘厳太郎「無償契約雑考」民法雑記帳下（日本評論社、1953）、於保不二雄「無償契約の特質」契約法大系Ⅰ（有斐閣、1962）、広中俊雄「契約——有償契約と無償契約」法哲学講座8巻（有斐閣、1958）（同・契約法の研究（有斐閣、1964）所収))、来栖三郎「日本の贈与法」贈与の研究（有斐閣、1956）、吉田邦彦「贈与法学の基礎理論と今日的課題(1)～(4・完)」ジュリスト1181-84号（2000）（同・契約法・医事法の関係的展開（有斐閣、2003）5章に所収）など参照。なお、その後、小島奈津子・贈与契約の類型化——道徳上の義務の履行を手がかりにして（信山社、2004）が出されている。

(71)　これについては、星野英一編・隣人訴訟と法の役割（有斐閣、1984）、小島武司ほか・隣人訴訟の研究——論議の整理と理論化の試み（日本評論社、1989）など参照。

悲からの贈与行為は、比較的少ないのではないか（わが国では、慈悲的・慈善的寄付が多いとはいえない。むしろ、名誉心、見栄・世間体からの寄付のほうが目立つのではないか）（ただ阪神淡路大震災のころから、ボランティア活動には、注目が集まりつつあるが……）。Cf. 慈悲的な子の救済のための養子の少なさ。わが国における宗教面での世俗主義、キリスト教的背景の欠如。

＊わが国における寄付の少なさの理由と今日的課題

わが国では、親密圏を超えた贈与、すなわち寄付は従来少なかった。これは諸外国で暮らしたことがある人ならば、すぐに気付くことである（わが国でも、例えば、大学への寄付を募ったりするようになったが、比較的近年の現象であり、その額も限られている）（しかし、他方で、国際的には、「国際貢献」と称して、多額の援助をわが国がしていることは事実であろう）。

この背景として考えることは、第1に、富裕層が限られること（近年は、格差社会になり変わってきたかもしれないが。しかし、ビル・ゲイツとか、アンドリュー・カーネギーとか桁外れに裕福な者の贈与行動は、見逃せない）。第2に、クリスト教的な慈善行動の背景の欠如。第3に、草の根的な非営利団体の伝統の弱さ。しかし、狭隘な伝統的地縁・血縁的なネットワークが変貌しつつあり、いわゆるセイフティ・ネットが崩壊している今日、新たに広範囲の慈善・協働・助け合いのネットワークの必要があり、その基盤となる NPO の必要性とともに、寄付行動は、ますます求められてくることであろうは、そのためには、公共的問題への関心の涵養も併せて不可欠であろう（例えば、社会の高齢化、その居住の孤立化（社会的バリアの増大）、また認知症患者の増大とともに、「他なるもの」としての高齢者間のネットワークとしての福祉 NPO の自律的生成の必要性）[72]。

(2)　従来の贈与法理の問題と来栖博士の問題提起

・しかし、従来、民法（贈与法）の平面では、背後関係が捨象されたために、無償として構成されたわけである。わが贈与法は、あまりに有償・無償峻別

---

(72)　この点については、岡村重夫・新しい老人福祉（ミネルヴァ書房、1979）、安立清史・市民福祉の社会学——高齢化・福祉改革・NPO（ハーベスト社、1998）、同・福祉 NPO の社会学（東大出版会、2008）、また、田中尚輝＝安立清史・高齢者 NPO が社会を変える（岩波書店、2000）参照。

第2部　契約各論の諸類型

論に捕われていた観がある。それゆえに、贈与の効力は、弱く解されるのが従来の通説であった（たとえば、①当事者による撤回の肯定（民法550条）、②悪意ない限り担保責任が否定される（民法551条）、③注意義務・修繕義務の軽減（使用貸借への民法606条不準用、無償受寄者に関する民法659条参照）、④死亡による効力の喪失（定期贈与に関する民法552条）などを根拠とされた）。

・こうした中にあって、立法者意思を調査して（これは、今日でこそ確立された研究手法であるが、当時は、画期的であった）、比較法的にわが国は、贈与の効力を強く認めている（例えば、①前述の諾成主義（これは近代法理からではなく、わが国の武士気質的なものから来ている）、②忘恩行為による撤回の規定〔諸外国には、その法理の伝統がある〕の欠如、③贈与者の注意義務の軽減の否定（民法400条は、一般的体裁をとっている。旧民法財産編334条2項の変更である））ことを確認した来栖博士の研究は、著名だが、孤立的で、それを理論的に詰める作業は、なされていなかった。

（吉田）贈与を「日蔭の存在」と見るのは問題であって、来栖説の現代的意義を改めて再検討すべきであろうと思われる。

(3)　贈与法理の今後の諸課題

・翻って、現代社会における贈与例の実際はどうかと見ると、①高齢化の進展、高齢者の財産の増加とともに、老後の扶養、介護との関連で、その家族内部での財産贈与（紛争）例は増えているし、その相続法の中での意義をつめる必要はある（昨今では、この種の事例に関する研究はかなりある）。②ボランティア活動、社会におけるいわゆる「中間団体」（非営利団体）への注目度の高まりとともに、寄付活動（およびそれを巡る税制の整備）は、大きな課題となっている（諸外国では、寄付文化が、わが国よりはるかに根付いており、そのための優遇税制も大きな意味を持っている）。また、③医療の領域で、身体を巡るやりとり（たとえば、輸血、人工授精、代理母、臓器移植）も、基本的に無償行為が志向されており、その意味でこれも重要な贈与類型ではないか。④さらに、継続的取引（関係的取引）の分野でも、贈与的要素が指摘されているのである。

（吉田）従って従来の贈与法学の内容は、貧弱に過ぎて、現実の実態とも適合的ではなかった。これに対して、⑤わが国の伝統的議論が念頭においてい

第1章 「財産（物）の譲渡」に関する契約

た贈答事例は、法的紛争にはなりにくいことは確かであり、その経済的意義はそれほど大きくないという点では、伝統的通説には、一理あろうが。しかし、その文化的機能、非経済的機能、関係形成的機能にももう少し、目を向ける必要はあろう。

＊贈与と市場経済・商品化との関係

　贈与法学の意味を考えると言うことは、理論的には、《市場外秩序》を考えると言うことで、アメリカ法学では、《不可譲渡性（inalienability）》の意味を考えるということであり、それに触れたカラブレイジ論文[73]以来、多くの議論がある。こうした流れで、一つの転機となったのは、レイディン教授の研究であり、ヘーゲル主義の彼女は、既にこの問題は、ドイツ観念論哲学の中で、ヘーゲルが問題にし、マルクスのフェティシズム論につながっていった大きな潮流であることにも着目し、《厚い自我》、ヘレニズム的な《自然論》ないし《共同体論》であった。具体的に素材とされたのは、代理母、臓器移植などの身体取引の領域で、広がりのある《人格的所有論》が展開され、そこでは、商品化論（commodification）に対する対抗原理が考究された[74]。戦後民法学で大きな影響力を持っていた川島武宜博士の所有論（所有権法の理論（岩波書店、1949））が、《商品交換のシステム》だったことからも、従来の議論が、如何に市場主義に支配されていたことが知られるだろう（だから、有償・無償峻別論の下に、贈与法学が周縁化されていたことも想像がつく）（なお近時「身体取引」に関するフランス法学の刺激から研究が出てきているが（櫛橋論文[75]）、概念分析の方が前面に出て、なおこのような理論的・政策的分析は弱いように思われる）。

　贈与法学は、こうした所有理論の近時の転回の契約版であり、私がこの領域

---

(73)　Guido Calabresi & Douglas Melamed, *Property Rule, Liability Rule, and Inalienability: One View of the Cathedral*, 85 HARV. L. REV. 1089（1972）.

(74)　MARGARET JANE RADIN, CONTESTED COMMODITIES（Harv. U.P., 1996）. 皮切りの論文は、do., *Property and Personhood*, 34 STAN. L. REV. 957（1982）も、是非参照に値する。これらについて詳しくは、吉田邦彦・民法解釈と揺れ動く所有論（有斐閣、2000）第7章、とくに343頁以下、また、同・所有法・担保物権法講義録（信山社、2010）33-35頁参照。

(75)　櫛橋明香「人体の処分の法的枠組(1)～(8・完)」法協131巻4～6号、8～12号（2014）。

第2部　契約各論の諸類型

に手を染めているのも、そうした理論的背景からである。例えば、輸血では、売買よりも贈与による方が制度としていかなるメリットがあるかについては、ティトマスの研究[76]があるが（後者の方が、モラルハザードによる血液汚染を防ぐとする）、利他主義に基づくボランティア活動、非営利活動が諸外国のように何故広がっていかないのか（近時の熊本地震との関係でも、ボランティア活動が、すぐに冷めるようなことが触れられる（朝日新聞社説2016年5月22日「熊本地震ボランティアを息長く」））。こうしたことを考えてみると、トックビルがアメリカ社会の特質として描き出した非営利活動[77]が、社会編成原理にも繋がること、贈与原理がそうした（草の根の民主主義を支える）組織原理にも繋がることが知られて、関係理論とも大いに関わることが知られるであろう。

1－3－2　贈与の成否──書面によらざる贈与の取消し（民法550条）

・わが国は、諾成主義を贈与にも貫徹し、比較法的に類を見ない無方式主義を採っているが（そして、これは、旧民法財産取得編358条で、公正証書を要求する立場の変更であった）、これは、日本の贈与慣行、古来の共同体思想その関連での贈与の重視の現われであった（来栖245頁以下）。

・もっとも、書面によらない場合には、贈与の効力は弱く、民法550条は、履行前の撤回（現代語化以前は、「取消」と書かれていたが、撤回の意味であるとされていた）を認めている。また、そもそも贈与の効力を与えるのが適当でない場合もある（いわゆる社会徳義上の契約。大判昭和10.4.25前掲（カフェー丸玉女給事件））。……起草者(梅)は、同条の趣旨として、①贈与者の意思の明確化、②軽率な贈与の防止（贈与者の熟慮を促す）、③後日の争訟の予防などということを考えていた（梅・要義巻之三464-65頁）（穂積は、日本の実情を考慮した妥協だとしていた（民法議事速記録25巻145丁以下））。

（吉田）贈与契約の方式は、別途慎重に考える必要があると考えるが（特に、電子商取引の場合はそうである）、無償行為であることを理由にアプリオリに効力を弱めてしまうことには、再考が求められよう。

---

(76) RICHARD TITMUSS, THE GIFT RELATIONSHIP: FROM HUMAN BLOOD TO SOCIAL POLICY（Allen and Unwin, 1970）.

(77) ALEXIS DE TOCQUEVILLE(Translated by Henry Reeve), DEMOCRACY IN AMERICA（Bantam Dell（Random House）, 2002）(1835)334~; 637~.

第1章 「財産（物）の譲渡」に関する契約

＊もっとも、（判例）は、従来の多数説とは違って、かなり贈与を積極的に認定しているようである[78]。

（問題点）

1. 「書面」は、（判例）上かなり広く解され、慎重な意思が確実に看取されればいいとする。……受贈者の名前が出ていなくともよく（大判昭和2.10.31民集6巻581頁）、また、農地移転許可申請書（最判昭和37.4.26民集16巻4号1002頁）、利害関係人として参加した者の「所有」とされている調停調書（最判昭和53.11.30民集32巻8号1601頁）、第三者に受贈者への中間省略登記を要請する内容証明郵便（最判昭和60.11.29民集39巻7号1719頁）などでもよいとされる。（学説）では、慎重論もある（来栖232頁など）。

・なお、書面によらない贈与でも、判決で確定すれば、もはや撤回（当時の用語は、取消）できない（判例。最判昭和36.12.12民集15巻11号2778頁）。

2. 履行の終了（「履行ノ終ハリタル」〔現代語化により、「履行の終わった」〕）
（判例）は、やはり緩やかに、贈与意思が明確になる徴表程度で足りるとされる。不動産の場合――引渡しがあれば（簡易の引渡しでも、占有改定でもいいとする）、登記経由しなくともよいとされ、逆に登記だけすれば引渡しがなくともよいとする（最判昭和40.3.26民集19巻2号526頁、同昭和54.9.27判時952号53頁）。

（学説）も、同旨（我妻229頁、来栖230頁。なお、広中31頁では、占有改定だけで足りないとする）。

3. 忘恩行為による贈与（書面による贈与）の撤回の可否[79]

---

(78) 判例の動向について詳しいものとして、池田清治「民法550条（贈与の取消）」民法典の百年Ⅲ（有斐閣、1998）参照。さらに、類型的考察として、小島奈津子・贈与契約の類型化（信山社、2004）も参照。

(79) 忘恩行為に関する文献として、例えば、加藤一郎「忘恩行為と贈与の効力」法教16号（1982）（同・民法ノート（上）（有斐閣、1984）所収）、加藤佳子「忘恩行為による贈与の撤回(1)～(5・完)」名大法政論集113、114、117、118、122号（1986-88）、森山浩江「恵与における『目的』概念――コーズ理論を手がかりに」九大法学64号（1992）、同「コーズの消失による贈与の失効」法政研究60

第 2 部　契約各論の諸類型

・諸外国には、規定がある（フ民 953 条、955 条、ド民 530 条、ス債 249 条、250 条）（ローマ法にも既にあり、ゲルマン法の有償的贈与観とも関係する）が、わが国では、意識的に避けられたようである（来栖論文）。

・忘恩行為の場合のほかにも、自らの生計、近親者の扶養ができない場合、贈与者に子供が誕生したときにも規定が置かれている（フランス法圏）。

（学説）は、信義則（我妻 232 頁）、人情と道義（加藤（永）民法の争点 107 頁）、事情変更（勝本）、受遺欠格（民法 965 条、891 条 1 号）の類推適用（広中 32 頁）などにより、贈与の取消し（撤回）を認めている。

（判例［下級審］）も、事情変更・忘恩行為を理由に取消し（撤回）を認めたものがある。さらに、「負担付贈与」という構成を採ることにより、解除を肯定したものがいくつかある（最判昭和 53.2.17 判タ 360 号 143 頁など）。

（検討）

贈与行為の背景を見ると、実質的に対価的関係がある場合に、公平にかなう処理を目指す要請はあるであろう。このように、前述の如く、贈与の効力を一応ポジティヴに捉えながらも、契約への拘束と解放の両方向の要請があり、事態はそう単純ではないことがわかる。贈与者と受贈者との権力関係にも留意する必要がある。

＊忘恩行為論から贈与の二面性再論

だから（吉田）の贈与観は、両方向的であり、潮見教授は、それを「贈与行動を『法の世界』へ持ち込む転換の胎動」とまとめられるが（潮見 40 頁）、一面を言い当てていても、そう単純ではないと考える。

因みに、山本敬三教授（山本 335 頁）は、「自己責任論」の下に、私見〔（吉田）の見解〕を位置付けており（そして、森山解説 99 頁は、これを引用する）、理解に苦しむ。贈与行動ないしギフト・サイクルの危うさ、すなわち、利他主義的（altruistic）な（関係主義的な）行動ゆえに、相互的な取引（reciprocal transaction）になると同時に、不当詐取（larceny）に転化する可能性、権力的に濫用されるという可能性は絶えずあり（これは、関係契約理論における権力モ

巻 3 ＝ 4 合併号（1994）参照。

第 1 章 「財産（物）の譲渡」に関する契約

メントの強調と対応する）、贈与意思の拘束力の付与とともにそこからの解放の必要性を、同時に強調したはずである[80]。これがどうして（利己主義的・個人主義的な、あるいは「強く賢い人間像」的な）自己責任論になるのか、戸惑うばかりである（同教授の 334-335 頁のような整理の仕方に対する疑問である）。

1－3－3　贈与の効力
・財産移転義務
・担保責任の軽減——悪意の贈与者のみ責任を負う（損害賠償のみ。受贈者は、解除をしても意味がないからとされる）（梅 468 頁以来）（民法 551 条 1 項）。信頼利益の賠償に限られる（通説）。

（吉田）受贈者の期待は、その程度のものというところから来るのであろうから、債務不履行説にたっても、同様に考えるべきである。また、不特定物についても、同様の処理で足りる（同旨、内田 94 頁）（なお、伝統的通説なら、不特定物は、債務不履行一般の問題になるが、その場合でも信頼賠償ということになるのではないか。ここにも、原始的不能論と切り離した別の一般的概念として「信頼利益概念」を維持する一理由があるというわけである。詳しくは、吉田・前掲論文参照）。

1－3－4　特殊の贈与
・定期贈与（民法 552 条）——継続的・回帰的贈与。当事者の死亡で終了する。
・負担付き贈与（民法 551 条 2 項、553 条）……有償・双務契約に関する規定（解除、危険負担等）の適用。担保責任が、負担の限度において重くなる。

今後益々、扶養などとの対価的（有償的）処理という形で、この贈与類型が注目されることになるであろう。遺留分減殺請求との関連の紛争例も近時は増えており、難しい問題である（通常の贈与・遺贈の場合ならば、判例は、遺留分（減殺請求）を重視している（最判平成 10.3.24 民集 52 巻 2 号 433 頁〔特別受益については、民法 1030 条の制約否定〕、同平成 11.6.24 民集 53 巻 5 号 918 頁〔受贈者の取得時効が成立しても、減殺請求できるとする〕））。

---

(80)　例えば、吉田邦彦・契約法・医事法の関係的展開（有斐閣、2003）234 頁参照。

93

第 2 部　契約各論の諸類型

詳しくは、家族法、とくに相続法に譲る。

＊贈与と家族法（相続法）

　贈与の類型的考察において、主領域のひとつは、家族法（特に相続法）領域
にリンクするものであり、それらとの相関的考察が不可欠である。——背後に
ある基本的衡量は、一方で、被相続人（高齢者）の側の生前贈与・遺贈・死因
贈与における意思の尊重（自己決定権の重視）であり、他方で、相続人間の平
等の保護であって、後者の要請の最後の砦として、遺留分が問題になるという
わけである。

　なお、英米（特にアメリカ・ロースクールのカリキュラム）では、贈与は、
donative transfer とされて、家族法の中で取り扱われていることも、その現
実機能から見ると、頷けるところであろう。

・死因贈与（死亡を停止条件とする贈与）（民法 554 条）——遺贈に関する規定が
　準用されるとするが、その程度については、議論がある。
　①　遺言方式の準用はない（判例）。……（通説）も、これを支持するが、
　　　反対説もある（来栖 218 頁）。
　②　遺言の撤回（かつては、「取消」）（民法 1022 条）の準用肯定（判例。最判
　　　昭和 47.5.25 民集 20 巻 4 号 805 頁〔贈与者の最終意思の尊重〕）。もっとも、
　　　受贈者の利益を配慮して、特段の事情がある場合には、撤回（取消）でき
　　　ないとされる（判例。最判昭和 57.4.30 民集 36 巻 4 号 763 頁〔負担付き死因
　　　贈与で、既に負担が履行済みの場合〕、同昭和 58.1.24 民集 37 巻 1 号 21 頁〔親
　　　族間の所有権確認訴訟で、裁判上の和解で死因贈与が認められた場合〕）。
　③　遺贈の承認・放棄（民法 986-989 条）の準用はないとされる。

【QⅠ－17】有償・無償の契約峻別論について、贈与に即しながら、その
　　論拠・意義を検討しなさい。
【QⅠ－18】来栖論文を読みながら、日本の贈与法の特色をまとめてみな
　　さい。またその際、立法者は、どのような贈与を念頭に置いていたので
　　あろうか。

第1章 「財産（物）の譲渡」に関する契約

【QI-19】関連する家族法制（夫婦財産制度、法定相続制度［均分相続、戦前の家督相続］、また遺留分制度）との関連で、家族内部における贈与行為の意義を考えなさい。近年、贈与・遺贈に関する紛争が増えているのは、どうしてであろうか。

【QI-20】現代社会において重要な贈与類型について、どうしてそれらが注目されるに至っているかを考察しなさい。またそうした場合に、なぜ有償的金銭取引が望ましくないとされるのかを考えなさい。

1-4　終身定期金（民法 689 条以下）

・権利者の老後の所得保障をはかるもの。

・立法者（梅 829 頁以下）は、普及することを予想し、期待したが（これに対し、富井博士は、こうした射倖契約について、慎重論であった。不安心な契約で、怠惰・安逸を導き、わが国には、こうした慣習もなかったとしていた。同・民法論綱財産取得編中（岡島宝文館、1893）（復刻版、新青出版、2001）162-64 頁参照）、根付かなかった。

・社会保障制度（公的年金、私的年金）によっており、この民法規定の実際の重要度は殆どない。

＊もっとも、僅かながらでも、経営者退職や扶養がらみで多少の裁判例もあり（例えば、東京高判昭和 59.8.27 判タ 545 号 138 頁、横浜地横須賀支部判平成 5.12.21 判時 1501 号 129 頁、大阪高判平成 20.4.25 判タ 1276 号 218 頁）、射倖契約に関する研究も出ており（西原論文など[81]）、債権法改正では、現状維持されている。

---

(81)　西原慎治「射倖契約におけるコーズの法理」神戸学院法学 34 巻 3 号（2005）、私法 69 号（2007）、小野秀誠「虚無の所有権、終身年金、保険売買と射幸契約」（川井傘寿）取引法の変容と新たな展開（日本評論社、2007）、森田果「射倖契約はなぜ違法なのか？」NBL849 号（2007）など。

第2部　契約各論の諸類型

第2章　物の利用

2－1 序──わが賃貸借法の特色 (付、居住福祉法の観点からの批判的考察)[82]

・民法の規定は、特別法により大きく塗り替えられている。──賃借人保護。

　……建物保護ニ関スル法律（明治42年法律40号）、借地法（大正10年法律49号）、借家法（大正10年法律50号）。以上は、平成3(1991)年に借地借家法（同年法律90号）にまとめられる（なお、借地借家法は、1992年8月1日から施行され、施行前に設定された、借地・借家契約には、原則として旧法が適用され、新法と実質的に違いがない場合に限って、新法が適用される（付則4条但書）。そのため、契約が更新される限りは、いつまでも旧法が適用されて（新法が地主に有利と危惧する野党との妥協の産物）、旧法も知っている必要がある）。

　　従って、賃貸借か使用貸借かで、──単に、有償・無償の違いに止まらず──その法的効果は、大きく異なる。

・特色──どのような形で賃借権は、保護されているか？

①　賃借権の対抗力（借地借家10条、31条）（もとは、建物保護法1条、借家1条）Cf. 民法605条

②　居住の継続性保護

(1)　存続期間を、借地の場合、伸張して法定する（30年（借地借家3条）。旧法では、やや複雑であり、後述する）。

(2)　解約申入れ、更新拒絶に「正当事由」が必要とされる（借地借家6条、28条）（もとは、昭和16(1941)年改正による借地4条1項、6条2項、8条、借家1条ノ2）。しかも、従来は、これがかなり厳格に解釈された（中々それありとは認められない。立退料システムが事実上形成されてくる（判例法理に反映する））。

(3)　債務不履行による解除（民法541条）、無断転貸による解除（民法612条）について、判例法理による制限（信頼関係破壊理論〔背信行為論〕）。

---

(82)　さしあたり、吉田邦彦「住宅賃貸借法の日韓比較──居住福祉法学的考察」北大法学論集60巻6号（2010）。

また、土地の賃借権の譲渡の場合の承諾に代わる裁判所の許可を申請することができるようにもなる（昭和41(1966)年の借地法改正（借地9条ノ2）。現在の借地借家19条）。

＊「正当事由」制度の住宅政策上の意義とその変容

このような展開は、住宅政策の不進捗の下での暫定的代替機能も持ったし、当時の第一線の民法学者（鈴木、星野、広中など各博士）の大きな関心事となったが、住宅供給が、相対的に増大し、しかも、近年の規制緩和・市場主義の波に押されて、こうした「正当事由」要件を回避する借地借家類型も認められるにいたっている。

すなわちまず、過般の借地借家法の統一（平成3(1991)年）の際に、「定期借地権」が認められ（借地借家22条以下）、さらに、平成11(1999)年に多くの民法学者の反対にも拘らず、議員立法により、「定期借家権」が認められるにいたっている（借地借家38条。良質な賃貸住宅の供給に関する特別措置法による）。

なお、「定期借地権」については、平成19(2007)年改正により整備され、(i)「一般定期借地権」は、50年以上（22条）、(ii)「事業用定期借地権」（例えば、郊外型レストラン、フランチャイズ店、量販店など）は、10年以上50年未満とされた（23条）（かつては、10年以上20年未満とされたが（旧24条）、建物の減価償却期間との関係で、短すぎるので長くしてほしいとの要望があり、それに対応し、他方で、30年以上の場合かつては、普通借地権によるよりほかなかったが、事業用に限り定期借地権の領域を拡大することとなった）。

③　その他、建物買取請求権（借地4条2項。現在の借地借家13条）、造作買取請求権（借家5条。現在の借地借家33条）では、賃借人の投下資本の回収が目指される（なお、借地借家法になり、後者は任意規定となった）。

＊しかし他方で、以下の諸点では、諸外国（例えばアメリカ法）と比べて、議論は少なく、保護も弱い。

④　賃料（借賃）のコントロールは、弱い。

・増減額請求権のシステム（借地借家11条、32条〔借地12条、借家7条〕）があ

第2部　契約各論の諸類型

るくらいである（なお、このシステム〔「相当家賃制度」〕について、佐藤岩夫教授は、市場賃料との比較で、借家人の負担能力等を考慮して、ある程度抑制機能があるとする[83]が、それほど期待できないのではないか（吉田））。……これは、「事情変更の原則」の反映であり、継続的契約の特性に基づく、契約の柔軟な内容改訂の一環で捉えうる（前述）（なお、本条を使ってサブリース業者が、バブル崩壊後、賃料減額請求する訴訟が相次ぎ、大きな問題となったことは、後述する）。

・かつては、地代家賃統制令があった（昭和 14(1939) 勅令 704 号、同 15(1940) 年勅令 678 号、同 21(1946)年勅令 443 号。昭和 27(1952)年に法律化された）。しかしこれは、戦中・戦後の物価統制政策の一環であり、昭和 25(1950)年以降は、新築建物について、適用除外が広く認められ、同 61(1986)年末に失効した。

　　……この面では、比較的自由度が高く、敷金以外にも、権利金・保証金・更新料などの金員の授受が見られる（地域・建物などにより異なる）。──対価面では、（アメリカ以上に）市場主義的性格が強く、その（賃借人〔消費者〕保護的）規制に関する議論が弱いのは、奇妙でもある（近時は、ようやく消費者契約法を根拠に更新料を無効とするものが出てきているが。例えば、京都地判平成 21.7.23 判時 2051 号 119 頁、大阪高判平成 21.8.27 判時 2062 号 40 頁）（しかしこれに対して、最判平成 23.7.15 民集 65 巻 5 号 2269 頁は、「更新料条項は、その額が賃料額、更新期日等に照らし、高額に過ぎる等の特段事情がなければ、消費者契約法 10 条違反に当たらない」とした）。これは、住宅に関する私財（甲斐性の現れ）としての見方の表れか（吉田）。

Cf. アメリカでは、レント・コントロールに関する多くの議論が蓄積されている（最近は、市場化の波に押され気味ではあるが）。

＊韓国の傳貰権慣行及び同国の賃借人保護の進展

　韓国では、伝統的な「傳貰権」（韓国民法 303 条以下）では、不当に多額の対価を要求してきた（大体住宅価格の 5〜8 割）という見方ができ、それゆえに、近時の「月貰」賃貸の増加を招いている。

---

(83)　佐藤岩夫・現代国家と一般条項──借家法の比較歴史社会学的研究（創文社、1999）296-298 頁、309 頁。

第2章 物の利用

　他方で、第1に、保証金・家賃の不当引上げを抑制する制度を取っており（約定家賃の5％（20分の1）を超えないようにすると規定する）（1981年法の83年改正）（7条）、第2に、非持家の低所得者賃借人の保護として、少額保証金保護（優先弁済請求権の保護）（1981年法の83年改正、89年改正）（8条）（とくに1989年改正は、いわゆる「年間賃借人」の問題（一番抵当権に遅れる賃借人が保護されないという問題）を一定額の保証金について克服した。また、「商街賃貸借（営業用賃貸借）」に関する2001年法では、各々5条2項、14条）の制度がある（後者は、傳貰権の優先弁済権に関する1984年の民法改正（韓国民法303条）に遡る）。さらに第3として商街賃貸借に関しては、「権利金」規定が置かれて、それに関する元の賃借人による回収保護がはかられた（2001年法の2015年改正。10条ノ3、10条ノ4第1項）[84]。これなどは、韓国法の方が、日本法よりも賃借人保護にすぐれている証左であろう。

⑤　土地・建物（特に後者）の居住適格保証に関する法理についても、比較的議論は少ない。

　——修繕義務（民法606条）、瑕疵担保（民法559条による準用）の規定はあるが。近年、賃貸マンションについて、この点で、賃料減額が問題になったものがある（東京地判平成6.8.22判時1521号86頁（かなり高額の賃料（月21万7000円で、共益費1万800円）のマンションで、工事の騒音、カビの発生が問題になったもの。バブル崩壊とも関係する。借家7条3項を根拠とする減額を認めているが、性格上は、瑕疵担保（民法570条の準用）の問題である））。

Cf. アメリカでは、1970年代にこれに関する判例法理（warranty of habitability）が発展し、その広範な実現を巡り多くの議論がある（「生ける法」との乖離があるから）。ともかく、判例法では、その保証違反の家屋の賃借人は、賃料不払いで抵抗することができるし、それを理由とする報復的な解約請求もできないとされている[85]。さらに、各州でそれを上回る

（84）　傳貰権については、さしあたり、石昌目「韓国における住宅賃貸借——傳貰制度を中心に」北大法学論集50巻4号（1999）183頁以下。その他の韓国における賃借人の金銭的保護の進展については、高翔龍・韓国法（第3版）（信山社、2016）303頁以下、307頁以下、314-322頁参照。

（85）　①居住適格保証と賃料支払債務との同時履行関係について、Javins v. First

99

第2部　契約各論の諸類型

「建物修繕管理、安全面、電気・上下水道・空調・冷暖房・ごみ処理、避
難施設、居住人員の制限など」につき行政法規としての住宅法典があり、
検査官による状況調査、改善命令などの措置が出されるシステムになって
いる。

　わが国のこのような側面での賃借人保護は、今後検討されてよい。このよう
な住宅の質チェックの司法的、そして行政的チェックの観点がないと、例えば、
外国人の技能実習生（1993年から導入。当初の「外国人研修生」制度には、労働
関係法令の適用がなかったために、2010年改正で「技能実習生制度」が拡大された。
在日ブラジル人の減少（2007年には、32万人近くいたが、2014年には、17万人台
になった）に対して、この技能実習生の増加で対応された。そして2015年3月に第
3次安倍内閣は、「外国人の技能実習の適正な実施及び技能実習生の保護に関する法
律案」（法務省・財務省・厚生労働省・国土交通省）を閣議決定した（技能実習の受
け入れ期間の長期化（3年から5年に）、監督機関「外国人技能実習機構」の新設な
ど）。日弁連などはこの制度の早急な廃止を求めている（2013年6月）。目下日本で
働く外国人労働者は、90万8000人であるが、その内「技能実習生」は16万8000人
とされ（従来中国人中心だったが、近時は、ベトナム、ミャンマーにも及ぶ）、北海
道にも「特区」などと称して、農水産業関連でかなりいるとされる[86]）の居住環境
はタコ部屋的で劣悪とされるのに、司法的手段に訴えると、出稼ぎの職を失い、
賃金目当ての外国人労働者の希望に反することになる。こういう場合には、行
政的チェックがないわが国の居住福祉法学の貧困さを感じなくもない。

⑥　公共賃貸に関する議論の低調さ。

・これに対して、隣国の韓国では、盧武鉉政権は低所得者住宅へ公共住宅政策
　を積極的に打ち出しており、それに対して、李明博政権になってからは、こ
　の面での政策は大きく変わりつつあるものの、それでもなお日韓の相違はあ
　る（例えば、(i)低所得者向けの永久賃貸住宅（1989～）（家賃は、市場賃料の2割
　以下）、(ii)中低所得者向けの公共賃貸（1993～）、国民賃貸住宅（1998～）、そして

National Realty Corp., 428 F.2d 1071 (C.D.Cir., 1970) 以降のもの、②報復的立退
き請求の不許を説くものとして、Robinson v. Diamond Housing Corp., 463 F. 2d
853 (D.C.Cir., 1972) 以降のもの参照。

(86)　例えば、北海道新聞2016年1月7日、2016年4月19日2面など参照。

第 2 章　物の利用

李政権以降の、(ⅲ)最近のねぐら（ポグムジャリ）住宅構想（低廉分譲と賃貸との
ミックス住宅）（2009〜。その前身としてのソウルでのシフト住宅（長期賃貸の傳
貰の低廉化を図る）がある））。さらに、朴槿恵政権以降の(ⅵ)低所得者向け（新
婚夫婦、大学生、老人世帯、母子世帯）の公共賃貸としての駅周辺の幸福住宅
（2013〜）、(ⅴ)中所得層向けのニューステイ住宅（企業型賃貸住宅）（(ⅲ)の継承
であろうが、8 年間の賃貸の後に、分譲する。民間賃料の 8 割に抑えている）
（2015〜）[87]がそれである（両住宅の供給目標は、2017 年までに 30 万世帯とのこ
とである））。

・近時は、東日本大震災との関係で、災害公営住宅（津波被災者）、復興公営住
宅（放射能被災者）などで、急ピッチの建設が進められる（しかし、強制避難
者との関係では、復興公営住宅の目的が必ずしもはっきりせず（コミュニティの
形成？応急仮設ではなぜいけないか？）、他方で、自主避難者の処遇の面で、なお
難がある）。そして本来の公共賃貸の提供ははかばかしくない。

＊「賃貸借法による居住者保護の部分性・不十分さ」について（居住福祉法学
　の見地からの批判的考察[88]）

1.　一昔前に比べると、確かに持ち家が増えており（約 6 割を占める）、住宅
　　法学における賃貸借法の持つ意味は、相対的に減じている。他方、例えば、
　　区分所有法（マンション法）などの持つ意味は、飛躍的に上昇している。し

---

(87)　最初の仁川道禾ニューステイ住宅の着工式（2015 年 9 月）については、
　　http://japanese.korea.net/NewsFocus/Policies/view?articleId=129986（コリア・
　　ネット 2015 年 9 月 17 日）（2015 年には、1 万 8000 戸、2017 年までに 6 万戸供
　　給とのことである）

(88)　これについては、吉田邦彦「居住法学問題の俯瞰図(1)〜(3・完)──住宅所
　　有権・賃借権規制を巡るディレンマと公共的保護という観点からの再編」民事
　　研修 549〜551 号（2003）、同「アメリカの居住事情と法介入のあり方(1)〜(3・
　　完)──居住隔離とレント・コントロール、居住適格保証、コミュニティ再生運
　　動」民商法雑誌 129 巻 1〜3 号（2003）（それぞれ、同・多文化時代と所有・居
　　住福祉・補償問題（有斐閣、2006）1 章、2 章に所収）、同・居住福祉法学の構
　　想（居住福祉ブックレット）（東信堂、2006）。また、早川和男・居住福祉（岩
　　波新書）（岩波書店、1997）、早川和男＝岡本祥浩・居住福祉の論理（東大出版会、
　　1993）とくに序論、早川和男＝吉田邦彦＝岡本祥浩・居住福祉学の構築（信山社、
　　2006）も参照。

101

第2部　契約各論の諸類型

かし、低所得者の住宅法として、住宅賃貸借の保護の充実を図ることの意味は、今日でも小さくない。

2.　賃貸借法についても、かつての判例法理による居住権保護の営為は、貴重だったが、上述したごとく、それはなお一面的であったことに留意する必要がある。借地借家法による賃借権保護で漏れた部分（④⑤、さらに、家賃補助など）は、議論は、不十分なままである。安易に契約自由の原則に委ねられるままに、家主優位の下に賃借権保護が十全ではないことがかなりあるのが実態である。

　　しかも、近年の傾向は、規制緩和・市場主義の傾向が強まっているのであり、予断・楽観を許さない状況にある。賃借権の保護の必要を説くとすぐに住宅（借家）市場の閉塞などといわれるが（そうした、比較的単純な保守的な「経済学的議論」が強いのが、わが国の特徴であり、アメリカでは、もっと批判的な市場介入的な経済学者も有力である）、なぜ住宅市場に介入して賃借人保護を図るのかが十分つめられていない。

3.　すなわち、わが国では、より根本的に、「住宅の公的保護」という発想が、希薄である（借地借家法による保護は、実は「その一部」なのだが、その根拠が十分つめられていないから、昨今の市場主義の波の前に、保護の脆弱化という事態になっている）。住宅は、生活保障の基盤であるにもかかわらず、わが国では、それは「私的な問題」「個人の甲斐性の問題」とする発想があまりに強い。

その例は、幾らでもある。例えば、——

(i)　（公的な住宅供給が増えれば事態が変わってくるのに、）高額の住宅代金債務や家賃も当たり前とされる。＊高額の住宅費を背負わされるシステムは、市民感覚として、果たして「豊かな社会」なのだろうかという生活観に関わるわけである。

(ii)　震災での住宅被害には無策（住宅補償の欠如・手薄さ）（被災者生活再建支援法による居住補償も限られ、その改正も最近（平成19(2007)年暮れ）のことであるし、まだ不十分である）の反面で、やたら公共工事に公費が投入されるのが従来の例であった（例外は、鳥取西部地震に対する片山善博前知事の

102

第 2 章　物の利用

措置)。

(iii)　東北大震災による福島原発事故による放射能被災者の自主避難者に対する 2017 年 3 月に迫る強制立退きは深刻である。彼らへの原賠法上の補償は限られ(原賠審の第 1 次追補、第 2 次追補の対応)、被災者生活政権支援法の保護もなく、目下の最重要の住宅問題(賃貸借住宅問題)である。

(iv)　神戸震災との関連では、マンションの不必要な建替えがなされて、被災マンション居住者(特に、修繕派の居住者)が涙を呑んでいるにもかかわらず、そうした事態に逆行する、業者有利の区分所有法改正(同法 62 条の平成 14(2002)年改正)(建替え決議要件の規制緩和として「維持・修繕費用の過分性」という実体法要件の廃止とその手続き要件への代替〔その点での司法的チェックがなされなくなった〕)が進められてもいる。

また、同年改正で創設された団地の一括建替え制度(同法 70 条)(その実質的意味は、建替え決議の要件の規制緩和の第二弾として、各棟居住者の 3 分の 2 で足りるとされた)ことにより、開発業者の利益追求の意のままに、低層の居住環境を無視したスクラップ・アンド・ビルド的な緑地破壊と高層ビル化、その過程での居住コミュニティの破壊がなされている(千里桃山台団地の団地建替えの例など)。

また、(v)ホームレスの激増に対しても、抜本的対策は採られず、公共住宅削減の一途を辿っている(2006 年の段階で 344 万戸。住宅全体の 7%。イギリスの20%、フランスの 17%と比較せよ)。ハウジング・プアが語られる所以である。

さらに、(vi)居住差別の問題に対する関心は低調である(たとえば、京都ウトロの在日集落の立ち退き問題は、国連からも警告を受けている民法問題なのに、拙稿(「在日外国人問題と時効法学・戦後補償(5)」ジュリスト 1219 号(2002)〔同・多文化時代と所有・居住福祉・補償問題(有斐閣、2006)8 章に所収〕)まで判決の公表すら 1 件もない有様であった)。

＊なお、日韓の居住福祉・住居環境学会の尽力もあり[89]、その後 2011 年に韓国政府系の財団の出資や寄付金などで、一部の土地の買収がなされ、宇治市、

---

(89)　この問題に関する日本居住福祉学会及び韓国居住環境学会の協同の取り組みについては、斎藤正樹「京都ウトロ居住者の抱える問題——強制立退きと『居住の権利』」早川和男ほか・ホームレス・強制立退きと居住福祉(信山社、2007)143 頁以下参照。

103

第2部　契約各論の諸類型

京都府、国が公営住宅2棟を建てることになり、日本では珍しい都市非正規居住（urban squatters）の状態は、近々解消されることになっている（これについては、中野晃「朝鮮人労働者の苦しみ後世に——京都・ウトロに訪問者続々」朝日新聞（大阪版）2016年5月13日夕刊10面参照）。

＊京都ウトロの土地使用関係は、「都市非正規居住（urban squatters）」と言うべきもので、民法的には、敷地利用権がないという意味で、「不法占拠」といわれたりするが、通常のそれとはやや異なる[90]。ウトロの人たちには、そこに居住する歴史的背景があり、わが国には、他にも伊丹市の中村地区など各地に存在していたが、今ではほとんどなくなり、ウトロも、近々公営住宅居住に変わろうとしている。こうした場合に、占有者の原始取得制度として取得時効制度の運用状況はどうかというと、「時効と登記」の独特の判例法理ゆえに保護が認められなかった。

　しかし、世界に視野を転ずると、開発途上国には多数存在することには留意が必要である。例えば、隣国の中国では、——同国独特の戸籍事情も関係し、貧富の格差も大きく——農民工（民工）は、2011年で全人口の2割の2億5000万人強で、狭義の出稼ぎ人口でも、1億6000万人近くいる。そうした者の土地利用関係は、土地利用関係がはっきりしないことが多い。ラテンアメリカでも、開発法学でこの問題はクローズアップしており、ペルーなどでは、経済政策として、630万人もの都市非正規居住者に所有権源を取得させている[91]。

　このように、住宅問題一般について、少し言及してみたのは、従来（そして今でも）、契約各論のかなりの部分は賃貸借法に当てられ、住宅法という

---

(90)　これに関しては、吉田邦彦「グローバル化時代における『都市非正規性』の居住福祉的考察」同・都市居住・災害復興・戦争補償と批判的「法の支配」（有斐閣、2011）98頁以下参照。

(91)　See, e.g., HERNANDO DE SOTO, THE OTHER PATH: THE INVISIBLE REVOLUTION IN THE THIRD WORLD (Harper & Row, 1989) (new edition Basic Books, 2000) 243~. See also, EDESIO FERNANDES & ANN VARLEY EDS., ILLEGAL CITIES: LAW AND URBAN CHANGE IN DEVELOPING COUNTRIES (Zed Books, 1998); ANANYA ROY & NEZAR ALSAYYAD EDS., URBAN INFORMALITY: TRANSACTIONAL PERSPECTIVES FROM THE MIDDLE EAST, LATIN AMERICA, AND SOUTH ASIA (Lexington Books, 2004).

第 2 章　物の利用

と賃貸借法のことと、錯覚している向きがあるので、《その「部分性」「不十分さ」を意識して学ぶ必要》があり、そこから発展させて、住宅法・居住法の問題状況を広く有機的に捉えておくことが肝要だと思うからである。

【QⅡ－1】わが賃貸借法による賃借人保護の特徴、その限界を考え、その背景事情をも論じてみなさい。

【QⅡ－2】借地借家問題以外の現代的に重要な居住福祉法学の課題を挙げ、わが国の住宅政策の問題並びにその背景を論じなさい。

2－2　民法上の賃貸借一般

601 条　諾成・有償契約

物以外が対象であることもある（大判大正 10. 10. 15 民録 27 輯 1788 頁（漁業権の賃貸借の事例））。

(1)　**諾成契約であることは、比較法的に珍しい。**

・ドイツでは、1 年を超える場合、書面が要求されるし、フランスでも、書面がないと効力は弱い。イギリスでは、3 年を超える場合、捺印証書による必要があるし、アメリカも同様である。

・かつて、小作契約が口頭でなされたという伝統的慣習も関連する。

・今日では多くは、契約書による。

(2)　**存続期間——最長 20 年（民法 604 条）。特別法で修正されている（とくに、借地の場合）。**

・（立法者）は、それ以上については、地上権・永小作権によることを期待していたが（梅・巻之三 636 頁参照）（民法 268 条 2 項、278 条 1 項では、20～50 年とされる）、現実には、これらは殆ど利用されていない。

・短期特約の問題については、「例文解釈」的処理がなされる。

・借家の場合、最近までは、本条文により、最長 20 年であった。しかし、定期借家権の導入（平成 11(1999)年）とともに、借家についても、本条文は適用されないことになった（借地借家 29 条 2 項による民法 604 条の適用排除）。

105

第2部 契約各論の諸類型

　しかし、20年以上の定期借家権がどれだけあるかはよくわからないところである（他方で、定期借家については、借地借家29条1項の一般原則（1年未満だったら、期間がないことになる）にかかわらず、1年未満の期間の定期借家でもよいとされているのである（借地借家38条1項参照））。

Cf. 短期賃貸借（民法602条）

　　処分権が完全でない者——管理行為（⇔処分行為）の範囲でできることにする（フランス法由来の規定）。

　　…・被保佐人（民法13条1項9号）——それを超える期間の賃貸借には、保佐人の同意が必要で、それがなければ、取り消しうる（13条4項）（平成11年名称変更）。なお、被補助人についても、補助人の同意を必要とする場合に同様であることは、民法17条参照（同年に新設）。

　　　・不在者の財産管理人（28条）——保存行為など以上の権限行使ならば、家裁の許可が必要。；　権限の定めなき代理人（民法103条）；相続財産管理人（民法918条）など。

　　実際には、旧民法395条（抵当権設定後の賃貸借でも、民法602条の限りで効力を認めた）が、もっとも問題となったが、同条の平成15(2003)年改正で、その法制は廃止され、6か月の明渡し猶予が認められるにすぎなくなる（なお民法387条の登記ある賃貸借に抵当権者が同意した場合）。

　　＊詳しくは、担保物権法に譲る。

（3）　効　　果
（貸主の義務）

・使用・収益させる義務（民法601条）。

　◇第三者が妨害している場合には、賃借権に基づく妨害排除請求ができる（判例。対抗力を有することを、要件としている。最判昭和28.12.18民集7巻12号1515頁）。

　有力説（広中162頁など）は、無権限者との関係では——二重賃貸借の場合と異なり——それも不要とする。

　その他、占有訴権、債権者代位権の転用。詳しくは、債権総論参照。

・修繕義務（民法606条。なお、保存行為の場合につき、606条2項。またそれが、賃借人の意思に反する場合につき、607条。修繕を要することの通知義務（615

第2章　物の利用

条))。

・関連することとして、（瑕疵）担保責任の準用（民法559条）。賃借人の過失によらずに、一部滅失した場合には、賃料減額請求できる（民法611条）（民法536条1項によっても、減額できる（判例。最判昭和43.11.21民集22巻12号2741頁））。

　…・（判例）は、修繕義務不履行の場合でも、<u>賃料の全額支払いの拒否はできない</u>とされる（大判大正5.5.22民録22輯1011頁（使用収益できない程度に応じた賃料の支払い拒否ができるにとどまる）。同旨、同大正10.9.26民録27輯1627頁）（この点、アメリカでは、全額支払いの拒否ができるという形で、賃借人の地位が強化されていることは、前述した。日本の状況には再考が必要ではないか）。

　　・また、賃貸借を巡り、瑕疵担保規定を適用する事例が少ないのはどうしてだろうか。（吉田）賠償額が低いことが理由ならば問題である。アメリカのように、「信頼利益」「原状回復利益」として、契約対価にとらわれない支弁費用の賠償は、検討されてもいい。

・費用償還義務（民法608条）。

　必要費＝物の保存・管理に関わる（1項）。

　有益費＝物の改良のための費用（2項）——価格の増加分又は費用のうちどちらかを賃貸人が選択して返還する（民法196条2項と揃える）。

　…物の返還から1年以内に請求する必要がある（民法621条〔旧622条〕－600条の準用）。

　　これに関連して、賃借人は、留置権の行使ができる（民法295条）。但し、賃貸人に「期限の許与」がある場合はできない（民法608条2項但書）。

（借主の義務）

・賃料支払い（民法601条）

　時期——後払い（民法614条）。しかし、多くは特約があって、前払いである。減収の場合（民法609条、610条）、一部滅失の場合（民法611条）の規定（……減額、解除）は、あまり保護になっていない（広中153頁などにおける梅批判参照）。農地法22条の修正に注意（収穫価額の2割5分(田)、1割5分(畑)を上限とする）。

第2部　契約各論の諸類型

・用法遵守義務（民法616条──594条1項準用）。

　保管義務──善管注意義務（民法400条）。

・賃借権の譲渡、転貸には、賃貸人の承諾が必要（民法612条、613条）。

・増改築禁止特約ある場合には、増改築しない義務（建物（造作）買取請求権への対抗手段）。

　[以上の義務違反の場合の解除（の判例法上の制限）については、後述する。]

・返還義務、収去権・収去義務（民法616条──597条1項、598条の準用）（後者は、分離の容易さにもよる。困難なら、民法608条による。Cf. 付合（民法242条）。

＊修繕義務、費用負担に関わる合意──通常の損耗に関する負担は、賃借人か？

　賃貸人の修繕義務（民法606条）、費用償還義務（608条）と異なる特約、すなわち、賃貸人の負担を減免する特約は認められるのか。従来は、これらの規定は、任意規定として、それと異なる合意は、可能と一般的に考えられてきた。そうすると、賃貸人・賃借人の力関係のアンバランスを反映して、用法遵守義務（民法616条による594条1項の準用）の債務不履行責任（賃借人の責任）は厳しく追及されるのに、賃貸人の責任は減免されるということでは、給付均衡ないし契約正義に反することとなり、「任意規定の半強行法規化」の潮流に即した批判的再検討が必要であろう。

　近時の（判例）は、賃借建物の通常の損耗（例えば、襖・障子の汚れ、床・壁・天井の生活による変色・汚損・破損）に関して、賃借人が負担するかという問題につき、「賃借人の原状回復義務とは、賃借物件が社会通念上通常の方法により使用収益をしていればそうなるであろう状態で、そのまま返還すればよく、通常損耗につき賃借人の責めに帰すべき事由はないので、特約なき限り賃貸人が負担する」として、賃借人に特別の負担を負わせるには、特約が明確に合意され、契約締結時にその旨の説明義務があり、特約につき賃借人が明確に認識していることを要すると解するのが相当だとして、破棄差し戻した（最判平成17.12.16判時1921号61頁）。本件は、特定優良賃貸住宅の供給の促進に関する法律（平成5(1993)年法律52号）に基づき、住宅供給公社が提供した物件で、賃貸住宅の公的色彩が強い（法施行規則13条では、賃料以外の金員の授受につき、敷金は、家賃の3カ月分を超えないようにとされるし、同施行規則20条1項

108

第2章 物の利用

2号では、建設費用の1000分の1（当時）が修繕費用相当として、賃料設定の際に考慮されている）という特色がある事例に関する判断という特殊性はあるものの、注目すべき判断であろう。

なお、これとの関連で、かつて私が、ハーバード留学時に、ケンブリッジで賃借していたアパートでは、賃貸借終了時には、しっかり絨毯の清掃代など持っていかれたことが気になるが、土足を前提とする彼地の慣行故ということになるのであろうか（笑い）。

(4) 終　　了
① 　期間の終了（民法616条——597条1項の準用）。……特別法による修正。
　　黙示の更新の余地（賃借人による賃借物の使用・収益の継続の場合で、賃貸人が異議を述べないとき）（民法619条）——期間・担保はないことになる。
② 　解約申入れ（民法617条。なお、618条（期間があっても、解約権留保の場合）。Cf. なお、旧621条（賃借人破産の場合の期間の定めの消滅規定）は、新破産法制定時（平成16(2004)年）に廃止され、賃借人破産時も双方契約一般の規律（破産法53条、54条）（双方未履行の時には、解除または、履行請求の選択）に服する。……告知期間のある告知（befristete Kündigung）。
③ 　解除——遡及効なし（民法620条）。……告知期間なき告知（fristlose Kündigung）。
　　実際に重要なのは、賃貸人による解除、そしてその判例法による制限（後述）。
　　Cf. 賃借人による解除の規定　（民法607条、610条、611条2項）。
④ 　履行不能——目的物が、滅失・朽廃する場合。
⑤ 　混同——賃借人による目的物の所有権取得。

＊混同による賃貸借終了の例
　従来このような例は、あまりないと思われていたが、近時の最判平成24.9.4判時2171号42頁はこのような例である。当該建物賃貸借の賃料債権が差し押えられ、差押債権者から賃料請求された事案で、訴訟継続中に、差押え債務者（賃貸人）から第三債務者（賃借人）が、当該建物を購入したというものである。原審は、民法520条但書により、賃料債権は消滅しないとしていたが、

109

第2部　契約各論の諸類型

最高裁は、「賃料債権の差押えの効力発生後でも、賃貸人・賃借人の人的関係、建物譲渡の経緯・態様、その他の事情から賃借人が賃料債権不発生を主張することが信義則上許されないなどの特段の事情がない限り」「建物譲渡で賃貸借契約が終了した以上は、賃料債権を取り立てることはできない」とした。

　論点は、債権総論ないし民事執行法に関わるが、《当該差押債権》については、民執法145条は、取立て・処分はできないとし、（判例）は、処分しても対抗できないとする（最判昭和44.11.6民集23巻11号2009頁）。これに対して、本判決は《差押債権の基本的法律関係》については、賃貸借の継続的契約の性格上、可能であるとしたものである。学説も同様の立場であったが（我妻・中(1)432頁、石田（喜）・注民(12)509-510頁。また、稲葉威雄・注解民執(4)413頁以下、田中康久・注釈民執(6)134-135頁）、本件でも執行妨害の余地もあり、判例でも例外の余地を認めているように、かなり微妙な事案であろう。

2－3　宅地賃貸借に関する特則

　大きな問題点は、既に見たように、賃借権の対抗力と存続期間──（立法者）の立場〔民法605条の登記は、容易に具備できると考えた。；長期の場合には、より強力な地上権・永小作権に委ねる。〕に反して、賃借人に不利にその後事態が進展したことが、特別法制定の前提にある。

2－3－1　対抗力（建物保護法1条。現在の借地借家法10条）

　借地人は、賃借権の登記なくとも、自己の建物の登記があれば、第三者（新所有者）に借地権を対抗できる（10条1項）。存在していた建物が、滅失した場合、滅失後2年間は、明認方法（所定事項の掲示）によって、対抗力を維持できる（2年経過以前に、再築かつ登記することが必要）（10条2項。新設）。

＊なお、罹災都市借地借家臨時処理法が適用される災害地では、災害により建物が、滅失しても、同法律が適用される旨の政令施行から5年間、借地権の対抗力が存続するとされる（同法10条、25条の2）。
＊しかし被災地賃貸借法（2013年）8条で、優先的借地権、借家権は、廃止された。災害復興を妨げるという趣旨だが、災害弱者には不利な改正であり、この問題は、所有者から見るか、賃借人側から見るかで評価も分かれる。被

第 2 章　物の利用

災者の頭越しに開発業者サイドのイニシアティブで法制審議会の関係部会に
おいてなされた改正のようであり（いわゆる《審議会民主主義》の非民主的側
面の問題）[92]、優先借地権と優先借家権との類型的考察（後者の方が、居住権
保護に直結し、調査結果としても、後者の場合には意見が分かれていた）など、
もっと慎重に進められるべきであったと考える（吉田）。

借地借家法 10 条の「趣旨」は、①建物保護及び借地権保護（新法では、後者
の重視）であり、②現地主義──現地検分主義（とくに 10 条 2 項）の立場によっ
ている。

（問題点）

1. 「表示の登記」（cf.「権利の登記」）〔昭和 35 年改正（登記簿と台帳の一元化
   がなされた改正）により、新設されたもので、事実の登記（不登 27 条以下
   〔旧 91 条以下〕）。職権でもできる（同 28 条〔旧 25 条ノ 2〕）。固定資産税の目
   的から、表題部（同 2 条 7 号〔旧 16 条 2 項〕）に記載され、不動産を特定し、
   現況を明らかにするもので、1 ヶ月以内の申請義務がある（同 36 条、37 条、
   47 条〔旧 80 条、93 条〕）。民法 177 条の対抗要件には、ならない〕で足りる
   か。
   （判例）は、これによって、借地権の対抗力を認める（最判昭和 50.2.13 民集
   29 巻 2 号 83 頁（職権でなされたケース））。
   （学説）も、これを支持している。

2. 登記の齟齬の許容範囲は、どの程度か。……一見、技術的問題だが、登
   記実務としては、著名な論点で、学説と判例の対立が見られる。

---

(92)　津久井進・大災害と法（岩波新書）（岩波書店、2012）109 頁は、同法の「速
　　　やかな廃止」を説いているが、この問題局面に関しては、災害弱者ではなく、
　　　所有者サイド、ひいては再開発業者の便宜の方を重視されている如くである。
　　　また、山田誠一「罹災都市借地借家臨時処理法とその廃止」（野村古稀）民法の
　　　未来（商事法務、2014）540-541 頁の叙述も、借地権・借家権の区別なく便宜論
　　　で押し切った感がある（例えば、被災賃借人の優先権保護により、元の敷地の
　　　建物に戻ることは、「コミュニティの維持に必ずしも不可欠でない」とされる
　　　（541 頁）が、その論証はなされていない）。

第 2 部　契約各論の諸類型

① 　登記名義の齟齬

（判例）は、厳格であり、これでは、建物保護法 1 条［借地借家 10 条］
の要件を充たさないとする（最大判昭和 41.4.27 民集 20 巻 4 号 870 頁【56】
〔長男名義〕、最判 47.6.22 民集 26 巻 5 号 1051 頁【60】（4 版）〔妻名義〕、同昭和
50.11.28 判時 803 号 63 頁〔子名義〕、同平成元.2.7 判時 1319 号 102 頁〔建物
の譲渡担保権者名義。本判決は、借地権の対抗力を否定しつつも、X（土地の新
所有者）が背信的悪意者か、権利濫用的主張をしているかを検討させる〕）。

（学説）は、こぞって反対する。その理由づけとして以下のことが挙げられる。
(a)　基本的に、「建物の利用権保護と新所有者の取引安全保護との利益調
整」がここでの問題の基本枠組みであるが、他方で更に、「権利関係の正
確な登記への反映の要請（──執行・課税逃れを封ずる）という側面」も考
慮されていると考えられる。Cf. 二重譲渡問題との論理的・演繹的直結
（（判旨）に顔を出している）。……（判例）には、こうした実際上の司法運
営・登記実務運営上の一般的効率性の要請（個別的正義よりも）が出てい
るのかもしれない（吉田）。
(b)　現地主義──建物が推知できればいいとする（建物所有者が推知できなく
とも）（特に、「掲示」で足りるとした 10 条 2 項には、その性格が強い。同旨、
新注民(15) 別冊 849 頁以下〔広中〕、S シリーズ 148 頁〔浦川〕、大村 106 頁以
下参照）。
(c)　他の場合（次述する地番の誤りなどの場合）とのバランス論。
(d)　家族の所有問題──共同体的処理の必要性もある。しかしそれならば、
平成元年ケースだけ異なる結論になるのか。
(e)　なお、借地借家 10 条 1 項の文言からも自然な解釈とされるが（双書
141-42 頁［広中］）、文言は、建物保護法 1 条と大差なく、それほど自明と
もいえないのではないか（吉田）。

② 　建物の構造（の正確さ）、地番の誤り

（判例）は、これについては、緩やかである（学説もこれを支持する）（最判
昭和 39.10.13 民集 18 巻 8 号 1559 頁〔登記簿では、木造コンクリート瓦亜鉛板
交葺 2 階家（建坪 48 坪余）となっていたが、戦災で、1 階のコンクリート部分

112

のみ残存した（26坪余）というもの〕、最大判昭和40.3.17民集19巻2号453頁〔79番地所在の建物が、「80番地所在」として登記されていたもの。登記簿上には、79番地には、建物がなかった〕。近時のものとして、最判平成18.1.19判時1925号96頁〔本件建物（昭和34(1959)年取得）につき「24番地1」であるのに「65番地」として記載され（住所の町名・地番の変更による）、建物の床面積も実際64m²なのに、当初の26.44m²になっていたという事例（その後、相続による移転登記の際に表示変更（平成16(2004)年））。原審では、土地所有者（平成15(2003)年に競落。そのもととなった土地担保権の設定は、昭和62(1987)年）からの建物の同一性の認識に支障がないとは言えないとして、借地権の対抗力を否定したが、破棄差戻し（地番の齟齬は、登記官の過誤による可能性が高いとする）〕）。

……（理由）（i）買い受ける第三者は、現地検分で、建物の所在を知り、ひいて土地使用権限を推知できるから。;（ii）登記の表示全体から、建物の同一性を認識できる程度の軽微な誤りで、たやすく更正登記できる場合には、第三者の取引安全を不当に損なわないとする（「軽微」とするのは、昭和40年判決の言葉で、平成18年最判では省かれている）。

③　別筆土地──その内一筆にだけ登記建物がある場合。
（判例）は、対抗力は及ばないとする（最判昭和40.6.29民集19巻4号1027頁〔隣接地を庭として使用した事例〕、同昭和44.10.28民集23巻10号1854頁、同昭和44.12.23民集23巻12号2577頁〔8筆の内、2筆に建物がかかっていなければ、対抗力は、6筆にしか及ばないとする〕、最判平成9.7.1民集51巻6号2251頁〔ガソリンスタンドの店舗建物が、分筆土地の一方に存在し、他方の土地には、ポンプ室、給油設備しかないという事例で、前者にしか対抗力がないことを前提とする〕）。

Cf. これに対して、後に分筆した場合には、広く対抗力ありとする（最判昭和30.9.23民集9巻10号1350頁）。

これに対しても、（学説）は、反対が強い。
（判例）は、ここでも、分筆されている以上、個別に権利関係をはっきりさせて、「登記実務の紛糾を将来的に避けたいという事前的考慮」が出て

第 2 部　契約各論の諸類型

いるように思われる（吉田）。

3. 建物登記がない場合の借地権者の保護

（判例）は、場合によっては、権利濫用理論を適用する（最判昭和 38. 5. 24 民集 17 巻 5 号 639 頁【59】（4 版）〔Y（借地人）を追い出す意図で、Y の登記を妨げている、典型的な濫用事例〕、同昭和 43. 9. 3 民集 22 巻 9 号 1817 頁〔借地人が建物を所有していることを知りつつ、借地権付の土地として著しく安価で購入したケース（悪意だが、害意まではなかった）〕、最判平成 9. 7. 1 前出〔社会通念上相互に密接に一体として利用され、そのような利用状況の認識をしつつ、他方を使用貸借関係として明渡請求するのは、権利の濫用とする〕）。

（学説）は、おおむねこれを支持する。考量因子は、以下のとおりである。……(i)新所有者の事情と借地人側の事情（怠慢さ）との比較考量。(ii)現地主義を重視すれば、借地人保護の結論となる。(iii)さらに、一般的法理からというよりも、背信的悪意者ないし悪意者排除の法理（「登記の欠缺を主張する正当な利益がない」とする）が主張されている（広中 205 頁）。望ましい方向での動きであろう（吉田）。

借地借家 10 条 2 項で保護されない借地権者（掲示しなかった場合、2 年以内に建物の再築・登記ができなかった場合）についても、この法理が問題になるであろう。

＊借家権についての類似判例――そば屋営業の看板の対抗力？

近時、借家事例（借家権の対抗力）（借地借家 31 条）についても、類似の権利濫用論を打ち出す（判例）が出されている（最判平成 25. 4. 9 判時 2187 号 26 頁）。事案は、地上 4 階建て、地下 1 階の建物の地下部分の建物賃貸借により、借家人は、そば屋を営んでいたが、その建物の入口に設置されていた看板・装飾・ショーケースの処遇が問題とされた。建物の新所有者はその撤去を求め、原審は、仮執行宣言までつけて、撤去請求を認容したのだが、最高裁は、破棄自判して権利濫用論で請求を棄却した（借家人側からの上告受理申立理由では、上記の先例に触れられる）。

すなわち、①本件看板等は、借家人の店舗営業の用に供されて、本件借家建物部分と社会通念上一体で、看板の撤去で、本件店舗営業を示す手段は失われ、

第 2 章　物の利用

営業継続は著しく困難となり、看板利用の強い必要性があり、②他方で、看板などの設置が建物所有者の承諾を得たことは、新所有者側でも十分に知り得て、③看板の設置場所の利用については、具体的目的があり、反面で所有者の建物所有には具体的支障がないから、本件看板などの撤去請求は権利濫用とする。多数意見は、前提として、看板などについての対抗力は認めていないが、田原睦夫補足意見では、本件看板設置は、当該建物賃貸借の内容をなすとして、その対抗力を認める判示をする。近時は、比較的形式論的な概念法学色強い判例も目立つ中で、きちんと実質的考量をしている好ましい判決であろう。

【QⅡ－3】民法起草者が予定していた賃借権の登記（民法605条）が、なぜ普及しなかったのか、またそれは、建物の登記（借地借家法10条参照）とどう違うのか、を説明しなさい。

【QⅡ－4】登記の齟齬（登記名義の齟齬、建物・地番の誤り、分筆土地での制限的記載など）があった場合、借地権の対抗力を認めるか否かについての判例の立場は、平井教授の法政策学（さらには、その元となったキャラブレイジィの理論）[93]の「効率性」と「（個別的）正義」の機軸を用いるとどのように分析できるであろうかを、考えてみなさい。

2－3－2　存続期間（借地借家法3条　Cf.22～25条）

(1)　普通借地権（3条）

　新法（借地借家法）は、従来型の普通借地権と定期借地権（ここでは、更新を認めず、さらに原則として、建物買取請求権も認めない）とを設ける。ここでは、前者から。

（旧法との相違）

1.　一律30年。——但し、合意でそれ以上の期間を定めたら、それによるとする。法定期間を短縮している。

---

(93)　平井宜雄・法政策学（2版）（有斐閣、1995）（初版1987）とくに第3章。また、吉田邦彦・民法解釈と揺れ動く所有論（有斐閣、2000）第3章、4章も参照。

115

第 2 部　契約各論の諸類型

［かつてのように、建物の種類（土地利用の用途）による二重の基準（旧法 ［借地法］2条）を採らない。

	1項（法定）	2項（合意による場合）
堅固建物	60年	30年以上
非堅固建物	30年	20年以上
	建物の朽廃（1項但書）	

いずれか不明の場合には、非堅固に推定する（3条）。

・最低期間よりも、短い期間を定めたらどうなるかが、旧法において、議論されていた（最低の合意期間と法定期間とが違っていたために、見解が分かれていた。（判例）は、法定期間によるとしていた（最大判昭和 44. 11. 26 民集 23 巻 11 号 2221 頁〔3年と定めたケース〕【61】（4版）））。新法では、30年になることであまり問題はない。］

2. 朽廃（自然に建物としての効用を失うこと。Cf. 滅失──地震、火事、風水害、空襲などの場合）による消滅の制度を廃止する。

　　［「朽廃」の認定は、難しかった。

・修繕を加えた場合に、どうなるのかについて、いろいろ議論があった。（判例）は、通常加えられるべき修繕を加えてもなお朽廃すべきときに借地権は消滅するとしたが、（多数説［我妻・中一［707］など）は、建物が存続する限りは、借地権を存続させるべきだとして反対していた（これに対して、（星野・借地・借家法 53-54 頁）は、旧法 6 条の更新があるから、原則として判例の立場でよいという）。］

(2)　**定期借地権（22～24 条）……3 種類用意されている**（平成 19(2007)年改正で、規定が整備されたことは前述した）。

①　一般定期借地権（22 条）

…・50 年以上。

　・利用目的を問わない。

　・更新、建物買取請求権排除の特約（「借地借家法 22 条の特約」）。

　　これは、公正証書などの書面による。

　・借地権消滅時に、借家人がいる可能性に備えて、同時に借家契約も終了

する旨の特約を許し（39条）、借地権終了を知らなかった借家人には、1
年の明渡し猶予を認める（35条）。

・なお、第三者への（一般定期借地権であることの）対抗力は、定期借地権
の登記（不登78条3号、81条8号）による。Cf. 建物の登記（借地借家10
条）……これは、単に借地権の対抗力。

② 事業用定期借地権（23条）。

‥‥10年以上50年未満。（平成19年改正以前は、事業用短期借地権として、10
年以上20年以下のものとされていた（旧24条）。）

・業務用に、用途を限定している。Cf. 賃貸マンションないし居住用建物
は、あたらない。
（例）レストラン、フランチャイズ店——スーパーマーケット、量販店。

・事務所ビルにおけるテナント（借家人）に備えて、前記（①参照）と同
様の措置（39条、35条）。

・公正証書による。……最も、慎重に。
短期のこともあり、しかも、更新、建物買取が排除される。

③ 建物譲渡特約付き借地権（24条）（旧23条）。

‥‥30年以上の経過で、建物も利用関係も地主に譲渡するという特約。——
「相当な対価」での買い取り（その公示としては、建物の仮登記（不登105
条2号）がなされる）。

・借地権のタイプとしては、定期借地権でも、普通借地権でもよい。

このように、多様な選択を認めることで、借地権利用の活性化を促している。
　もっとも、新法施行後、定期借地権（とくに居住用定期借地権）は、それほど
多くないようである。
　そもそも、「借地」自体が減ってきている（借地の条件の崩壊）（瀬川教授の指
摘）。——その経済的・社会学的評価は、後述する[94]。

---

(94)　さしあたり、瀬川信久・日本の借地（有斐閣、1995）参照。

第2部　契約各論の諸類型

＊市街地再開発と定期借地権の活用の可能性

　香川県高松市丸亀町の街づくりは、定期借地権を活用して（期間60年。更に、終了時に、9割の合意があれば、30年更新とされる）、全国でも注目される地方都市再生のプロジェクトを推進しており、注目されている。

　土地の所有と利用（すなわち、都市経営）を分離させて、他方で、賃料は、定期借地権上の商店街の売り上げに連動させているから、従来の居住者も街づくりに利害関係があるシステムをとっている。こうした都市再生は、例えば、青森市のように小規模の所有者が密集しているようなエリアの再生には、多額の再開発コストがかかったことと比べると、いわゆる権利処理に安価に再生に踏み切ることができるというメリットがあり、今後とも注目されるところである[95]。

　この点については、従来の学説では、地価が上昇する場合には、居住者は、キャピタルゲインが含まれる所有権取得に向かい、それが下降するときには、所有権譲渡に向かうとして、定期借地権には、内在的矛盾があるとして、それを市街地再開発に利用することには、消極的だったのであり（例えば、寺尾仁教授[96]）、それを覆す近時の動きとしても、固唾を呑んで見守りたい。

＊中国での借地権（定期借地権？）事情

　中国では、毛沢東主席の死亡後に、市場化の動きが始まり、住宅の所有が認められるに至ったが、土地の国家所有については、中国共産党は譲らない。従って、土地に関しては、20〜70年の借地権でまかなわれている。2007年にはその自動更新が約束されたようだが、更新料はどうなるか、それより短期の借地権ならどうなるのかについて、不透明のままである。こうした事情は、中国での住宅投資熱の高さの反面で、浙江省の温州で問題となり、動揺が走っている。自分の財産は、子孫に継承していけるかという不安であり、定期借地権

---

(95)　これについては、吉田邦彦「中心市街地再生と居住福祉法学の課題──青森・アトランタ調査の事例から」協同の発見200号（2009）17頁、26頁（同・都市居住・災害復興・戦争補償と批判的「法の支配」（有斐閣、2011）第2章に所収）。

(96)　寺尾仁「定期借地権と住宅供給」新借地借家法と市街地整備（トラスト60、1995）85頁。

が付いていると、融資もままならないという不満も出されている[97]。

【QⅡ−5】定期借地権は、どのような場合に、いかなる利用目的から用いられるのだろうか、また地方都市市街地再生のために同制度には、どのような意味があるかを検討しなさい。

---

(3) 一時使用のための借地権（25条。旧借地法9条）

（判例）は、「土地の利用目的、地上建物の種類、設備、構造、賃貸期間等、諸般の事情を考慮して、短期間に限り賃貸借を存続させる合意が成立したと認められる客観的合理的理由が存する」かどうかを問題にする。

（例）広告塔、電柱、橋、バラック式建物。

なお、「建物所有を目的とする」賃借権か否かが問われたものとして、例えば、ゴルフ練習場（最判昭和42.12.5民集21巻10号2545頁）（借地法の適用を廃し、短期賃貸借の期間で処理する）、園舎のある幼稚園運動場（最判平7.6.29判時1541号92頁（当初の期間が2年、その後の更新が2年ないし5年とされたもの）（以上消極）、自動車運転教習コース（最判昭和58.9.9判時1092号59頁（賃貸借期間が20年とされた事例））（積極）。

＊ゴルフ場と借地借家法の適用の有無

ところで、近時の最判平成25.1.22判時2184号38頁は、宮崎県ゴルフ用地の地上権設定ないし賃貸借契約で、地代が年約737万円に設定され（なお当該土地は、グリーン、ラフに使われ、クラブハウスなどの建物の敷地ではなかった）、ゴルフ経営をする賃借人側から地代減額請求がなされたという事例であり、上記昭和42年最判では《存続期間の面》で「建物所有の賃貸借」か否か（借地借家法の適用の有無）が争われたのといささか異なる。本件では、借地借家法11条の地代減額請求権の有無が問われて、ヨリ一般的な法理たる《「事情変更

---

(97) See, Stuart Leavenworth & Kiki Zhao, *Built on Shaky Ground: China's Hold on Land Is Increasing Uncertainty for Its Homeowners*, THE NEW YORK TIMES, June 1st, 2016, B1, B4.

第2部　契約各論の諸類型

の原則」の適用の可否》が問題とされており、問題局面が異なり、借地借家法の適用の有無で截然と区別すべきかが問題となる。原審は、事情変更原則による減額を認めて、適正地代は、約603万円とされた。ところが、最高裁は、ゴルフ場には、借地借家法は適用されないという上記（判例）を、このような場合にも機械的に当てはめ、借地借家法11条の類推適用の余地はないとする（安易に借地借家を類推適用すべきではないと叱責する）。

　借地借家法の適用の有無が直接的に関わる存続期間の問題と、バブル崩壊を巡る地代減額請求の可否とは、自ずと対処の仕方は、異なってしかるべきであり、後者は借地借家法を超えた一般法理の適用（関係契約的法理の適用）が問われていると言うべきではないか。判旨は、いささか狭隘な借地借家法1条の「建物の所有」の解釈に囚われた概念法学であるように思われる（吉田）。……従来の支配的見解では、借地借家法11条については、建物所有を目的としない地上権・賃借権についても類推適用を認めていた（鈴木・借地法（下）873頁、基本法コンメンタール借地借家法（2版補訂版）41頁（上原由起夫）、250頁（伊東秀郎・田山輝明））ことの柔軟性、その実質的考量の妥当性に思いを致すべきであろう（これに対して、松尾・判セレ民法6解説20頁では、地価下落などを理由とするだけでは請求は認められないと、冷淡な立場で判旨を支持する如くである）。

　［旧法では、「一時使用」か否かの判断が、大きな意味を持ったが、新法では、種々の借地権が用意されたので、「一時使用の借地権」の必要性は、その分低下したであろう。］

2−3−3　更新（借地借家法4条、5条）など
2−3−3−1　更新の種類
①　合意による更新（4条。Cf. 旧法5条……それより、最短期間がやや短縮される）。

　最初は、20年（以上）、2回目以降は、10年（以上）。――原案は、一律10年（以上）だったが、衆議院で修正された。

　［旧法では、最短期間は、堅固建物では30年、非堅固建物では20年、（および朽廃）であった。］

②　更新請求による更新（5条1項。旧法4条）。

第2章　物の利用

・建物があることが要件。従前の契約と同一条件で更新される。——期間については、4条と同様（20年、10年）。

・地主が「遅滞なき異議」を述べ、それに「正当事由」があれば、阻止される（5条1項但書、6条）。

　［旧法での扱いと同様である。］

③　使用継続による法定更新（5条2項。旧法6条）。

・期間満了後の土地使用継続、建物があることが、要件。——更新後の条件、期間（20年、10年）については、②と同様。

・②の場合と同様に、地主が「遅滞なき異議」を述べ、それに「正当事由」があれば、阻止される（5条2項による5条1項の準用）。

　［③があるから、②の意義は、それほどなく、これについても、旧法での扱いと同様である。］

（問題点）

1.「遅滞なき異議」といえるかどうか。

　（判例）は、時間的長短だけでなく、他の具体的事情をも考慮する（期間満了を知りえたかどうかなど）（最判昭和39.10.16民集18巻8号1705頁〔約1年半経過後の異議——40年前に締結され、両当事者ともに、始期を知りえなかったケースにつき、遅滞なしとする〕）。

2.「正当事由」の有無（6条。旧法4条1項、6条2項）。

　(1)　旧法下の（判例）で、地主の事情（自己使用の必要性）のみならず、借地権者側の事情も比較考量することとされる（当時の明文よりも、「正当事由」を絞る解釈である）（大判昭和19.9.18法タ1巻7号66頁あたりを皮切りとして、最大判昭和37.6.6民集16巻7号1265頁など）。（通説）もこれを支持する（星野・借地・借家法509頁以下参照）。＊この点で、新法になり、文言が改められた。旧法では、「所有者」の「自己使用ノ必要性」しか書かれていなかった。

　(2)　さらに、建物賃借人の事情をも考慮するかについて、（判例）は、地主がその存在を容認するとか、実質的に借地人と同視できるなどの「特

第 2 部　契約各論の諸類型

段の事情」があれば、考慮できるとする（最判昭和 58.1.20 民集 37 巻 1
号 1 頁〔特段の事情の有無を検討せよとして、破棄差し戻し。地上建物賃貸
禁止特約があったケース（だからといって、これを決め手とはしていない)〕。
これに対して、同昭和 56.6.16 裁判集民事 133 号 47 頁判時 1009 号 54 頁では、
全く考慮を否定するごとくの判示をしていた)。
　……新法では、転借地人ならば、当然に考慮されることとなっており
（6 条参照）、若干アンバランスがある。

　(N.B.)「借地上の建物の賃借人の地位」の問題については、いずれ後にも論
ずるが、日本特殊の問題（土地と建物を別個の不動産とする法制の所産のひとつで
ある。そして、現在こうした居住形態は、限られてきているという意味では、実際
にとても重要課題とまでは言えないだろうが……）とはいえ、試験などでは、要
注意箇所であろう。建物の借家人は、借地契約とは法的には別の存在であるが、
事実上は、大いに利害関係者であるので、その利益をどのように考慮するかが
さまざまな局面で問われているのである。議論の状況も、法律論のタイプとし
て、形式的論議を重視するか、実質的妥当性を重視するかで、立場が分かれる
ところも興味深い。後者の立場を採るにしても、どのようなロジックでそのよ
うな結論に至らせるかに留意して学んでほしい。ここでの問題以外にも、例え
ば、①債務不履行で借地契約が解除される場合の効力が及ぶか（判例は、肯定
する。最判昭和 51.12.14 裁判集民事 119 号 311 頁判時 842 号 74 頁、同平成 6.7.18
判時 1540 号 38 頁）、②借地契約の合意解除の効果を及ぼせるか（判例は、否定
する。最判昭和 38.2.21 民集 17 巻 1 号 219 頁）、③建物買取請求権（借地借家 14
条。旧法 10 条）の代位行使ができるか（判例は否定する。最判昭和 38.4.23 民集
17 巻 3 号 536 頁）などという形で、議論があるところである。各々後述するが、
転貸借の場合とも比較しつつ、その都度、振り返ってまとめて検討されたい。

　(3)　立退き料も、「正当事由」の判断で、考慮されるのが（判例）であった
（最判平成 6.10.25 民集 48 巻 7 号 1303 頁【63】〔事実審口頭弁論終結時までに出
された立退き料の申し出を原則として考慮するとする〕)。
　……厳密には、異議申出時ないし期間満了時になりそうであるが、立退料
の補完的性質、及び「正当事由」訴訟の非訟的性格に鑑みて、柔軟に解し

たもので、額が、訴訟審理の中で定まって来るという現実即応的な処理を
したものである（解釈方法として、やや論理よりも実際的処理を優先させてい
る）。借家において、事後的な立退料の増額を認めた判例（最判平成 3.3.22
民集 45 巻 3 号 293 頁）を、さらに一歩進めたものである。

　以上を実定化したのが、借地借家 6 条である。詳しくは、また借家のところ
（借地借家 28 条。旧借家法 1 条ノ 2）で、再述する。

3.　かつては、債務不履行による解除のときも、法定更新（旧法 6 条は、「借
　地権ノ消滅後土地ノ使用ヲ継続スル場合」とされていた）があるかどうかが問
　題とされていた（（判例）・（通説）は、否定する）が、この点も消極論で決着
　し、明確になった。

4.　異議放棄の対価的意味合いのある「更新料」については、後述する。

【QⅡ－6】借地の継続性の保護のスキームを概説して、民法典の立場を
　どのように塗り替えているかを整理して述べなさい。
【QⅡ－7】借地借家法の「正当事由」制度が、40 年体制（日本型経済シス
　テムの源流）の一翼を担うとされることの意味を述べなさい。
【QⅡ－8】「正当事由」制度（及び建物買取請求権）を排する定期借地権は、
　どのような趣旨で、導入されたのであろうか。また、導入後の実態はど
　うであろうか。後述する定期借家権についても、定期借地と比較しつつ
　論じてみなさい。

2－3－3－2　建物滅失後の再築による期間延長（7 条、8 条。旧借地法 7 条）

①　地主が承諾すれば、借地権は、さらに 20 年（合意があれば、それ以上）
　［かつては、堅固建物なら 30 年、非堅固建物なら 20 年であった］、延長さ
　れる（承諾日、または再築日のいずれか早いほうから）（7 条 1 項）。
　（再築の旨の、借地人からの通知後、2 ヶ月以内に地主からの異議がなければ承
　諾したものとされる（7 条 2 項）。）

123

第 2 部　契約各論の諸類型

② 異議を述べれば、当初の残余期間による（ここでの異議には、正当事由は不要）（＊明文化されていないが、反対解釈としてそうなる）。もっとも、期間満了後の更新拒絶については、正当事由は必要で（6 条）、建物買取請求権もある（13 条 1 項。その場合、裁判所の裁量で、買取代金支払いに、相当の期限を許与できる（13 条 2 項））。

③ 更新後の滅失・再築について、<u>新規定（8 条）</u>。
　承諾があれば、20 年伸張だが（7 条）、そうでなければ、地主からの——借地人からもできる——借地関係の解消の請求（解約申入れ）ができる（8 条1 項、2 項）。その場合、3ヶ月の経過で消滅する（8 条 3 項）。
　…・<u>更新後には、滅失（承諾のない再築）につき、もはや借地権を保護しない、当初の建物が存続する限りでしか保護しないという立場であり、保護のレベルは、減退している。</u>
　　・もっとも、再築にやむをえない事情があるのに、地主が承諾しない場合には、借地人は、裁判所に、承諾に代わる許可を求めることができる（18 条）。——非訟手続き、柔軟な解決（期間、財産上の給付）。

（コメント）
(1)　旧法下の（判例）は、「取壊し」の場合も、「滅失」にあたるとしていたし（最判昭和 38.5.21 民集 17 巻 4 号 545 頁、同昭和 50.9.11 民集 29 巻 8 号1273 頁）、（通説）もこれを支持していた。そしてこの点は、明文化された（7 条 1 項括弧書き）。また、「朽廃」が、滅失の中に吸収されるにいたったことは、前述した（鈴木 597 頁も参照）。
(2)　なお、罹災都市借地借家臨時処理法の適用される災害地の場合、災害による建物滅失の場合の借地権は、残存期間が 10 年未満の場合には、原則的に 10 年に延長される（同法 11 条）。＊なお、本法律が、被災者の頭越しに廃止されたことについては、前述した。

第 2 章　物の利用

＊借地借家法による借地権の継続性保護の状況

建物買取請求権
(借地権者の〜)（13 条）
(第三者（建物取得者）の〜)（14 条）

2－3－4　借地を巡る権利義務関係

Cf. 民法上のそれ（前述）（2－2 参照）。
…（貸主）：使用収益させる義務（民法 601 条）；費用償還義務（民法 608 条）
　（借主）：賃料支払い義務（民法 601 条）；用法遵守義務（民法 616 条で準用する民法 594 条 1 項）；返還義務（収去権、収去義務）（民法 616 条で準用する民法 597 条 1 項、598 条）

(1)　建物買取請求権

① 借地権者の建物買取請求権（期間満了──更新拒絶が認められる場合）（借地借家 13 条。旧借地 4 条 2 項）。

…(i)形成権──これにより、投下資本の回収。(ii)代金支払いまでは、土地を留置できる（同時履行の抗弁権、留置権）。但し、その際に、契約終了後明け渡しまでの地代相当額を支払う必要はある。その他、(iii)建物保護、間接的に更新を強制する目的があるとされるが、建物の買取価格は低く（借地権価格が含まれない）、あまり「強制」になっていない（鈴木 601 頁参照〔更新促進という本来の趣旨は、今日ではほとんど機能していないとする〕）。（もっとも、「建物の時価」につき、（判例）は、建物が現存するままの

125

第 2 部　契約各論の諸類型

状態における価格で、場所的環境をも考慮するという（最判昭和 35.12.20 民集 14 巻 14 号 3130 頁、同昭和 47.5.23 判時 673 号 42 頁）〔借地 10 条に関する事例〕。）

（検討）

〔1〕　借地権価格が、更地価格の約 7 割という実情に照らせば、たしかに、地主への「更新促進」の機能を、この制度に期待することはできないだろう。しかし、投下資本の回収の意義は、なお残るのではないか（吉田）。

〔2〕　上記の建物買取請求権の運用では、この制度では、開発利益について、賃借人に均霑させることは否定され、同利益は所有者側に集中的に帰属することを意味している。しかし、開発利益の帰属のさせ方は、両様ありうるわけで、私見としては、賃借人にも帰属させるべきではないかと考える。従って、建物買取請求権価格に、（判例）が場所的環境を含めている立場に、賃借人に帰属させる萌芽があるとするならば、今後は、意識的にこの方向性を充実させていくべきではないかと考える（吉田）。——そういう理論的立場に立つならば、本制度の存在意義も顕在化してくるのではないかと考える。

Cf. 地上権の場合——地主の買取権（民法 269 条 1 項但書）。

・債務不履行による解除などの場合には、（判例）は、買取請求権がないとする（最判昭和 35.2.9 民集 14 巻 1 号 108 頁（民法 541 条の解除）、同昭和 54.5.29 判時 930 号 68 頁（民法 612 条の解除））。

（学説）は、これに対して批判的であるが、どこまでこの制度に合理性があるかについての評価で判断も分かれる（内田 205 頁は、判例を支持する。（吉田）は、上記のようにそれなりの意義を認めるので、判例のサンクション的意味合いはわからなくもないが、居住者の投下資本回収（さらには、上記の如き、開発利益の均霑）は認めてよいと考える）。

・また、定期借地権、事業用借地権においても、買取請求権は、排除される（前述）（借地借家 22 条、23 条）。

第 2 章　物の利用

② 建物の譲受人［借地権の譲渡・転貸を受ける者］が、賃貸人の承諾を受けられない場合も同様（借地借家 14 条。旧借地 10 条）。

・（判例）は、——建物譲渡時に、賃貸借が存続していなければ、本条の保護を受けられないとするが——譲渡時に賃借権が存続していても、買取権行使前に、賃料不払いによる解除がなされた場合には、同権利を失うとする（最判昭和 33.4.8 民集 12 巻 5 号 689 頁）（もっとも、無断譲渡解除のケースで、さらに賃料不払いによる解除がなされたという事例につき、建物買取請求権は消滅しないとしたものがある（同昭和 53.9.7 判時 911 号 112 頁））。

（学説）では、再検討の余地があるとする有力説がある（広中 209 頁、双書 148 頁〔建物譲受人には、賃料相当額の損害金を支払うべきものとしても、買取請求権を失わせることは、重大に過ぎるという〕）。（判例の上記微妙な区別は、もともと無断譲渡解除のケースであり、（そこで確定的に買取請求権は生じ、もはや）本条文の脱法にならないようにするという考慮が働いたのだろうか。それにしても、同解除がなされていない場合と区別する合理性はないように思われる（吉田）。）

［(2) 以下は、昭和 41(1966) 年改正による借地契約の柔軟化（借地条件の変更など）の踏襲。］

(2)　地代増減額請求権（借地借家法 11 条。借地法 12 条）

・地価上昇、租税の増減、近隣の相場との比較から、——特約がなければ——増額請求できる（大正 10 年の制定時から。それまでの、事情変更に関する判例を条文化したもの）。

・昭和 41 年改正で、額を巡る紛争がある場合、賃借人は、——裁判確定まで——「相当と認める額」を払えば足りるとされた（借地借家 11 条 2 項。借地 12 条 2 項）（それ以前は、（判例）では、足りない額だと、債務不履行として解除が認められたりしていた）。

　…なお、近時の判決では、あまりに低い場合には（例えば、支払う賃料が、公租公課より低いことを知っていた場合）、「相当賃料」とはいえないとしている（最判平成 8.7.12 民集 50 巻 7 号 1876 頁）。

・借地借家法になって、紛争を簡易・迅速に解決できるようにする（調停前置主義）（民事調停法 24 条の 2、24 条の 3（事件解決のための調停条項の裁定））。

第2部　契約各論の諸類型

・従来は、減額請求権の方（11条3項）は、あまり問題とされていないが、バ
　ブルが崩壊した90年代以降では、注目されたし（サブリース事例につき後述
　する）、また借家の場合には（32条に類似の規定がある）、瑕疵担保類似の機
　能を営ませることも期待できよう（前述）（吉田）。

(3)　事情変更による借地条件の変更（17条1項。借地8条ノ2第1項）……防
　　火地域の指定、付近土地の利用状況の変化がある場合など。

(4)　増改築禁止特約がある場合の許可（17条2項。借地8条ノ2第2項）……
　　賃貸人の承諾に代わる許可を裁判所が出す。

(5)　(4)につき、裁判所は、相当の処分ができ（他の借地条件の変更、財産上の
　　給付など）、その他一切の事情を考慮し、鑑定委員会の意見を聴く（17条3
　　項、4項、6項）。

(6)　建物譲渡における賃貸人の承諾に代わる許可（19条、20条。借地9条ノ
　　2、9条ノ3）［後述］

【QⅡ−9】借地権継続保護（とくに建物の滅失・再築の場合）の状況が、借
　　地借家法によりどのように変わったかを説明しなさい。
【QⅡ−10】建物買取請求権の意義を検討しなさい。

2−4　賃料以外の金員の授受──権利金、敷金、更新料など（借家の場合も併せて扱う）

2−4−1　権　利　金

・以前は、店舗用建物の賃貸借に多かったが、その後、居住用建物、宅地の賃
　貸借でも授受されるようになっている（借地権設定の場合には、かなり高額に
　なっている）。
・借家の場合にも、地域差があり（名前も、「礼金」などといわれる）、京都など
　関西では、かなり高額だと聞いている。

第2章　物の利用

賃貸借で対価コントロールが不十分であることの表れでもあり（前述）、基本的姿勢として、慎重に判断して、あまり合理性がないものは、返還させる必要があるのではないか（吉田）（韓国における近時の状況（前述）も参照）。

(1)　性格および中途解約の場合の返還の可否

（判例）は、不明確であるが、原則として返還を認めない。

（学説）我妻博士（中Ⅰ〔693〕）以来、（多数説）は、以下の3つに分類する。

(i)　営業ないし営業上の利益（造作、のれん、得意先など）、場所的利益の対価の場合——返還不要。

　　（判例）は、このカテゴリーの事案につき、最高裁レベルで、これに関する返還を否定する（最判昭和29.3.11民集8巻3号672頁〔「造作代金」「造作権利増金」につき、「建物の場所・営業設備等有形・無形の利益に対して支払われる対価の性質を有する」とする〕、同昭和43.6.27民集22巻6号1427頁〔公衆市場内の店舗の賃貸借のケース——成立後、2年9ヶ月で合意解除。「場所的利益に対する対価」であり、賃料の一時払いの性質を包含していないとする（15万円の授受）〕）。

　　……（判例）は、「期間の定め」の有無を問題にしているようでもあるが、権利金がカバーする合理的期間の経過の有無との関係で、検討すべきであるともされる（佐藤（岩）評釈・法協102巻8号参照）。

(ii)　賃料の一部の一括前払いの場合——期間満了前の終了ならば、その分の返還はできる。

(iii)　賃借権譲渡、転貸の承諾料、ないし賃借権設定の対価——前者ならば、返還不可。後者ならば、設定期間前の終了であれば、その分の返還ができる。

（検討）

(i)については、営業権売買の場合には、賃貸借終了で戻す場合には、対価は返還されるべきものであり、また、「場所的利益の対価」であっても、返還すべきだとする有力説もある（星野270頁、278頁）。

上記の対価コントロール積極論からしても、有力説に、左袒すべきものと考える（吉田）。——そもそも、いわゆる「開発利益」を、土地・住宅所有者と賃

129

第2部　契約各論の諸類型

借人のいずれに取らせるべきかという大きな問題が背後にあり、(判例)・(多数説)の暗黙の前提として、所有者を優先する立場がとられているが、これは、「正当事由」論で、立退き料の議論を展開させて、賃借人保護を図った立場とも一貫していないのではないかという疑問がある。

＊わが賃貸借における「開発利益」考慮の部分性──「立退き料」「建物買取価格」「権利金返還」「更新料授受」などとの関係

　「開発利益」の賃貸人(所有者)と賃借人の帰属如何という問題は、重要であるのに、従来わが国の賃貸借法では十分に理論的に議論されてこなかったようである(それでもマンション法の場合よりもまだましである)。そして従来ともするとそれは、所有者に独占的に帰属すると措定されがちであったが、こうした状況に批判的に、居住者(ここでは、賃借人側)に開発利益が均霑されるように考えることは十分に考えられることである((吉田)はこの立場)[98]。

　そしてこのような視角からすると、わが賃貸借法は、「正当事由」論(借地借家法6条、28条)との関連での立退き料の授受という形で反映していることが分かる。しかし、こうした理論的視角がなかったためか、その考慮は部分的であり、徹底されていないことが分かる。というのは、既にみたように、「建物買取請求権」や「権利金」「更新料」授受などとの関係では、開発利益の居住者(賃借人)への均霑がなされていないからである(そのためか、建物買取請求権制度自体が無力化して、存在意義が疑問視されている(例えば、鈴木博士、内田前教授)状況である。既に個別的には述べたが、今後は、横断的統一的に、均霑に積極的な方向で、再検討なされていくべきではないかと考える(吉田)。すなわち、「建物買取請求権価格」としては、場所的環境的利益なども上乗せして、厚みを持たせ、さらに、「権利金」「更新料」などはできるだけ賃借人に返させる方向で批判的検討が必要であろう。

(2)　**根拠**──起源(我妻478頁、星野272-73頁)

・借家の場合、地代家賃統制令(昭和14年勅令704号を受けた昭和21年勅令443号)で抑えられたために、その潜脱として別途金員を徴収する慣行ができた

---

(98)　この点については、吉田邦彦・多文化時代と所有・居住福祉・補償問題(有斐閣、2006)93頁以下参照。

とされる（借地でも）。

・また、借地では、借地権譲渡に対する承諾が通例であるという慣行からも（度々の地代の値上げに代わるものとして）。

（検討）

しかし、事情が変わってから、久しいのであり（とくに前者）、沿革はともかく、今日の状況で、アプリオリに金員徴収を正当化することは難しいのではないか。慣行に批判的な目を向けていく必要があるのではないか（吉田）。

【QⅡ－11】「権利金・礼金は、返還されない」という従来の処理の仕方について、いわゆる「開発利益」の帰属のさせ方として、批判的に再考してみなさい（例えば、立退料支払いの慣行とは、整合的なのだろうかなど）。（さらに、【QⅡ－10】の問題をも、このような理論的視角から、再検討してみなさい。）

2－4－2　敷　　金

性質は、（判例）により、明らかにされる。──賃料、明渡義務不履行による損害賠償、その他の債権の担保。契約終了時に充当される。存続中は、当然には、充当されず、賃料不払いによる解除もありうる（判例）（因みに、我妻博士は、夙にこうした扱いに反対する（次述論文167頁参照））。

＊敷金の沿革

敷金は、既に中世の資料にあるとされるが（中田薫「徳川時代の物権法雑考」同・法制史論集2巻（岩波書店、1938）848頁）、必ずしも普及していたわけではなく、江戸時代から明治初期における賃借人の債務の履行確保としては、もっと人的な保証人制度（家請制度）の方が利用率は高かったとされ、また身分制度的な賃料管理人としての家守制度があった（そして例外的に敷金が使われるときには、貸金的性質もある点で、今日とは異なっていた）。そして今日的な敷金慣行ができあがるのは、現行民法制定時の頃からとされて、旧民法が定める（従来の慣行を配慮した保証人制度及び）先取特権制度（債権担保編147条以下）の延

第2部 契約各論の諸類型

長線上で――現行民法で賃貸借が債権構成に切り替わったこともあり――それを発展・補充するものとして定着してきたようである（詳しくは牛尾論文[99]参照）。

＊敷金の額の実態と規制の必要性及び「ゼロゼロ物件」問題

　敷金の額については、従来月額家賃の3ヶ月くらいのものが多いとされたが（例えば、星野257頁注(3)）、地域差があるようで、阪神地方では家賃の10カ月ないし1年にも及び、近時の東京では敷金は（家賃の）2ヶ月分、礼金（権利金）も2ヶ月分というところが多く、中国地方では、敷金を（家賃の）3カ月分とり、その内1ヶ月分は、貸主が自動的に受領する（つまり礼金的色彩を持つ）ということのようである（生熊論文[100]）。――こうした額の合理性の検討・チェックは、急務であろう（敷金は、せいぜい家賃2～3ヶ月分が限度で〔ド民551条3項では、3カ月分に限定する〕、少ないほどよいというべきではないか。しかし敷金それ自体は、諸外国にも存在し（例えば、アメリカでの賃貸の経験では、security deposit と言い、1ヶ月分が徴収されるのが、通例である）、合理的な担保システムである（吉田））。

　そして近時のハウジング・プア問題ないし低所得者層の増加（社会の格差の高まり、失業率の上昇、雇用の非正規化による賃金の減少）の事態を受けて、2005年前後から増えているのが、敷金及び礼金をゼロとする不動産賃貸物件であり、これは「ゼロゼロ物件」と言われている。しかし賃貸人側は、賃料不払いのリスクが高くなる分、物件監視・取立の仕方も、強硬となり、例えば、入会金や保証金名目で金員徴収したり、「鍵の一時使用」契約として、1日の家賃滞納で、強制退去させ、鍵を交換して、交換料名目の違約金取り立てをしたり（実質賃貸借契約であるのに、その脱法である）、高額の原状復帰費用を請求したり、また追い出し屋も動員したりしていて、一種の貧困ビジネスとして、問題視されている（居住者の家財などをとってしまって、これは窃盗になるのではないかが、

_____

(99)　牛尾洋也「敷金の制度史的素描」松井宏興ほか編・借地借家法の新展開（信山社、2004）とくに、46頁以下、66頁、82-83頁。

(100)　生熊長幸「建物賃貸借契約終了時における敷金・保証金・権利金の取扱い」（広中古稀）民事法秩序の生成と展開（創文社、1996）306頁、308-309頁参照。

第 2 章　物の利用

問題とされている）[101]。

＊敷金を巡る法律関係は、敷金関係者の承継（不動産の移転に伴う）や、敷金
　債権の差押なども絡んで結構複雑になるので、要注意である。本講義では、
　債務引受け、さらには相殺と差押えなどとの関連で、債権総論でも論じてお
　り、別著も比較参照されたい。

（問題点）

1.　新地主の敷金承継など。

（1）　賃貸不動産の譲渡の場合には、承継される。——旧賃貸人に対する債務
　　を控除しつつ（判例。戦前から。大判昭和 5. 7. 9 民集 9 巻 839 頁以降（その
　　後大判昭和 18. 5. 17 民集 22 巻 373 頁）。最判昭和 44. 7. 17 民集 23 巻 8 号 1610
　　頁）（なお近時の最判平成 11. 1. 21 民集 53 巻 1 号 1 頁も、この法理を前提とし
　　て、敷金（保証金）の交付の有無につき、賃借人の確認の利益が問われ、肯定
　　されたものである））。

　　…・手間が省ける。

　　　・旧賃貸人の無資力のリスクを避けられる。

（検討）

　　この場合には、当然承継とすることには、あまり問題がないようである（我
妻博士などは、敷金関係の賃貸借関係への「付従性」などという（我妻栄「敷金の
付従性」同・民法研究Ⅵ（有斐閣、1969）（初出法学志林 30 巻 9 号（1928））が、あ
まり説明したことにならないであろう）。

　　おそらく、①新賃貸人（敷金返還債務者）は、当該不動産の所有者だから、
引当財産を持っている点で、賃借人は安心できるというのが真の理由であろう。

　　しかし、②例外的な場合を考えると（例えば、新賃貸人が放蕩者、あるいは多
額の債務があるというような場合）、賃借人としては、併存的債務引受がないと、
安心できないということにもなりかねない（吉田）。……一見、怪しまれてい
ない（判例）でも、よく考えると、疑問を提起する隙があるのではないか（そ
の意味で、潮見・基本 200 頁で、「説得力がない」というのは、頷ける。しかし、そ

（101）　2009 年 3 月 9 日産経新聞（「家賃滞納で荷物撤去は窃盗」）。

第2部　契約各論の諸類型

うした批判だけでは、十分にこの領域の我妻法学のマルクス経済学風の金融資本論との接合の学問的営為の遺産（それも日本民法学の遺産である）を十分に汲み取っているとも言えないことは、後述する）。

(2)　賃貸借終了後の、譲渡の場合——敷金の当然承継はなく、新旧所有者の合意の他、賃借人の承諾が必要だとされる（判例。最判昭和48.2.2民集27巻1号80頁〔事案は、賃貸人側でAからYへの譲渡。他方で、賃借人の敷金返還請求権について、Xが、差押え・転付命令を取得したというもの（Xからの敷金返還請求）。賃貸借を承継しない第三者（Yからの譲受人）が、敷金に関する契約上の地位の譲渡として、賃借人に対する損害賠償債権に敷金の充当を主張するには、賃借人の承諾を要するとする（本件では、承諾が認定されておらず、敷金関係は承継されていないことになる）。さらに本判決は、明渡し前は金額不確定であり、券面額ある債権とは言えず、これに対する転付命令（民執159条。当時は、旧民訴601条）は、無効だともする〕）。
……これに対して、（有力説）は、併存的債務引受を認め、賃借人の承諾は不要としてよいとする（星野評釈・法協92巻2号）。

（検討）
（判例）は、賃貸借の終了で敷金請求権が発生すると考えて（後述(a)説）、「敷金返還債務の（免責的）債務引受」だから、「賃借人の承諾」が必要と考えるのか、それとも素朴に賃貸借関係は終了だからと考えているのか。しかしこれは、明渡請求権との同時履行関係を否定する（判例）の立場〔後述の如く、（判例）は、明渡時に敷金請求権が発生すると考えているとされる〕と矛盾する。——やはり、(1)の場合と、それほど区別する理由はないであろう（吉田）。……そうでないと、敷金返還請求の相手方が、建物を持たない旧賃貸人だけということになりかねず、賃借人に不利になり、そうすることに合理性があるとは思われない（同旨、内田182頁（疑問がないわけではないとする））。

＊敷金関係承継論と債務引受論との制度間競合問題
このあたりの議論は、債務引受ないし契約の地位の譲渡などの議論と関係するので、債権総論も併せて参照されたい。——換言すると、（判例）は、敷金関

係の有無という形で独自に法理形成しているふしがあるが、当時の星野教授などの評釈は、債務引受の一般法理との整合性のチェック（制度間競合のチェック）を行っていると言えよう。

＊「債務引受」とは、「債権譲渡」のいわば債務者ヴァージョン。「併存的（重畳的）債務引受」とは、「免責的債務引受」と対になるもので、この際、これらのテクニカルタームの意義を押さえておこう（詳細は、債権総論参照）（さらには、「転付命令」とは、いわば、執行手続きにおける「債権譲渡」。通常の差押え・取立ての場合との異同を辞書で予習しておこう（いずれ詳しくは、民事執行法の講義に譲る））。

Cf.（3）（土地）賃借権の移転の場合……地主側の移転と対照させて、ここで併せて、比較考察すべきである（しかも、事案では、関連する利益が錯綜しているので、注意が必要である）。
　（判例）は、特段の事情（またはその旨の特約）がない限りは、新賃借人の債務についてまでは、担保しない（敷金関係は、承継されない）とする（最判昭和53.12.22民集32巻9号1768頁〔大阪駅前の一等地の賃貸借における旧賃借人(A)のYに対する敷金は3000万円。Aの租税滞納のためにX(国)が敷金返還請求権を差し押さえ、さらにその後、Aの賃借権付き建物は、競売され、Bが競落したという事案。賃借権の譲受人(B)は、敷金承継を前提に追加金（1900万円）も支払ったというケースである。しかし、譲渡前に譲渡人につき、租税滞納処分の差し押さえがなされ、譲受人もその競売手続きによる競落人であって、差押えと債権譲渡の問題──厳密には、差押え債権者と賃貸人の利益（相殺の利益）、新賃借人の利益（債権譲渡の利益）との交錯（優劣）の問題──が関係している〕）。

＊「債権譲渡と相殺」は、「差押えと相殺」（民法511条）の一変種というべきもの。それら併せての詳細は、債権総論参照。ただ、本件は、新賃借人から見れば「差押えと債権譲渡」の問題で、別途考えられそうであるが、それが賃貸人から見ると「相殺と差押え」の問題も錯綜しているので、問題はやや錯雑としている。

第2部　契約各論の諸類型

（検討）

〔1〕　旧賃借人（敷金交付者）、賃貸人（敷金返還義務者）、そして新賃借人の利益をどこまで考慮するかがここでの問題である。

（i）　もし単純な、敷金返還請求権の「債権譲渡と差押え」の優劣問題ならば、ことは簡単で、差押えと債権譲渡の優先劣後の問題となろう（この点で、【61】（6版）池田解説124頁は、民法481条の如く、記すがよくわからない（おかしいのではないか））（本件では、Xの差押えが、1971年6月、借地権付き建物譲渡が1972年で、追加の敷金差し入れが1973年であって、敷金債権の譲渡時は不明であり、Xが優先しそうである）。

（ii）　しかし、これに「敷金」ゆえに、賃貸人の損害金などへの充当（相殺）の利益が絡んでおり、「相殺と差押え」の問題状況でもあり、その限りでは、賃貸人の相殺的充当への期待を保護する必要があり、さらに、賃借人譲渡ならば、新賃借人に関わる損害金についてもそれで充当するという期待も保護すべきだということになろう。本判決の結論は、それを斥けていて、実質的に説得的かという問題が残る。＊もとより、敷金の出捐者である旧賃借人の利益は、借地権付き建物譲渡取引で、考慮されるであろう。

　——むしろ、「相殺と差押え」の要件（民法511条）が満たされていれば、賃貸人の利益を優先すべきで、賃借人譲渡に際しての敷金承継の要件（〔2〕参照）を満たす限りで、賃貸人側を差押え債権者に優先すべきではないかと思われる（吉田）。……その際には、債権差押え債権者（あるいは物上代位権者）よりも、賃貸借関係については、その当事者による敷金決済の方を優先させるべきであるという考慮があるように思われる（近時の後述平成14年最判などもそういう立場である）。新賃借人がそうした利益を受けるのは、賃貸人の相殺的充当への期待の反射的利益であろう（吉田）。

＊だから通常の「差押えと債権譲渡」とは事情が異なるわけである。

＊なお相殺的に捉える際に、①受働債権は、敷金返還債権、②自働債権は、賃料債権（ないしその不払いによる損害賠償債権）、そして賃貸物に関する損害賠償債権であり、敷金返還債権の差押の後に、②が生じたら、民法511条に抵触するのではないか、という問題が生ずるかも知れない。この点（判例）

は、敷金債権は、明渡し時に生ずるとして、（②との関係で）後履行なのでこういう問題は起こらないが、（有力説）のように、終了時説をとると、かかる問題は生じえよう。しかし、敷金の定義・属性からして、賃貸人の（賃貸に関わる）損害への充当を優先させるべきだから、民法511条に反していても、相殺的充当（ないしその期待）を貫くべきだということになるのであろう（吉田）。

　また、敷金関係の新賃借人への承継も、不動産移転に伴い、敷金を巡る相殺的充当の期待が承継されていくという、我妻博士の「付従性」分析の慧眼（次述）で（敷金の収益財産性担保という属性からそうせざるを得ないとして……）、説明せざるを得ないのではないか（これも、民法511条では説明できない）（吉田）。

＊同時履行論・相殺論の対価原因論から解放される近時の理論的展開

　ところで、近時の双務契約の牽連性（同時履行・留置権ないし相殺）に関する岩川論文[102]は、いささか理論的論文だが（それに対して、例えば、本講義で見たようなアメリカ住宅法学における大問題となった、①居住適格保証（賃貸人の修繕義務）と賃料支払の同時履行関係、②造作買取請求権と家屋返還に関する留置権の成否（後述）、③請負における瑕疵修補に関わる損害賠償請求と請負代金請求とは、同時履行関係に立つとの規定（民法634条2項）との関係で、両者を相殺することの可否（判例はこれを肯定することは後述する）などの実質的価値判断の分析などの側面は弱い）、従来の対価的バランス論（危険負担などの法理）から解放されて、広く牽連性を捉えて、そこから同時履行関係や相殺を捉えようとするものである。カサン等のフランスにおける近時の有力多数説に依拠して、説得的に説こうとするもので、その方向性は、ここに本講義録で具体的に説く方向性とも類似していて、興味深く、今後の同研究の進展を見守りたい。

　〔2〕　賃貸人の利益を考えると、新賃借人の態様・資力によっては、敷金の
　　　　　返還額にも関係してくるので、「賃貸人の承諾」があれば、原則承継され

（102）　岩川隆嗣「双務契約における牽連性概念の再検討——フランス法の同時履行の抗弁を中心として」（助教論文）。未公表だが、来年（2017年）から法協に公表予定である。

第2部　契約各論の諸類型

ると解するべきではないか。……（判例）の「特段の事情」は、広く解されるべきあろう（吉田）。

〔3〕（判例）は、賃貸人側の譲渡ならば、当然に敷金関係は承継され、賃借人の譲渡では承継されないとする如くだが、そのように機械的・形式的に考える根拠は、必ずしも明らかではない。……53年判決は、租税債権者の利益保護に引きずられていないか。

＊敷金関係の承継に関する判例法理と我妻理論

(1)（我妻「敷金付従性」論の理論的背景）賃貸人の変更の場合には、敷金関係は承継され、賃借人のそれには、承継されないとする判例理論は、ややカテゴリカルであり、その実質的詰めが不十分であるとの感想が持たれるかもしれない。——どうしてそのような判例法理になっているかと考えるに、それに対する我妻理論の影響力が考えられる。

　同博士は、主著「近代法における債権の優越的地位」論文[103]と同時並行的に昭和初年に、前記「敷金の付従性」論文を書いていたわけであり、同論文を読んでいると、当時の博士の思索が、伝わってくる。賃貸借ないし担保取引などの取引現象の（マルクス）経済学的分析をされる（特に、マルクス主義の——カール・レンナーよりも——ヒルファーディングの「金融資本」（Finanzkapital）論の影響が大きい）際に、所有権分析の一環として、この問題を考察されている。

　敷金には、《不動産所有権の収益財産性の収益担保の機能》があり、所有権と結合する一種の経済的地位としてその考察をされる（前掲159-160頁）。その上で、経済的地位だからとして、譲受人が敷金を承継しない自

---

(103)　法学志林29巻6号（1929）から31巻10号（1931）にかけて発表されて、同名著（有斐閣、1953）にまとめられた。博士の生涯のテーマは、《資本主義に伴う私法の変遷》とされており、本著はこの系譜の名著。ここで扱う敷金附従性論も、その一環で捉えうる。当時博士は31歳であり、学問的創造期の絶頂期とも評しうる。民法の解釈方法論に関する「私法の方法論に関する一考察」法協44巻6号、7号、10号（1926）〔同書に所収〕は20歳代末年の作であり、総論的著作は、博士の学者人生の初期段階にまとめられたという意味では、早熟風なのかも知れない。

第 2 章　物の利用

由を認めることを否定して、「当然承継」だとする（164 頁、167 頁））こと
が注目されるわけである（当時のドイツ民法 572 条も参照されるが）。

(2)　（我妻理論の解釈論的帰結）その結果として、(i)所有権（賃貸人の地位）の
属性として、敷金関係を捉えて、所有権、賃貸借関係、敷金関係を統一的
に捉えるという 一体的考察 を導き、また(ii)それゆえに、所有者の移転で
ある賃貸人承継と賃借人譲渡で、敷金関係の承継につき、逆の判断をする
という（判例）の立場（上述）を導いているように思われる。

　　　またさらに、(iii)所有権の伴う賃貸借関係は、「状態債務」
(Zustandsobligation; Zustandsschuldverhältnis) という概念を初めて導入さ
れて（同 159 頁）、その後の（判例）における賃貸借中の不動産譲渡にお
いては、賃借人の承諾は不要とする立場（最判昭和 46. 4. 23 民集 25 巻 3 号
388 頁【35】（5 版））（これは債務引受の法理の例外をなす）にも繋がっている。

(3)　（今日のそれに対する批判的分析）しかし今日は、関係当事者の緻密な利
益考量による 分析的考察 による批判的再検討の時期であるので、本講義
でもそのようなスタンスで進めている。しかし、大づかみな博士の考察に
は、説得的なところも多かろうし、大筋は、おかしくはなく（例えば、上
記〔1〕(ii)の考慮も我妻理論から導かれうる。……収益財の担保としての敷金は、
まず新貸借当事者間で決済されるという見方である。従って、展開のさせ方次
第では、昭和 53 年最判に批判的に我妻理論からも分析できるのではないか（吉
田）。——つまり、賃貸人の相殺的決済への期待を賃貸借当事者である新賃借人
に波及させるのは、広い意味での所有理論的考慮である）、その意味で今日的
には、判例法理はやや概念法学的ないし形式論理的だが、継承されている
のであろう。

＊賃貸人の契約上の地位の承継とその要件

　上記のように賃貸人の地位は、所有権者の地位と密接不可分の状態債務的な
ものという特殊性を説く見解も影響してか、（判例）は、(1)それについての賃
借人の同意は不要とし（最判昭和 46 年前出）、また、(2)敷金関係も当然承継さ
れると考えていることは、既に見た。さらに、(3)それ以外の賃貸人の地位も、
「特段の事情のない限り」所有権の移転とともに移転するとしている（最判昭
和 39. 8. 28 民集 18 巻 7 号 1354 頁〔家屋所有権を譲渡したものからの賃貸借解除権

139

第2部 契約各論の諸類型

行使は、効力を生じないとした事例である］）。

　なおこの点で、近時の判決例で、(2)のカテゴリーで、(3)の判例法理を援用し、「特段の事情のない限り当然移転する」と述べているので（最判平成11.3.25判時1674号61頁）、（判例）は、(2)(3)の区別なくそのように捉えていると考えてよいであろう（なお、平成11年最判の事案は、賃貸建物の譲渡の事例で、賃借人が譲渡人に対して保証金返還請求したというケースで、賃貸借契約の賃貸人の地位を留保するという特約がなされていたものであるが、上記「特段の事情」には当たらないとするので、比較的広く所有権者を指標とすると考えていて、「特段の事情」をそれほど重視しなくてもよいということであろう）。……なお同判決は、そうするのが、賃借人に不測の損害を被らせないし、また、新賃貸人（新所有者）が無資力の時に、旧所有者に敷金返還請求できるかは、別途検討すべきであるとして、実質論が展開されていることは、示唆的であろう。

　それでは、(4)賃貸人の地位の承継について、いかなる要件が必要かという点については、（判例）は、所有権の物権変動としての対抗要件は必要であるという立場である（大判昭和8.5.9民集12巻1123頁以来である。最判昭和49.3.19民集28巻2号325頁も参照）。（学説）として、かつては不要説も有力であったが（例えば、舟橋教授（不動産登記法（日本評論社、1938）73頁以下））、判例と同様な見解が多数である。周知の問題であるが、改めて、横断的に復習を進められたい。最後の論点については、物権法（所有法）講義録参照。

　なお、近時のフランス法学の影響を受けて、「契約の地位の移転」を論ずる見解（野澤教授ら）も、(ⅰ)特定財産の譲渡に伴う契約当事者の地位の移転と(ⅱ)合意に基づく契約当事者の地位の移転とに区別し、(ⅰ)の場合には、財産譲渡の当事者の合意で足り、相手方の承諾は不要とし、反面で財産移転の公示の必要性を説くので（淡路剛久・債権総論（有斐閣、2002）515頁、渡辺達徳＝野澤正充・債権総論（弘文堂、2007）240頁以下、より詳しくは、野澤正充・契約譲渡の研究（弘文堂、2002）103頁以下（フランス法）、301頁以下（日本法）、特に324頁以下、353頁以下の解釈論的提言の箇所参照）、以上の立場と大差ないことが分かるであろう。

2. 敷金返還請求権と家屋明渡請求権との同時履行関係の有無。

①　同時履行関係の有無につき、（判例）は、否定する（最判昭和49.9.2民

集 28 巻 6 号 1152 頁【59】（6 版）法協 93 巻 5 号北村〔建物賃貸借事例（賃料月 16 万 8000 円、敷金 800 万円）。建物の根抵当権の実行がなされ、X が競落し（代金 2520 万円）、Y（賃借人）に期間満了による明渡し請求をしたという事案。それに対して、Y が、敷金返還請求権との同時履行を主張した（その他、造作買取請求権、費用償還請求権についての留置権・同時履行も主張していた）。判決では X の請求認容（上告棄却）〕）。

　（学説）は、従来、敷金返還請求権の発生時期の問題と関連させて、対立していた。
　(a)　賃貸借終了時（多数説〔我妻旧説、幾代・総判(1) (1956) 152 頁以下、広中・借地借家判例の研究 154 頁以下〕）とすれば、肯定することになる。
　これに対して、(b)不動産明渡時（我妻新説・中 I ［686］［688］［691］、石外）とすれば、否定説になる（（判例）は、こちら）（この中で、(c)折衷説〔終了時説を採りつつ、当事者の意思解釈から、明渡しまでの損害金については、当然相殺を認めて、同時履行関係を認める〕も有力である（星野 265-266 頁））。

　②　また、（判例）は、賃借人の債権者の差押との関係でも、明渡し時説〔前記(b)説〕から、賃貸人（所有者側）の保護を図る（前掲昭和 48 年判決）。──これに対して、（星野評釈・法協 92 巻 2 号）は、終了時説〔前記(a)説〕であっても、「相殺と差押え」の判例法理（無制限説）（最大判昭和 45.6.24 民集 24 巻 6 号 587 頁。最判昭和 50.12.8 民集 29 巻 11 号 1864 頁は、「債権譲渡と相殺」についても、同様に解する）からは、敷金で担保されている賃貸人は、保護されるとする。……一般的に、（学説）は、（判例）に批判的である。＊なお、（吉田）が、星野教授が説く民法 511 条だけではこの問題を説明できない（さらに別の理由付け〔敷金の性質・属性論〕が必要である）と考えることは前述した。

＊敷金と家屋明渡との同時履行論と法解釈方法
　これは、法解釈方法の相違にも繋がっていることに留意してほしい。すなわち、我妻博士らは、体系性・論理演繹性を重視しているのに対し、星野教授（北村評釈も同様である）は、効果・帰結の妥当な処理というところから出発す

第 2 部　契約各論の諸類型

る政策的・機能的手法に立っている。利益考量の手法が、奏功する問題とも言えるだろう（金融法である債権総論後半ではそういうところが多い）。

（検討）

〔1〕　星野説（のアプローチ）は、魅力的であり（【59】（6 版）【61】7 版）岡解説も同旨）、もう一度考えてみると、——とくに①の場合、「『明け渡しまでの損害すべてをカバーする』という敷金の趣旨ならば、論理的には、明け渡すのが先履行になるはずだ」と従来の一般的な見解は考えたわけである。

しかし、リアリズム法学的な機能的考察からは、それは論理必然ではなく、(i)「敷金がカバーする射程の問題」と(ii)「敷金返還と明渡請求との同時履行の可否」とを——問題ごとに——分けて考えるべきで、後者については、居住者保護の見地から肯定してよいということになり、それだけのことである（そのように割り切れば、損害金についての当然相殺云々のやや技巧的説明すら不要ということにならないだろうか）（因みに、後者は、借家人の造作買取請求権（その代金請求権）と建物明け渡し請求権とを同時履行にすべきかどうかという問題（（判例）は、否定する（最判昭和 29.7.22 民集 8 巻 7 号 1425 頁など））と同様の性格の判断である）。

〔2〕　また、②については、(iii)「敷金返還請求権の差押と相殺・譲渡との優劣」の問題については、敷金の性格上、賃貸借関係の清算を重視すれば、差押債権者は劣後すると考えればよい（終了時説（(a)）的に敷金返還請求権が発生していると考えても、賃貸人側の相殺の期待を保護できるわけである。賃貸人側を勝たせるためには、明渡し時説（(b)）である必要はない）。

＊この点で、抵当権者による賃料債権に対する物上代位権の行使の事案で、賃借人の敷金充当を優先させた（判例）の立場（最判平成 14.3.28 民集 56 巻 3 号 689 頁）とも通ずるものである。詳細は、担保物権法参照。

＊近時の債権法改正における敷金規定の新設

ところで、ここで論じている敷金関係について、規定が新設される（新 622 条の 2）ということで、一部に注目されているが、それは敷金返還請求権の発

生時ないし敷金関係の承継という点について、前述の如く見解対立があるのに、あっさりと（判例）の立場を規定しようとするものである（すなわち、同条1項1号における明渡し時説の明定、また同項2号による賃借権譲渡の際の敷金関係の承継の否定の明文化である）。また、賃貸人の地位の譲渡についても、新605条の2が規定されることとなり、その場合には、敷金関係が承継されるのであろう。

しかし判例に対しては、併存的債務引受け説も絡めて、批判的見解も有力だったのであり（星野博士など）、どうして従来の如く、解釈論上の批判的議論にゆだねないのか疑問であり（これについては、吉田邦彦「民法（債権法）改正について──その評価と展望」判時2270号（2015）13頁参照）、安易に判例を規定するというスタンスは問題であろう。しかしともかくこういうことになっていることは記しておきたい。

3. 敷金について、一定割合は返還不要とする敷引き特約（それについては、後述する）
　　──その効果につき、制限的に対処するのが（判例）の立場である（最判平成10.9.3民集52巻6号1467頁〔災害により、家屋が滅失し、契約が終了した場合を論ずる〕）。

（検討）
積極的に、司法による対価コントロールをしていくべきだという私見からは、支持すべきものであろう（吉田）。

【QⅡ－12】敷金承継に関する判例法理につき、誰のどのような利益が考量されているのかに即して、再検討してみなさい。（またそれに関する我妻理論の意義・問題点を論じなさい。）

【QⅡ－13】敷金返還と明渡請求の関係、また差押との関係についての議論に即して、その法解釈方法論上の対立について考えてみなさい。

2－4－3　保　証　金
ビル、マンションなどで、比較的近年に登場して、議論されている。

第2部　契約各論の諸類型

（問題点）

1. 性格および返還の可否

その性質としては、(i)建設協力金（店子・テナント募集の場合の、一種の消費貸借）、(ii)空室損料（満了前に出る場合に備えての制裁金）、(iii)敷金などの意味合いがあり、多様である。……(i)ならば、当然に、返還請求ができ、(ii)であれば、期間満了時に終了ならば、または、満了前でも損害に充当して余れば、返還請求できるものと考えられる。(iii)については、すでに見たように、不払いの賃料などがなければ（あっても、カバーして余れば）、返還請求できることとなる。

2. 承継の可否

（判例）は、(i)の場合について、承継を否定したものがある（最判昭和51.3.4民集30巻2号25頁〔建物所有権移転のケース。承継の慣習がないことを理由とするが、新所有者の不測の損害に配慮する形で、同人の利益を重視したものでもある〕）。

2－4－4　更 新 料

・合意更新の場合、しばしば授受がなされている。——地価が高騰しだした昭和30年代後半から東京周辺で行われるようになる（借家の場合には、昭和40年代以降である）（借地権価格の5〜10%（更地価格の2〜6%））。
・全国的な慣行があるとはいえない（例えば、札幌ではあまり例がないとのことである）。
・その性格としては、（地価値上がりに対応する）賃料の補充、また合意更新する利益（ないし更新拒絶〔遅滞なき異議〕放棄）の対価としての意味合いがあるとされる。

（検討）

総じて、これらの金員の授受に関しては、従来コントロールが弱い。それなりの合理性がある場合もあるかも知れないが、できるだけ、賃借人への返還を認め、賃貸人の不当な利得を抑える方向で考えるべきであろう（吉田）。本来は、——相場にアンバランスに低額ならば——借地借家法が用意した賃料増額請

求のルート（11条、32条）によって、司法的チェックの下で、契約変更されていくべきものであろう。

（例外的な金員授受は、敷金（security deposit）ぐらいにとどめ（これが諸外国の扱い方である）、しかも、敷金にしてもある程度の上限規制があってもよくはないか。）

*その意味で、近時の裁判例で、消費者契約法を根拠として、更新料を無効とするものが現れている（例えば、京都地判平成21.7.23判時2051号119頁、大阪高判平成21.8.27判時2062号40頁〔消費者契約法10条違反とする〕）ことは注目される（これに対して、反対のものとして、京都地判平成20.1.30判時2015号94頁〔更新料10万円、賃料月4万5000円の事例で、賃料の補充として、直ちに相当性を欠くとは言えないとする〕）（しかし、既に触れたように、最判平成23.7.15民集65巻5号2269頁では、その額が賃料額、更新期間等に照らして、高額に過ぎる等の特段の事情がなければ、消費者契約法10条違反に当たらないとした〔賃料月3万8000円、更新料賃料の2ヶ月分、12万円の定額補償分担金があったという事案〕）。……消費者契約法10条を待たずとも、本来は、民法90条によってもチェックできたものであろう（吉田）。その意味で近時の最高裁は、折角対価コントロールを強めていこうとする下級審の問題意識を削いでしまうものであり、近時の保守的な新自由主義的な思潮の影響も感ずる。わが国の民法90条の弾力的適用による暴利規制、さらに賃借人保護に比較的積極的だった（例えば、立退き料などの正当事由要件に関する判例）、従来の進歩的な民事司法の伝統との比較でも、こうした逆行的立場の批判的再検討が必要であろう。

（問題点）
1. 法定更新の場合に、更新料の支払い義務があるか（更新料支払いの慣行の有無）。
 （判例）は、否定する（最判昭和51.10.1判時835号63頁）。
 （学説）も、これを支持するのが多数である。

2. 合意による更新料の不払いを理由に、賃貸借解除ができるか。

第2部　契約各論の諸類型

（判例）は、肯定する（最判昭和59.4.20民集38巻6号610頁【62】（5版）……更新料の支払いは、その後の賃貸借契約の当事者の信頼関係を維持する基盤であり、不払いは、著しい背信行為となり、解除原因となるとする（もっとも、本件には、それまで幾つか借地人側に不信行為があり、それに対する解決料——しかも、権利金の授受もなく、かつ調停によって、この解決料・更新料（合計100万円）が決められた——に違反したという特殊性がある））。

（多数説）もこれを支持するが、更新料支払契約（合意更新）の解除にとどまり、あとは、法定更新の可否に際しての「正当事由」の判断のファクターの検討に移されるとする見解も有力である（星野66頁、内田(勝)・判タ536号145頁）。

（吉田）もこれに従い、あまり、59年判決を一般化して、更新料支払いに大きな法的効果を与えないように、その射程を絞るべきだと考える。

【QⅡ-14】更新料授受の根拠を検討し、その合理性、さらには、規制の仕方を述べなさい。

2-4-5　賃料保証特約の問題（サブリース問題）——保証金問題の延長線上で[104]

---

(104)　澤野順彦「サブリースと賃料増減請求」NBL554号（1994）、道垣内弘人「不動産の一括賃貸と借賃の減額請求」NBL580号（1995）、加藤雅信「不動産の事業受託（サブリース）と借賃減額請求権(上)(下)」NBL568、569号（1995）、内田勝一「サブリース契約における賃料保証・賃料自動改定特約の効力」ジュリスト1150号（1999）、鈴木禄弥「いわゆるサブリースの法的性質と賃料減額請求の可否」ジュリスト1151号（1999）、野村豊弘「サブリース契約」新借地借家法講座3巻（日本評論社、1999）、下森定「いわゆるサブリース契約における賃料減額請求の可否」法律のひろば1999年9月号（さらに、同「サブリース訴訟最高裁判決の先例的意義と今後の理論的展望(上)(下)」金商1191号、1192号（2004））、金山直樹「サブリース契約の法的性質(1)～(4・完)」民事研修508、510～512（1999）（賃料保証は、担保ないしリスクヘッジだとする（510号22-23頁））、升永英俊・サブリース訴訟（千倉書房、2002）。
　　また、最高裁判決後のものとして、清水俊彦「転貸目的の事業用建物賃貸借

第 2 章　物の利用

　1980 年代のバブル期に、開発業者（デベロッパー）が、介在して建物建築させて、その後転貸人（賃借人）となって、その際に、所有者の建築資金支払いに対応する形で、かなり高額の賃料を定め、賃料減額しない旨の「賃料保証特約」が結ばれた（実際にビルをテナントとして利用するのは、転貸借（サブリース）した「転借人」である）。

　しかし、その後、1990 年代半ばにバブルが崩壊して、借地借家法 32 条の減額請求を求める事例が、近時相次いでいる（認容例として、最判平成 15.10.21民集 57 巻 9 号 1213 頁 法協 121 巻 12 号内田（センチュリータワー事件）（東京文京区本郷のセンチュリータワーの建築資金として、敷金約 50 億円及び約 180 億円の融資を賃借人（デベロッパー）の住友不動産が提供している。賃貸人の方からの当初の賃料年額 19 億 7740 万円を請求した事案（3 年毎の 10％の自動増額条項もついている））〔借地借家法 32 条による賃料減額請求を肯定（強行規定だからとする）。但し、サブリースの特殊性に留意して、相当の賃料を定めるべしという〕。また、同平成 15.6.12 民集 57 巻 6 号 595 頁〔借地事例で、サブリース事例とは違うが、業者（デベロッパー）が介在する点では、同様である。地代について、自動増額条項が付いていた（3 年ごとの増額条項）事例。「契約基礎の事情が失われた」と事情変更の原則的な言辞を入れつつ、特約に制約されないとしつつ、さらに、借地借家法 11 条による減額請求を肯定する〕。

　Cf. なお、同平成 14.3.28 民集 56 巻 3 号 662 頁（下北沢事例）は、賃貸人から転借人に対する明渡請求を棄却したものである〔サブリース事例で、賃

と借地借家法 32 条(上)(下)」NBL775 号、777 号（2003〜2004）、澤野順彦＝近江幸治＝植松丘ほか「（シンポ）サブリース（転貸事業）契約——最高裁判決（平成 15 年 10 月 21 日）を機縁として」日本土地法学会編・転機に立つアジアの土地法（有斐閣、2005）169 頁以下（私見については、同書 219-220 頁（吉田邦彦発言）（なお、この発言は、当日話したことの 3 分の 1 ほどが、学会誌編集上のミスで抜けているので、本講義でそれを補う）参照）、内田貴「事情変更と契約の拘束力」21 世紀の日韓民事法学（信山社、2005）、内田勝一「不動産サブリース契約」（野村（豊）還暦）二一世紀判例契約法の最前線（判例タイムズ社、2006）、澤野順彦「サブリース再論」立教法学 73 号（2007）、永沼淳子「サブリース契約への借地借家法三二条適用の可否」名経法学 26 号（2009）、松田佳久「射程拡大したサブリース法理(1)〜(3・完)」大阪経大論集 60 巻 1 号〜3 号（2009）、小山泰史「サブリース契約と借地借家法の賃料等増減額請求権」月刊司法書士 506 号（2014）などがある。

147

第 2 部　契約各論の諸類型

借人（転貸人）である業者が撤退した後、賃貸人の上記明渡請求を否定し
たものだが、その際に、転貸人からの建設協力金の提供による賃貸人・転
貸人の共同事業であり、当初から転貸を予定するもので、賃貸人が転貸人
の地位を承継すると説く〕（それまで下級審の立場も分かれていた）。

　そして、平成 15 年 10 月最判を踏襲するものは多数あり、その立場で判例は
確立している（サブリース以外の場合にまで、減額請求を肯定している）と言える
だろう。例えば、①最判平成 15. 10. 21 判時 1844 号 50 頁〔東京港区の新たに
建設建物の賃貸借（サブリース）。敷金 234 億円、賃料は建物引渡時の年 18 億
円とし、2 年毎の 8% 自動増額条項も付いている。賃借人（デベロッパー）（住
友不動産）の側からの減額請求に基づく賃料額確認請求。借地借家 32 条の適
用を認めるが、使用収益開始前の減額請求は否定する〕、②同平成 15. 10. 23 判
時 1844 号 54 頁〔東京目黒区の土地における新たな建設建物のサブリース。賃
料保証特約事例。賃借人（三井不動産販売）は、1m^2 あたり月額 8047 円（建物
全体では、月額 1064 万円）の賃料を 10 年間保証するとし、建築資金として 11
億円の融資もはかっていた。法 32 条による減額請求をしたデベロッパー側か
らの賃料額確認請求。原審では否定していたのを最高裁が、破棄差戻し〕、③
同平成 16. 6. 29 判時 1868 号 52 頁〔共栄実業の大阪事案。借地事例。賃料を減
額しない旨の特約があったが、土地価格が 4 分の 1 程度に下落し、借地借家
11 条に基づく地代減額請求した借地人の賃料確認請求を、最高裁は、破棄差
し戻して認容する〕、④同平成 16. 11. 8 判時 1883 号 52 頁〔2 年ごとに、5% 値
上げする賃料自動増額特約の事例。32 条による賃料減額請求。福田博反対意
見では、サブリース契約は、土地提供者と賃貸ビル事業者との共同事業方式の
契約で、社会的弱者保護的な契約介入を必要としない当事者間の利益追求から
出現しており、契約自由・私的自治の原則が支配する。法 32 条の適用は、現
実に即したものではなく、問題の実質は、「事業関係者間の利益配分」であり、
借地借家法の強行法規性を単純に拡張適用すべきではない。そして、本件賃料
不減額特約に事情変更の原則を適用すべき事情はないとする〕、⑤同平成 17. 3.
10 判時 1894 号 14 頁〔転用困難な大型スーパーストア（オザム）用のいわゆる
オーダーメイド賃貸（オーダーリース）事例。期間 20 年の建物賃貸借に 3 年毎
の賃料自動増額条項がある事例。家主からの当初の合意通りの賃料請求に対し、
借家人（スーパー）側が、賃料減額請求。最高裁は破棄して借地借家 32 条の

148

適用を肯定した。原審は、転用・汎用ができない建物への投下資本の回収とい
う特殊性があるという意味で、共同事業で、借地借家法の想定する形態とは異
なるとしていた。通常の賃貸借と異ならず、賃借人の経営状態など特定の要素
を基に減額に付加要件を課せられないとする（裁判長甲斐中辰夫氏）〕、⑥同平
成20.2.29判時2003号51頁〔レジャースポーツリゾートとしての15年間の
建物賃貸借で、賃料月360万円について、賃料自動増額特約があった事例（さ
らに、当該不動産にかかる諸税の分担金、また逆に賃借人が支払った4億円以上も
の建設協力金の分割返還の協定もあった）。賃借人からの借地借家32条による減
額請求で、経済事情の変動の評価の基準時が問われた。最高裁は、当事者が現
実に合意した賃料の直近のものを基に、合意日以降の経済事情の変動等、諸般
の事情を総合的に考慮すべきだとする（本件では、当初の合意時を基準とする）
（これに対して、原審では、減額請求時の賃料設定日（自動増額時）から減額請求時
までの経済事情の変動の考慮という形で、タイムスパンを狭く考えていた）〕など続
いており、判決の論理も同様である。〔なお、⑦同平成26.9.25民集68巻7号
661頁は、民訴上の既判力に関するもので、減額請求を受けた賃料確認請求で
は、その訴訟継続中の増額請求には、当該既判力は及ばないとする（東京都文
京区白山の建物賃貸借の事例。賃料月300万円につき、第1に、賃借人が240万に
減額請求し（2004年3月）、その旨の確認請求訴訟を起こし、第2に、大家側が320
万円余の増額請求し（2005年7月）、その旨の確認の反訴を提起し、第3に、大家側
がその訴訟係属中に（2007年6月）、さらに360万円への増額請求したもの。第3の
増額請求まで含めて、控訴審の口頭弁論終結時までの請求について既判力があると
した原審を破棄して、最高裁は、その部分（第3の部分）は、既判力が及ばないと
する）。学説としても、原審的な「期間説」を採るものが多く（藤田耕三ほか
編・不動産訴訟の実務（7訂版）（新日本法規出版、2010）725頁〔稲田龍樹執筆〕、
澤野順彦・論点借地借家法（青林書院、2013）330頁）、最高裁の立場はいささか
形式的であり、関係契約的な考え方からも疑問であろう（吉田）。〕

＊減額の額の算定の仕方としては、「(a)賃料額・自動増額特約が定められる経
　緯、(b)とりわけ、当該約定賃料額と近傍同種の建物の賃料相場との関係（賃
　料相場との乖離の有無、程度など）、(c)サブリース業者の転貸事業における収
　支予測に関わる事情（賃料の転貸収入に占める割合の推移の見通しについての当

第 2 部　契約各論の諸類型

事者の認識など)、(d)賃貸人（所有者）の敷金・銀行借入金の返済予定に関わる事情等、諸般の事情を総合的に考慮すべきである」とする。

（問題状況）

厳密には、保証金の問題ではないが、さりとて、純粋の賃料とも違って、ここには、建設協力金（保証金に関する上記(i)）的な要素も含まれているだろう。しかも厄介なのは、

① この場合は、家主は、（場合によっては地上げにも類似する形で）建物を建てさせられた所有者であるのに対して、転貸人はデベロッパーであり、業として行う商事賃借人であり、力関係としては、後者のほうが強力で、開発のイニシアティブもとっている（いわば、前者は、建設協力者である）ことである。

② こうした場合に、業者の予測に反してバブルが崩壊したことの開発利益の減少の不利益を、相対的に取引弱者の賃貸人に（特約に反して）どれだけ転嫁できるか。

③ しかも、居住者たる転借人には、近隣の相場の低下に応じた賃料減額の要請があるのに、もとの賃貸借の賃料が据え置かれると、高額賃料が転借料に、転嫁されかねないというディレンマがある（鈴木 561 頁参照）。

（論点）

1. サブリース契約の法性決定

サブリース契約には、開発業者が間に入り建設協力金を支払い、建設を誘導するもので、①融資的要素も含まれる共同事業で、無名契約とする見解が（学説）では、従来有力であったが（澤野、下森、鈴木各論文、また、平井鑑定意見書）、（判例）（とくに 15 年 10 月最判）では、②借家（賃貸借）契約説（道垣内論文など）をクローズアップさせている（とくに、藤田補足意見では、典型契約論を引用しつつ強調する）。Cf. 平成 16 年最判の福田反対意見＝①の立場である。

（検討）

しかし、「典型契約論」（大村教授）は決め手となるかどうか疑問があるし、

150

第 2 章　物の利用

そこには何のためにそういう議論をするのか、無用な概念論（概念法学）ではないかとの疑念がつきまとう[105]。賃貸借契約といったところで、本件契約の特殊性は否定できないし、減額請求の可否に関する結論を導く際にも、賃貸借（借家）契約認定することが論理必然のものではない。……（判例）は、そう法性決定すれば、借地借家法 32 条は適用されて、それは、強行規定で、当然に減額は認められるとする機械的な演繹志向の如くだが、別の解釈論（片面的強行規定論）は展開できる（次述する）。

2.　減額請求の可否

・問題状況は、そう簡単ではないことは、前述したが、相当にインパクトを持つ政策決定でもあるであろう。（判例）は、「業界〔開発業者・デベロッパーの業界のこと（吉田）〕救済に乗り出した」と捉える見方がある（内田・前掲評釈）。それ自体は、記述的には、その通りかもしれないが、規範的にそうしてよいかどうかは、さらに検討すべきであろう（なおこの点で、内田・前掲論文 25-26 頁では、（契約介入が正当化されるような）デベロッパーが破綻に瀕する以前に、介入に乗り出していて「業界救済的」な日本的契約観が出ているとして、批判的にも読める）。……ここには、不良債権問題の際に、多額の財政を投入して、基幹の金融界を救済したのと同様に、ここでもデベロッパーとなったメジャーな不動産業界を救うことが日本の経済を救うことになり（土建国家だから）、そのために当初の合意を反故にされた弱小の所有者が破綻しても、目をつぶるというような日本経済についての高度の金融政策判断でも控えているのだろうか（吉田）。

・しかもそもそも、（判例）の問題は、それを明示的に論じていないことであ

---

(105)　大村教授による「典型契約論」が 1990 年代半ばに出された当時の、それに対する私の違和感は、吉田邦彦「契約の解釈・補充と任意規定の意義」同・契約法・医事法の関係的展開（有斐閣、2003）171-180 頁（初出、廣中俊雄＝星野英一編・民法典の百年 I──全般的考察（有斐閣、1998））参照。

　　なお、同教授が、フランス留学を経て、体系思考・概念思考を強める傾向が出て、それに対して、利益考量論者の星野博士も、「向うの指導教授の影響からか法律実証主義に染まって帰ってきた」と不満を漏らされたことについては、自ら記されるところである（大村敦志「三度の在学研究に際して」星野美賀子ほか編・星野英一先生の想い出（有斐閣、2013）71 頁参照）。

151

第2部　契約各論の諸類型

り（単純な演繹的な典型契約論から来る、借地借家11条、32条の適用論だけである）、きちんと実質的に考慮したことを判決に書くべきではないか（吉田）（平井教授の言葉（平井・前掲書参照）を使えば、結論に至った「発見のプロセス」をもっと「正当化のプロセス」に盛り込むべきではないか、ということである）。

（検討）

上記のように、(1)権力分析として、介在したサブリース業者の立場は、強力であり、(2)所有者（賃貸人）は、業者からの賃料（保証金）を前提として、バブル当時の建設資金の支払いをしているという事情もある。それなのに、自らの「特約」を反故にして減額請求を認めてよいかという問題である。──この限りで、むしろ私的自治の原則の方が妥当しやすい領域である。

しかし、(3)それが、転借人の賃料にどう影響するかということも検討しなければならないであろう。もっとも、中間業者が、据え置かれた賃料を転借人に転嫁しようとするならば、もはや転借人は、廉価な賃貸マンションに移ればよいともいえる（ないし同人は、32条の権限行使できると考えればよい（片面的強行規定）ともいえる）。

（吉田）難しい問題であるが、転貸人の賃料には、特殊な意味合いがあることにかんがみて、「開発利益」減少のリスクは、中間業者が原則として負担すべきであろう。従って、32条の減額請求は、(i)転貸人が（所有者に）請求する場合には、「特約」ゆえに、基本的に認められないが、(ii)転借人が（転貸人に）請求する場合には、肯定される（特約を抗弁の根拠として使えない）と解するべきであろう（借地借家法32条は、片面的強行規定と考えるので、強力な業者自らが、それとは違う「特約」をする場合には、それを反故にすることは、契約法の原則ないし信義則（禁反言の原則）からして、できないと考えるのを原則とするのである。あくまで居住弱者の保護規定として32条を捉えるのである）（土地法学会シンポでの吉田発言も参照）。

Cf. なおこの点で、内田・前掲論文18頁、23頁では、減額請求の規定（借地借家法11条、32条）を、長期的・継続的契約における「柔軟性」原理の反映としてみるべきで、弱者保護的なスタンスから脱却すべきと説く如くだ

第 2 章　物の利用

が、マクニールの関係契約理論においては、「柔軟性」原理とともに、権力分析に敏感になるようにと説いており[106]（そこからは、弱者保護的解釈が志向される）、原典に戻るべきであろう（吉田）。

3. 「事情変更の原則」との関係

（判例）は、平成 15 年 6 月最判と比較して、同年 10 月最判では、意識的に「事情変更の原則」を避けて、（サブリース契約の内容変更と）区別しているかの如くで、近時の判決例でも、その適用には、慎重である（例えば、最判平成 9. 7. 1 民集 51 巻 6 号 2452 頁〔ゴルフ場における法面の崩壊について、予見不可能とは言えないとして、原審を破棄〕）（また、最判平成 25. 1. 22 前出〔ゴルフ場事案で、かつての有力説（多数説）が事情変更の原則の問題として積極説だったのに対して、借地借家法 11 条の類推適用を否定した〕も参照）。

しかし、実質的に考えると、法 11 条、32 条を用いて、契約の内容改訂することは、「事情変更」的処理をしていることには違いないであろう（吉田）（業界保護のために、むしろ柔軟にすぎる嫌いがあることは前述した）。──上記の減額のための総合的考慮の基準にしても、通常の 11 条、32 条の基準とは違い、まさしく事情変更的総合考量である（吉田）（同旨、内田 202 頁〔大岡裁き的裁量判断とする〕）。

4. オーダーメイド賃貸への転用の可否

なお、平成 15 年最判の論理は、その後射程拡大して、サブリース事例に止まらず適用されている。例えば、オーダーメイド賃貸という、関係特殊的投資がなされている場合でも（平成 17 年最判）、借地借家 32 条が、機械的に振り回されて、特殊的考量を否定する方向に作用させていて、その意味でも、事態適合的な柔軟な処理を妨げていて、問題であろう。ここにはやはり、「典型契約」論における概念法学風の肌理細かさ排除という負の側面を見て取るべきで

---

(106)　吉田邦彦「Ian Macneil, *Economic Analysis of Contractual Relations*」アメリカ法 [1989-1] 80-87 頁、同・契約法・医事法の関係的展開（有斐閣、2003）98 頁以下。See also, Robert Gordon, *Macaulay, Macneil, and the Discovery of Solidarity and Power in Contract Law,* 1985 Wis.L.Rev.565, at 570~.

第2部　契約各論の諸類型

あろう。今後は、安易な転用には慎重に、もっと類型的相違に鑑みた、法理の異別化の方向で進める（事案適合的法理の追求をする）べきはないか（吉田）。

【QⅡ-15】近年のサブリース紛争の背景、関係当事者の利害関係を分析しなさい。

【QⅡ-16】サブリース契約の内容変更に関する解決の方途の検討（とくに権力分析的考察）を行い、近時の最高裁の立場を批判的に論評しなさい。さらに、その関係契約理論との関係も論じなさい。

2-5　賃貸人の解除と信頼関係理論
2-5-1　賃借人の債務不履行の場合（民法 541 条）
（例）賃料延滞、用法違反──無断増改築など。

・かつては、賃貸借を消滅させる口実として利用される（例えば、大判昭和 8.7.3 新聞 3586 号 13 頁（「正味 3 日間」家賃の支払いを遅延した場合（支払期日 5 月 31 日。6 月 4 日に、6 月 6 日までに賃料を支払うべき旨催告し、然らざれば解除する旨の意思表示を是認する。「契約違反だから」としている））。

① （判例その 1）これに対して、第 2 次世界大戦後から、解除制限をはかる下級審判決が出て、昭和 30 年代末頃から、最高裁もこれを採用する。──信頼関係破壊理論：賃貸借の基礎をなす「信頼関係」の破壊がなければ、解除の効力を認めないとする（最判昭和 39.7.28 民集 18 巻 6 号 1220 頁〔賃料不払いのケース。昭和 34 年 1 月～8 月分を、9 月 25 日までに支払わないと（月額 1200 円）、同日限りで解除する旨の意思表示。(i)同年 1 月～4 月分は、支払い済み、(ii)地代家賃統制令による適正家賃は、月 750 円で、延滞賃料額は合計 3000 円にすぎない、(iii)昭和 29 年の修繕（屋根の葺き替え）についての費用償還（計 29000 円）をしておらず、同時履行の抗弁として支払い拒絶できると考えたという事情がある。これに対して、賃貸借の基調である相互の信頼関係を破壊するに至る程度の不誠意があると断定できないとした〕。同旨、同昭和 41.4.21 民集 20 巻 4 号 720 頁【59】(5 版)〔無断増改築禁止特約違反のケース（借地契約の事例で、借地人の自己所有の建物にかなりの修繕を施したというもの）。

第2章　物の利用

それでも、土地の通常の利用上相当であり、土地賃貸人に著しい影響を及ぼさ
ず、信頼関係を破壊するおそれあると認められないとする〕、同昭和43.6.21判
時529号46頁（半年分の賃料不払い）など）。

　◇借地上の建物の無断増改築禁止特約──これには、どのような意味がある
のだろうか。(1)旧法下では、建物の種類により、存続期間に差異が出たために、
ある程度この特約には意味があったが、この点では、新法では、変更されてい
る。(2)現行法下で考えられることとしては、滅失・再築のプロセス（地主は、
承諾しなければ残存期間で更新が問題になる。更新後は、解約申し入れができる。
前述〔借地借家法7、8条〕）を潜脱するような大修繕による不利益はあるか。更
新前では大差ないが、更新後の場合には、違いが出るだろう（すなわち、現行
法では、更新後の修繕では、解約申し入れされる可能性が減るだろう）。
　地主が一番懸念するのは、修繕による(3)建物買取請求権（13条）の上昇、及
び(4)間接的に、更新時（更新拒絶時）の「正当事由」の判断（6条）に不利に作
用し、立退料の額も変わってきうるということであろう。
　だから、借地人は、自分の建物だから何をしてもよいということにはならず、
地主には修繕に関する利害関係がある。従って、直ちにこうした特約が無効と
はならないが、原審が採ったような部分的無効説というかたちの特約規制はあ
りうるだろう（因みに、17条2項〔旧借地法8条ノ2第2項〕は、こうした特約が、
有効（少なくとも一部有効）であることを前提とした裁判所の許可手続きの規定
である。なお、この手続きを踏まなかったことが、借地人に不利に作用するか
否かについては、見解の対立があるが（不利になるとするものとして、鈴木・借
地法(下)(改訂版)（青林書院新社、1980）735頁〔許可の裁判なく、増改築を強行す
れば、信頼関係の破壊ありとされる大きなファクターだとする〕。これに対し、影響
しないとするのは、星野137-38頁）、前記特約のチェックと連動させて、少なく
とも特約に合理性がない場合には、許可手続きを踏まずとも直ちに不利益にな
るとは言えないであろう（吉田）（同旨、副田【59】（5版）解説129頁）。

・なお、公営住宅の使用関係〔公営住宅法が特別法。低所得者向けの住宅提
　供〕についても、本法理の適用があるとされる（判例。最判昭和59.12.13民
　集38巻12号1411頁【48】（4版）（収入超過基準を超えたことによる「割り増し賃

155

第 2 部　契約各論の諸類型

料」不払い。さらに、無断増築というケース。信頼関係を破壊するとは認めがたい特段の事情があるとはいえないとして、結局明渡請求を肯定した）。

…ただ、その（実質的）基準は、特別法の趣旨に照らして、一般の場合とは違いうる（cf. 最判昭和 62.2.13 判時 1238 号 76 頁〔公営住宅法（昭和 55 年改正前）23 条の 6 に基づく明渡請求には、同条の要件・手続以外には、借家 1 ノ 2〔現行法 28 条〕の「正当事由」はいらないとする〕）。公営住宅法の概説としては、双書 171 頁以下〔広中〕など参照。

…また、暴力団排除条項に基づいて、実際には問題がない場合でも、明渡しを認めた事例で、憲法 14 条 1 項、22 条 1 項との関係でも問題はないとの（判例）上の立場も示されている（最判平成 27.3.27 民集 69 巻 2 号 419 頁（西宮市市営住宅に関する。暴力団員が PTA 活動や青少年愛護協議会の活動にも尽力し、障碍者の両親と同居していたという事案である））。

（吉田）概して、一般の借家の場合よりも、公営住宅居住者に冷淡なようにも見受けられるが、昨今の低所得者の居住環境は、決して楽観を許さないものがある（近年のホームレスの激増を見よ）。公営住宅の充実・拡充を含めた、大所高所からの経済構造不況期の低所得者の住宅保障政策の再検討は、切実な課題というべきであろう。

　暴力団関係では、区分所有法 57 条以下（1983 年改正）とも関わり（最判昭和 62.7.17 判時 1243 号 28 頁は、暴力団組長が居住し、組合員が出入りしたという事例）、団体的利益と個人的利益（居住権）とが鬩ぎ合うデリケートな課題であるが、前者優位に判断されていると言える。他に入居住宅の空き具合とも関連する問題であろう。

②　（判例その 2）他方で、賃借人の義務違反の程度が著しい場合には、信頼関係破壊を理由に、無催告解除が認められる（解除権の拡張）（最判昭和 27.4.25 民集 6 巻 4 号 451 頁法協 72 巻 6 号我妻は支持。これに対して、幾代・民商 28 巻 6 号は、やはり催告は必要だとする〔用法違反──家屋毀損、建具焼却、塵芥堆積、用便も裏口マンホールにて行う。催告期間の長短が争われているが、その点は争うまでもなく、解除できるとする〕）。その後、無断増改築のケース（最判昭和 31.6.26 民集 10 巻 6 号 730 頁、同昭和 38.9.27 民集 17 巻 8 号

1069 頁、同昭和 44.6.17 判時 563 号 51 頁)、賃料不払いのケース（多くはない。最判昭和 49.4.26 民集 28 巻 3 号 467 頁〔約 10 年間の賃料不払い〕）などがある。

- ・なお、「諸刃の剣」的に、無催告解除が認められることもある（最判昭和 43.11.21 民集 22 巻 12 号 2741 頁〔1ヶ月でも、賃料遅滞の場合には、無催告で解除できる旨の特約ある事例。昭和 38 年 11 月分〜39 年 3 月分の不払いにつき、解除を肯定する〕、同昭和 50.2.20 民集 29 巻 2 号 99 頁〔ショッピングセンター（賃貸店舗）における秩序規律違反の場合につき、無催告解除ができる旨の特約。その適用を肯定する。暴行があったケース〕）。

＊政治的行為・政治的自由（「表現の自由」）の団体的規制問題

もしこれが、「政治運動」的秩序違反であったら、どうなるであろうか。微妙な判断となろうが、アメリカでは、その種の事例で、政治的「表現の自由」の方を、重視したものがある（Pruneyard Shopping Center v. Robbins, 447 U.S. 74 (1980)〔所有権の制限の問題として扱われているが、機能的に賃貸人（所有者）の権限をどの程度の大きさのものとして考えるかという点を問題にする限りでは、類似の問題である〕）。先般（2008 年 2 月）のグランドプリンス高輪の日教組集会のための施設利用契約・宿泊契約の拒否（予約取り消し、解約）（しかも裁判所の使用させる旨の仮処分は無視された）（それによる右翼からの他の宿泊者への迷惑を懸念した）にも類似の問題がある。

また、ややレベルが異なるが、マンション居住で業務執行の管理組合役員を批判（誹謗中傷）するビラ配布行為につき、「共同の利益に反する行為」（区分所有法 6 条）に当たり、同法 57 条による行為差止めの対象となるとするものがあり（最判平成 24.1.17 判時 2142 号 26 頁）、これなども、「マンション居住者間の民主的自治」に関する政治行為の規制とも言えて、微妙な問題となろう。

（留意点）

1. かつて、学界では、根拠条文を巡り、議論があった。
（判例、多数説）は、民法 541 条による（（立法者）もその趣旨。我妻［655］、星野 111-12 頁、山中・総判(10)4 頁以下）のに対して、（有力説）は、継続的契約の特質から、「告知（Kündigung）」の理論によるべきことを主張する

第2部　契約各論の諸類型

（川島・判民昭和7年度119事件、戒能・判民昭和11年度46事件、末弘（新説）・法時11巻8号79頁、広中174頁、鈴木・居住権論93頁（存続維持要請））。——そのねらいは、(i)一定の場合に、催告不要とする、(ii)不遡及効、そして、(iii)軽微な債務不履行による解除は認めないところにあり、（判例）でも、その目的は達成されており、今日では、あまり両者で大差は無いようになっている。

　（吉田）民法541条によることとし、その際に、継続的・関係的契約の特殊性を考慮して、賃貸人・賃借人（居住者）の損害〔利益、投資〕のアンバランス——前者の利益は、代替的（fungible）であるのに対して、後者の利益は、非代替的・個性的・人格的（idiosyncratic）な「使用利益」があることも多く、商品的な「交換利益」では、不十分になることが少なくない。個別的な埋没コスト（sunk cost）がかかるということである——に鑑みて、解除の要件を慎重に考え（その判例上の所産が、「信頼関係破壊」理論（その1の方）である）、また損害賠償額の算定に当たってもその点に留意する必要があると考える。

2.　具体的問題場面としては、①賃料不払い（延滞）、②無断増改築、③用法違反、④使用態様の変化（例えば、東京高判昭和59.3.7判時1115号97頁〔純喫茶からノーパン喫茶に業務態様を変更したというケース（特約違反）につき、無催告解除を認める〕）などある。

（検討）
住宅事情の変化も関連し、個別的判断ということになる。
・例えば、②③などは、住宅供給が潤沢になり、住宅難がなくなれば、一般的には、解除制限は弱められるかもしれない。
・しかし、住宅市場は階層化しており、供給レベルが低い《居住弱者差別問題》と隣り合わせであることにも留意すべきであり（例えば、在日外国人（その入居拒否事例として、大阪地判平成5.6.18判時1468号122頁〔契約準備段階における信義則上の損害賠償肯定（26万余円）〕。また、大阪地判平成19.12.18判時2000号79頁〔やはり賃貸拒否事例で、前訴（家主への不法行為訴訟）で100万円支払いの和解が成立し、本件は、人種差別条例を大阪府が定めないことに関

第2章　物の利用

する国賠訴訟。憲法 14 条 1 項、人種差別撤廃条約から具体的立法義務は導かれな
いとする〕）、高齢者、女性・母子家庭などの場合には、同日の談ではない
（もちろん、債務不履行してよいというものではないが、やむを得ざる延滞、修繕、
居住者の増加（次述の民法 612 条違反に関わる）などには、寛大さも求められる
から、従来式の制限法理が依然妥当するであろう）。

**＊近時のアメリカにおけるレント・コントロール賃借人に対する巧妙な規律
の例**

　マンハッタンなどでは、地価・家賃の高騰の反面で、低所得者賃貸借保護の
一態様として、かつてのレント・コントロールの既得権を有する賃借人がいる。
しかし、例えば、そうしたニューヨークのコロンビア大学近くの 247 West
109th Street のアパートで、家賃規制の保護のある賃借人に対して、その所有
者のオルバグループから嫌がらせがなされている。例えば、玄関のポーチに塀
を設けたり、監視カメラを設けたり（常時その居宅を利用しているかの監視）し
て、家賃保護を受けている賃借人をいずれ追い出そうとしている。業者側の弁
護士は、「常時住んでいないのに保護を受けるのは、違法でしょう」という。
塀も従来の玄関をコミュニティの交流の場に使うという賃借人文化を破壊する
ものである。彼らを追い出し、コロンビア大学と連携があるように見せかけて、
高額の賃料を払う学生に入れ替えようとするのである[107]。なかなか巧妙な低
額賃料居住者の追い出し策の実情報告である。こういう賃借人規制に違反する
と、用法違反として、解除させられるのだろうか？

3.「無催告解除」法理は、「諸刃の剣」であるので、基本的に特殊な事例
　　（例えば、著しい用法違反、延滞など）に関する例外法理として、慎重な運用
　　が求められ、「催告解除」を原則とすべきである。……解除の効果の重大さ、
　　催告の容易さからも（同旨、広中 176 頁、同・借地借家 29 頁、星野 141 頁、米
　　倉評釈・法協 90 巻 9 号）。
・関連して、「無催告解除特約」の趣旨・合理性の検討・チェックが必要であ
　ろう。……増改築禁止特約については、前述。；　秩序維持の場合も、例え

───────────

(107)　See, Corey Kilgannon, *The Gate Opens, but Longtime Tenants See an
Effort to Lock Them Out*, THE NEW YORK TIMES, June 19th, 2015, A20, A21.

第2部　契約各論の諸類型

ば、「表現の自由」（憲法21条）の関わる場合には、慎重であるべきである。

4.「信頼関係破壊」の基準に関する学界の議論については、まとめて次述する。

【QⅡ－17】信頼関係破壊理論が、「諸刃の剣」となりうるとは、どういうことか。また、そうならないためには、どうしたらよいかを具体的に論じなさい。

2－5－2　賃借権の譲渡または転貸の場合（民法612条）

(1)　比較法および沿革・経緯

Cf. 諸外国では、自由とされるところも多い（英米。フランスでも——1964. 12. 16法律3条3項（借地権）、借家の場合にも、自由だが、禁止特約も可能であるし（フ民1717条）、特別立法（住居職業用家屋賃貸借法78条1項）では、制限している。なお、ドイツでは、地上権の譲渡は自由だが（地上権令1条1項）、賃借権については、譲渡転貸を禁止し、違反すれば、即時告知されるとする（ド民旧549条、553条）[108]。

・わが国では、旧民法（賃借権を物権とする）では、その譲渡・転貸は——反対の慣習・合意なき限り——自由とされたが（財産編134条）、現行民法では、賃貸人の承諾が必要とされる。これは、地主・家主の利益保護の噴出があり、旧来の地主・小作関係、大家・店子関係における非近代的関係が反映しているとされる（原田論文[109]参照）。

・昭和2(1927)年提出の借地法10条改正法案では、承諾拒否に「正当事由」が要求されたが、衆議院委員会で握りつぶされた（渡辺洋三・土地・建物の法律制度(上)（東大出版会、1960）285-89頁、山田卓生「借地法の生成と展開（2・完）——宅地利用権の譲渡転貸を中心にして」社会科学研究18巻4号（1967）

---

(108)　ドイツ法については、太田昌志「賃借権の譲渡・転貸に関する一考察——旧BGB549条の制定と賃借権の譲渡・転貸における賃貸人の承諾の法的構成」法学新報113巻1＝2合併号（2006）。

(109)　原田純孝「賃借権の譲渡・転貸」民法講座5（有斐閣、1985）。

77-78 頁）。

　（判例）は、戦前は広く解除を認めたが、最判昭和 28.9.25 民集 7 巻 9 号
979 頁【63】（4 版）〔土地賃借権の譲渡がなされたが、その借地権の位置を誤り
（その部分が、無断譲渡となる）、建物を建てたという事例〕以降、制限的になる。
——背信的行為の理論。
・その際、「背信行為と認めるに足りない特段の事情」の立証責任は、賃借人
　が負う（判例〔最判昭和 41.1.27 民集 20 巻 1 号 136 頁〕）。

(2)　具体的場面

　同趣旨の多数の判決がその後出て、借家法 1 条ノ 2 〔現 28 条〕と並んで、
一時は「二大領域」であった。
・背信的行為が否定される場合としては、(i)（知人・近親者への）間貸し、(ii)
　営業主体などの変更、(iii)近親者間での移転などがある。
・なお、(iv)借地上の建物所有権の移転に伴う借地権の譲渡・転貸については、
　（判例）は、直ちにそれだけで解除が制限されるとはしない（借地借家 19 条、
　20 条〔裁判所による許可〕、14 条〔建物買取請求権〕は、これを前提とする）。
　Cf. これに対して、「建物の譲渡担保、借地上の建物の賃貸」については、
　　　（判例）は、解除を否定するようである。……後者については、「土地の転
　　　貸にあたらない」という理屈を述べるが、やや無理があろうし（同旨、星
　　　野 334 頁）、どのような基準でこの例外を設けるのかもわかりにくい（吉
　　　田）。
　（学説）上は、原則として「背信行為に当たらない」とする見解も有力であ
　るが（鈴木・総判(11)153 頁以下、広中・契約法の研究 113 頁以下、注民(15)214
　頁）、（多数説）は特別視しない。……その限りで、民法 612 条に即した賃貸
　借関係の個人的・相対的な信頼関係の要素を斟酌しているわけである（吉
　田）。

　(i)については、その期間、対価の有無、重要度、当事者の関係、転貸・譲渡
の事情が考慮される。下級審では、解除が否定されても、最高裁では肯定され
ることも多い（例えば、最判昭和 33.1.14 民集 12 巻 1 号 41 頁〔2 階部分を次々と

第2部　契約各論の諸類型

オンリー（米軍将校とその愛人）に、高い間貸し料を取って、貸したケース。閑静な高級住宅街で、子供の教育上も良くないと認定された〕）。＊オンリー＝第二次大戦後の一時期、一人の特定の外国人とだけ交渉をもつ売春婦の俗称。

＊対価の有無を考えるということは、ここでの「賃借権の譲渡・転貸」には、使用貸借も含まれるということである。

(3)　「信頼関係」の意味を巡る議論[110]

・有力説（川村、広中）は、近代社会的な——即物的ないし物質的（sachlich）（没主観的）な——信頼関係で足りるとして、賃貸人の経済的利益が害されるか否かだけを問題にすべきであるという。Cf. 新賃借人は気に入らないという個人的（persönlich）な理由。

　…ここには、非市民的、家父長的関係の排除という川島理論（『所有権法の理論』など参照）の影響、そして、M・ヴェーバーの図式（合理性論）の適用が見られる。

・これに対しては、多数説は反論している（鈴木禄弥・居住権論 111-112 頁、総判(11)128 頁以下、144 頁以下、石田(喜)「無断転貸・譲渡と権利濫用」（末川古稀）権利の濫用(上)（有斐閣、1962））。……①転貸人が中間搾取している場合、②転借人の職業・品性が不適切な場合には、解除を認めてもよいとする。

（検討）

1.　広中教授は、人的要素（愛情、嫌悪、好意など）を排除すべきだとするが、そのように割り切れるかどうかが、ここでの判断の分かれ目であろう。

---

(110)　川村泰啓「借家の無断転貸と民法 612 条(1)(2・完)」法学新報 63 巻 2 号、3 号（1956）、広中俊雄「近代市民法における人間——社会関係における『人的要素』と近代市民法」法哲学年報 1963 年（下）(1964)、同「不動産賃貸借の解除原因としての信頼関係の破壊」司法研修所報（1965）（同・借地借家判例の研究（一粒社、1965）所収）、石田喜久夫「無断転貸と契約解除——広中教授の批判に応えて」大阪府大経済研究 36 号（1965）（同・不動産賃貸借の研究（成文堂、1980））、鈴木禄弥「賃貸借無断譲渡ないし無断転貸を理由とする『解除』の制限」居住権論（新版）（有斐閣、1981〔初版、1959〕）など参照。

　　さらに、Gregory Alexander, *Dilemmas of Group Autonomy: Residential Associations and Community*, 75 Cornell. L. Rev. 1 (1989)〔住宅法における共同体主義と個人主義との相克・ディレンマの問題を扱っている〕も参考になる。

第2章　物の利用

　……その背後には、近代法における有償契約と無償契約との峻別、法と道徳の峻別、そして、人的要素は、無償行為・家族関係・不法行為（契約と峻別する）で考慮するとの広中理論（そのかなりは、川島理論の影響である）が控えている。――（吉田）は、こうした見方〔一時期は、影響力があったが、（多数説）にはなったことはないであろう〕には懐疑的である。

2.　明快なルール作りという意味では、有力説は魅力的である（（平井）が、第2次法解釈論争で強調した「反論可能性」の観点からも優れる。冒頭で述べたrule v. standard の問題である）が、「信頼関係」の評価に当たっては、人的要素、感情的要素、そして非経済的側面は、排除しきれないであろう。不法行為法で保護される利益が、何故に契約法では保護されないのかもよくわからないところである（吉田）。

◇平井教授の「第2次法解釈論争」については、平井宜雄・法律学基礎論覚書（有斐閣、1989）、同・続・法律学基礎論覚書（有斐閣、1991）、ジュリスト編集部編・法解釈論と法学教育（有斐閣、1990）参照。

3.　住宅環境の保護、快適さ（アメニティー）の保護、居住コミュニティー・人的繋がりの価値の保護・上品さ志向（例えば、マンションからの暴力団の排除）などの共同体的価値には、人的・非物質的〔非経済的〕価値が含まれている。

・しかし反面で、人的差別・排除には、個人主義的な価値の否定という問題（集団主義の負の側面）があることに注意すべきである（外国人労働者、在日の人の賃貸コミュニティーからの排除の問題など想起せよ。アメリカでは、排他的ゾーニング、排他的制限的合意（restrictive covenant）などは始終議論されてきた――しかし今でも解決できていない――難しいテーマである）。――その意味で、有力説の懸念（広中・借地借家判例の研究114-15頁は、差別問題に言及している）は、当たっているところがあると思われる（吉田）。＊なおこの点で、今日では、公開性（公衆性）を帯びる行為が増えているから、「信頼関係破壊法理」の人的要素は減っているとの見解（大村教授）[111]があるが、そんな

(111)　大村敦志「小樽温泉訴訟」法学教室 357 号（2010）140 頁注(14)。

163

第2部　契約各論の諸類型

単純な話ではなく、やや理解に苦しむ。

…これは、「共同体論」に伴うディレンマであり、マンション管理問題とも通底する理論的難題である（Alexander論文参照）。いかなる居住環境作りが望ましいかという角度から、再度この基準論を吟味すべきであろう。悉無律（all or nothing）的に処理するのではなく、コンテクストに即して考えるほか無いだろう（吉田）。

【QⅡ‐18】多文化主義化が進む現代社会において、「信頼関係破壊」を巡るかつての議論（とくに、非経済的・人的な要素を排除しようとした有力説）には、どのような含意があるかを再検討してみなさい。

⑷　**借地借家法（旧借地法）上の関連制度**

1. 建物買取請求権（借地借家14条。旧借地法10条）（前述）

制限を受けるのは、普通借地権でない場合、債務不履行による解除の場合。

2. 裁判所による賃貸人の承諾に代わる許可（借地借家19条、20条。旧借地法9条ノ2、9条ノ3）。非訟事件手続。これが、「解除」の制限の解釈に影響するかどうかという議論があった（星野332-333頁は、変わらないとする。前述した増改築の許可についてと同様の議論である）。

⑸　**転貸・賃借権譲渡後の法律関係**

Cf. 解除される場合——転貸人（賃借権譲渡人）の担保責任の問題（民法561条の準用（民法559条））

・承諾・許可がなされれば、転借人は、賃貸人に対して直接義務を負う（民法613条1項本文）[112]。……直接の法律関係を認めると、転借人保護の余地が

---

(112)　この法律関係については、加賀山茂「民法613条の直接訴権《action directe》について⑴⑵・完」阪大法学102号、103号（1977）。さらに、工藤祐厳「フランス法における直接訴権（action directe）の根拠について⑴⑵・完」南山法学20巻2号、3＝4合併号（1996〜1997）、山田希「フランス直接訴権からみたわが国の債権者代位制度⑴〜⑶・完」名大法政論集179-180号、192号（1999〜2002）、平野裕之「間接代理（問屋）をめぐる責任財産及び直接訴権⑴⑵・完」慶應法学1号、2号（2004〜2005）も参照。

164

第 2 章　物の利用

広がりうることは次述する。

・賃借権譲渡の場合には、契約上の地位の移転の問題も関わる（詳しくは、債権総論で）（但し、敷金関係が原則として承継されないことは前述した）。

・転借人・建物賃借人の地位ついていは、多くの議論がある。

（問題点）

1.　賃貸借の合意解除などの効力

・《合意解除》は、原則として、転借人、地上建物の賃借人に対抗できないとされる（判例）（前者につき、大判昭和 9.3.7 民集 13 巻 278 頁、後者につき、最判昭和 38.2.21 民集 17 巻 1 号 219 頁）。

・《更新拒絶》の場合にも、再転借人に対抗できないとする判決が最近出ている（最判平成 14.3.28 民集 56 巻 3 号 662 頁〔サブリース事例であり、既に紹介した事例である〕）。

・しかし《債務不履行解除》の場合には、これに対して、転借人は保護されない〔転貸借は、履行不能により終了する〕とする（判例。大判昭和 10.11.18 民集 14 巻 1845 頁判民 120 事件山中、最判昭和 36.12.21 民集 15 巻 12 号 3243 頁法協 80 巻 6 号米倉〔土地転借人が所有する建物の賃借人に対する建物退去土地明渡し請求の事例〕、同平成 9.2.25 民集 51 巻 2 号 398 頁〔但し、本件は、転借料を巡る紛争であり、判決は、賃貸人が、転借人に対して目的物の返還を請求したときに転貸借終了として、それ以降転借料債務は発生しないとして、金銭的事後処理のレベルで（明渡し以前の賃料につき）、転借人が暫定的に保護されたものである〕）。

＊　（多数説）（山中評釈、我妻・中 I 470 頁など）も、法律関係の複雑化を回避する趣旨で、こうした立場を支持し、いつ「履行不能」になるか（明渡し請求時（米倉評釈など）か、それより遅らせて用益不能時か（我妻 464 頁））が問題とされてきた。

（検討）

〔1〕　しかしながら、前提問題として、果たして、「合意解除」と「一方的解除」とで、効果を異にしてよいのかどうか（転借人が、前者では保護されて、後者では保護されないとなると、賃貸人・賃借人〔転貸人〕間で、通謀して後

165

第2部　契約各論の諸類型

者を装うということも出てくるかもしれない）が問われる必要があるだろう。

＊この点で、（学説）では、転借人への催告を要求し（星野376頁。判例は、反対（最判昭和37.3.29民集16巻3号662頁、最判平成6.7.18判時1540号38頁））、また、転借人（建物賃借人）の第三者弁済（民法474条。判例は、この点では、「利害関係」を肯定する〔最判昭和63.7.1判時1287号63頁〕）を促したりして（広中241頁）、転借人らの地位の保護に努めようとしている。傾聴に値する動きであろう（さらに、双書167頁、169-170頁〔広中〕参照）（吉田もこういう立場を支持したい）。

〔2〕　このアンバランスに関しては、債務不履行の場合には、転貸人へのサンクション的ファクターがあるとはいえ、その場合でも転借人保護の要請は、それ以外の場合と区別できず、説得的に説明できないのではないか。（判例）は、元の賃貸借が解消すれば当然に、転貸借も当然終了という論理にとらわれているようであるが、民法613条からは、別途賃貸人と転借人間には、直接的関係が創設されていることを媒介に、第三者弁済で、賃貸人の受けるべき賃料が支払われれば、解除の対抗は認められないとできないものであろうか（吉田）。

〔3〕　平成9年判決は、現物返還レベルでの（判例）法理を是認した上での紛争である。いわば百歩譲った段階での金銭処理としては、賃貸人・転借人間の不当利得返還、賃貸人・賃借人〔転貸人〕間の費用償還（ないし造作買取請求）の問題は残るのであろう。だから、転借人は、一見保護されたように見えても、結局保護されていないと考えられる。

＊現物返還の可否のレベルでの居住保護の可能性の模索こそが重要であろう。この点、【63】（5版）鎌田解説（【62】（6版）でも同様）では、それほど述べられていないが、大局を見失わないでほしい。

＊しばらく前ならば、上記〔1〕〔2〕の点が、必ず論じられたはずなのに、近時の新しい解説では、（判例）の立場を前提として、事後処理の問題ばかりが論じられるのは、奇異な感じを受ける。近時の民法学の技巧化的傾向（ある種の概念法学化）を示すのだろうか？

第2章　物の利用

2. 借地借家法上の保護も、やはり限られている（広中224-225頁）。──①
34条（旧借家4）：期間満了、解約申入れの場合には、転借人への通知がな
ければ対抗できないが、通知後6ヶ月の経過で終了する。②35条：借地上
の建物の賃借人につき、借地権終了後は、不知の場合、1年間の猶予を与
えるだけ。

3. その他、「正当事由」については、転借人ならば、その事情も考慮されて
保護される（6条、28条）。この点、建物賃借人の場合の保護の程度は、や
や弱いことは先に見た（昭和58年最判）。

**【QⅡ-19】転借人・借地建物の賃借人の地位の保護の異同についてまと
め、問題の打開策を探ってみなさい。**

2-6　建物賃貸借の特則
2-6-1　対抗力、存続保障など
(1)　対　抗　力
・建物の「引渡し」で足りる（借地借家法31条1項。旧借家法1条1項）。
　なお、建物の一部の賃貸（いわゆる間貸し）でも、ここにいう借家となるこ
とに注意せよ。
　Cf. 動産の賃貸借の対抗力
　　（伝統的多数説）（鳩山秀夫・増訂日本債権法各論（下）（岩波書店、1934）472
　　頁、我妻・中Ⅰ452-53頁）は、「引渡」で足り、賃貸物の譲渡は、指図に
　　よる占有移転（民法184条）により、これで賃貸借関係が承継されるとす
　　る（cf. ドイツでは、その旨の条文がある（ド民986条2項））が、近時の有力
　　説は、それは無理であろうとする（広中157頁、舟橋222頁、内田222頁
　　〔立法的手当が必要だとする〕、幾代・新版注民(15)208頁〔多数説には、無理が
　　あるとしつつ、実質的妥当性という点で魅かれるとする〕）。……その意味で、
　　後説では、「売買は賃貸借を破る」が妥当する。

167

第 2 部　契約各論の諸類型

（検討）

　期間の定めがなければ、1 日の猶予で解約されるから（民法 617 条 1 項 3 号参照）、実益がないが、高価な機械などで、長期の約定期間がある場合には実益がある。確かに立法的整備は、必要かも知れない。しかし、賃貸人が、「新所有者のための占有をせよ」という「指図」をしながら、新所有者に持って行かれるのでは賃借人としてはかなわないとも思われるし（また賃借人のほうでは、自分の地位強化のためになすすべもない）、新所有者としても、売主が間接占有している場合に利用関係を確かめるべきであろうし、取引安全のための動産占有の公信力（民法 192 条の即時取得参照）といっても、その際には直接占有を問題にすべきではないかと思われる。従って、民法 184 により、所有権移転と賃貸借双方の対抗力が具備されるという見解は、今なお傾聴に値すると考える（吉田）（もっとも、近年の判例は、指図による占有移転に即時取得まで認めている（最判昭和 57. 9. 7 民集 36 巻 8 号 1527 頁）。しかし、それを批判して、譲受人の保護のためには、前主の現実的占有（直接占有）が必要だとする見方も有力なのである（米倉評釈・法協 101 巻 4 号））。よしんば無理としても、背信的悪意者、さらには悪意の新所有者に対しては、広く賃借人の地位を対抗できると解するべきであろう（この点は、内田前掲も同旨）。

＊教師のモノローグ——それほど、大きな論点でもないかも知れないが、近年の動きを単に暗記するだけではなく、自身で批判的に考える例として受け取ってくれればと思い、ややアンバランスに詳論した次第である。新しい議論・学説とかオリジナルな研究・論文とかは、一寸した素人的な素朴な疑問から始まるといつも思っている（第 1 段階）。その上で、自身の疑問が、果たして本質的な問題に繋がっているか、社会の要請に答えているかということも、考えてみなければいけないだろう（西山卯三＝早川和男・学問に情けあり（大月書店、1996）9 頁〔さらに、早川和男・権力に迎合する学者たち——「反骨的学問」のススメ（三五館、2007）1 頁以下〕参照）（第 2 段階）。

　　ここでの問題に即して言えば、些細な問題のように見えるかもしれないが、(1)例えば、高価なコンピューターのリースなどは、卑近な具体例で、社会的な要請があるかもしれないし、(2)「公信の原則」とか、「占有改定と即時取得」とかいう著名な原理的問題に繋がっているのではないか（この点は、物

権法（所有法）講義録に譲る）。

(2) **存続（期間）の保障**

・従来、期間を定める借家〔期限付き借家〕についての直接的規定はなかった（cf. 平成 11(1999)年に導入された定期借家（借地借家法 38 条））。

・1 年未満の期間は、設定できない（期間の定めがないものとされる）（借地借家 29 条 1 項）。しかし、定期借家については、この歯止めもなく（38 条 1 項参照）、保護は後退していることに注意。

・かつては、最長 20 年であったが（民法 604 条）、定期借家の導入とともに、それより長くてもよいことになった（借地借家法 29 条 2 項）。しかしそのような例は、実際にはあまりないことは、前述した。

(ⅰ) 期間の定めがある場合（定期借家は、「正当事由」を排するので、別途論じ、ここではまず、普通借家を扱う）。

・期間満了により終了させるためには、以下のことが必要である（26 条、28 条。旧借家 2 条、1 条ノ 2）。

① 「更新拒絶の通知」（満了の 1 年前〜6 ヶ月前に）。

② 満了後も使用継続の場合には、「遅滞なき異議」。

そして、①には、「正当事由」が必要とされる（28 条）。

・これがなければ、法定更新（期間の定めがないものとなる）。……かつての（判例）の立場（反対、我妻［744］、石川・契約法大系Ⅲ 62 頁〔期間は、前契約と、同一になるとする〕）が、26 条 1 項として明文化されたもの。

＊借家法のエレガンスのなさ？

借地の場合には、「遅滞なき異議」（＝更新拒絶）（借地借家法 5 条）について、「正当事由」が必要とされる。借家の場合、実質的に大差ないが、制度の作り方としてきれい（システマティック）ではなく、やや紛らわしい（借家の場合には、「更新拒絶の通知」に、「正当事由」を求め（26 条 1 項、28 条）、建物継続使用に対する「遅滞なき異議」（26 条 2 項）には、「正当事由」は要求されていない）。借地法、借家法の文言・構造を引きずった沿革の産物ということであろう。

第 2 部　契約各論の諸類型

(ii)　期間の定めなき場合。

①　6ヶ月以前に「解約申入れ」。これ（①）には、「正当事由」が必要である（27条1項、28条。旧借家3条1項、1条ノ2）。

②　終了後に使用継続の場合には、「遅滞なき異議」が必要（27条2項による26条2項の準用。旧借家3条2項による2条2項の準用）。

これがなければ、法定更新（期間の定めはないものになる）（27条2項による26条2項の準用）。

＊なお、あまりないが、借家人の方からの解約申入れは、3ヶ月で終了する（民法617条1項2号参照）。

・これらは、強行規定とされる（30条。借家6条）。

・これに対して、平成3(1991)年借地借家法は、①例外的に旧38条＝39条として、そして、同11(1999)年には、議員立法「良質な賃貸住宅等の供給の促進に関する特別措置法」により、②一般的な形で、契約更新のない〔正当事由制度のかぶらない〕「期限付き借家」が借地借家法新38条として、導入された（後者（②）に関しては、多数の民法学者は、反対している）。

(3)　**定期借家権の諸問題**

(i)　定期借家権導入の趣旨、その立法論的当否[113]

　1.　その導入の趣旨は、借家市場の活性化、期日通りに借家が返還されることを確保して、予測可能性を高めることにより、借家の供給を増大させ、そして家賃は低下することなどが、説かれたが、その通りになったかどうかの実証はなされていない。借家供給が潤沢になったとしても、この立法のせいか、バブル崩壊のせいか、は分からない。むしろ後者ではないか（吉田）。

　2.　他方で、借家居住の継続性保障が後退したことの負の遺産は大きいだろう。借家提供は階層化されているのであり、居住弱者にとっての悪影響は、大きい。換言すれば、この問題は、「開発利益」を借家人にどれだけ帰属させるかという問題でもあり（「立退料」の授受がそれを示す。この

――――――――――

(113)　例えば、内田貴「管見『定期借家権構想』」NBL606号（1996）（同・契約の時代（岩波書店、2000）に所収）、「（座談会）定期借家権論をめぐって」ジュリスト1124号（1997）、阿部泰隆ほか編・定期借家権（信山社、1998）など参照。

観点から、反対論を説いたのは、故鈴木禄弥博士である[114]）、定期借家権は、開発利益をすべて所有者（家主）に還元してしまおうとするもので、居住者コミュニティメンバー間の財の平等・再配分という見地からも疑問を呈することもできるのである（吉田）。……格差社会を加速させる方向性がある。なお、このような開発利益（経済的レント）の帰属のあり方という視角は、応用範囲が高いものであり、例えば、レント・コントロールの是非についても議論されている[115]。

＊定期賃借権（とくに定期借家権）の立法論的当否については、今後の課題としても再論する（2－9参照）。

(ⅱ) 定期建物賃貸借（いわゆる定期借家）（新38条）
・公正証書などの書面による。
・契約更新を排する（なお、借地の建物買取請求権に対応する造作買取請求権（33条）については、借地借家法になった段階で、任意規定に降格されている（37条参照）に注意せよ）。
・その旨の書面への記載、それを交付しての説明が必要とされる。それがないと、この特約は無効となる（38条2項、3項参照）。
＊38条2項、3項の「書面」……近時の（判例）では、これは契約書ではなくて、それに先だった別個の書面だとする（最判平成24.9.13民集66巻9号3263頁〔事案としては、借主は、定期借家の事情を認識していたケースにも拘わらず、判決では、形式的・画一的処理として、この要件を要求し、それを満たさないとして、期間の定めのない賃貸借として、更新させており、個別事案の処理としては、関係当事者にとっては、不満が残ったろう〕）。文言としても、この点は必ずしも明らかではないが、国会審議で追加された経緯で建設省ではそのつもりであったようである（太田秀也「定期賃貸住宅標準契約書の解説」ジュリスト1178号（2000）13頁以下。山口英幸「改正借地借家法の概要」ジュリ

---

(114) 鈴木禄弥「定期借家権という立法論登場の背景」阿部泰隆他編・前掲書321-324頁、また、同「いわゆる『定期借家権構想』について（上）（下）」NBL586号、587号（1996）も参照。
(115) これについては、吉田邦彦・多文化時代と所有・居住福祉・補償問題（民法理論研究3巻）（有斐閣、2006）93-95頁参照。さらに、それ以外の低所得者の賃借人の法的支援については、同書2章論文を参照。

第2部　契約各論の諸類型

スト同号と比較せよ）。……（学説）も、同旨（別途必要説）が多数であるが（基本法コンメンタール借地借家法（2版補訂版）115頁〔木村保男＝田山輝明〕、コンメンタール借地借家法（3版）293頁〔藤井俊二〕）、反対説（不要説）も有力であった（新・裁判実務大系(6)借地借家訴訟法258頁〔澤野順彦〕）。決め手は、必ずしもないが、立法者意思説の例と言うことができようか（吉田）。

・1年未満であってもよい（38条1項2文参照）。

・期間満了の1年前〜6ヶ月前の通知。それを徒過しても、通知から6ヶ月経過すればよいとする（38条4項）。

・その場合の、借家人の側からの解約申し入れ──1ヶ月の経過による終了（38条5項）。

　…こうして、一般化される前は、転勤・療養・親族の介護その他のやむをえない事情による賃貸人の不在期間（不確定期限）の賃貸借に限っていた（借地借家旧38条）。

(iii)　取壊し予定の建物の賃貸借──不確定期限（39条）

・建物の取り壊すべき事由を記載した書面による（39条2項）。

・しばしば、定期借地権ともリンクする（前述）。

＊なお、定期借家の問題から離れて、高齢者（60歳以上）居住のための終身賃貸借も設けられている（平成13(2001)年高齢者の居住の安定確保に関する法律52条以下）。

(4)　その他借地権とパラレルの保護

〔1〕　造作買取請求権（33条。借家5条）

　もっとも、今日では、それほど大きな意味を持たない（むしろ、費用償還請求権の問題とされる）。……新法では、任意規定とされ（37条参照）、旧法が適用される施行前の借家契約でも、施行後に特約されれば有効とされる。

（問題点）

①　造作の中身──（判例）では、場所的利益は含まれないとされる。また、客観的便宜を与えるものでないと、「造作」とはいえないとする（最判昭和29.3.11民集8巻3号672頁〔中華料理店のケースで、入り口ガラス戸、陳列

棚、カウンターなどがあたるとする〕、同昭和33.10.14民集12巻14号3078頁
〔駐留軍人によるガス設備、配電設備、腰掛け用水洗便所、シャワーは当たらな
いとする〕）。

（検討）

1. 時代状況によっても、変遷するであろう。後者などは、当時のわが国の
   貧しい住宅事情が反映しているように思われる。
2. 場所的利益に関する判断は、「開発利益」は賃借人（居住者）には、とら
   せないということで、立退き料に関する判断と理論的に一貫しておらず、
   再考すべきであろう（吉田）。

② 留置権（民法295条）の成否──（判例）は、造作引渡しは拒めるが、建
   物の引渡しは拒めないとする（最判昭和29.1.14民集8巻1号16頁【Ⅰ-
   80】（4版）、同昭和29.7.22民集8巻7号1425頁）。これに対しては、（多数
   説）は、反対していた。……有益費償還請求権につき留置権があることと
   のバランスを問題にする。やはり、この制度を有意義ならしめるためにも、
   異論を投ずる余地はあろう（吉田）。
③ また、債務不履行解除の場合には、行使できないとする（判例。最判昭
   和31.4.6民集10巻4号356頁）。

〔2〕 家賃増減額請求権（32条。借家7条）
・その昭和41(1966)年改正は、借地の場合（11条）と同様（非訟化、調停前置）。
 サブリースとの関係で、この条文が、近時大きな社会問題化していることは、
 前述した。

〔3〕 一時使用の借家（40条。借家8条）
・定期借家が用いられるから、もはやそれほど重要ではなくなった。

〔4〕 借家権の承継の問題（詳しくは、相続法で）[116]。(cf.民法599条〔使用貸

---

(116)　高翔龍「借家権の承継⑴～⑷・完」法協96巻3号、4号、7号、101巻8
　　号（1979、1984）。

第 2 部　契約各論の諸類型

借の場合の借主死亡による契約終了〕——616 条で準用されない）

・昭和 41(1966) 年改正で、借家 7 条ノ 2〔現 36 条〕が新設される。……内縁
　の妻、事実上の養子への承継——相続人がいないことが要件である。

・（判例）は、相続人がいる場合に、そうした同居人の相続人の賃借権の援用
　を認める（最判昭和 42.2.21 民集 21 巻 1 号 155 頁【65】（5 版））が、限界がある
　（本判決でも、賃料不払いによる解除が肯定された）。……相続放棄の場合、相
　続人の債務不履行の場合、相続人に「正当事由」がない場合。

　これに対して、（学説）は、今なお（判例）を支持しつつ、不都合は権利濫
用で処理するもの（加藤一郎・総判(1) 237-38 頁）が多数であろうか。これに対
して、事実婚配偶者なども含めた家庭共同体が賃借権の主体となるとする見解
（星野 580 頁以下、とくに 593-596 頁）、事実婚配偶者などの賃借権の承継肯定説
（人見・民法の争点 I 239 頁）が少数ながら、有力である。

🔖（ついでに）過日、この問題は、笑福亭仁鶴の『生活笑百科』でも取り上げ
られていた（NHK2010 年 5 月 29 日「事実婚の夫婦」）ので、結構実際にも生ず
る問題か。賃借権の生前贈与等をしておけばよいというのが、そこでの三瀬顕
弁護士のアドバイスであった。

（検討）

1.　賃借権ないし居住権を無造作に「相続財産」として交換価値的にとらえ、
　　その生活権としての性格を慮外におくことには、反省が必要で、最後者の
　　見解（承継肯定説）に改めて光を当てるべきではなかろうか（比較法的にそ
　　のような処理が多いことにつき、【65】（5 版）松倉解説参照）。……その意味で、
　　単に団体法的側面のみならず、この問題の居住権保護の居住福祉法学的考
　　慮が必要であろう（吉田）（高論文（法協 101 巻 8 号 1275 頁以下）では、これ
　　を「社会法」的考慮として、星野説を支持する分析をするが、類似しているであ

　　　　因みに、高教授は、日韓民法学交流のパイオニア的存在であり、高翔龍＝吉
　　田邦彦ほか「（シンポ）韓国民法・韓国法文化と高教授」北大法学論集 58 巻 5
　　号（2008）〔吉田邦彦編・民法学の羅針盤（信山社、2011）第 6 章に所収〕も参
　　照。

ろう）。

2. 高論文では、借家権の承継の具体的中身を、①延滞賃料の負担の仕方、②敷金返還請求権、③権利金返還請求権、④費用償還請求権、造作買取請求権、修繕請求権などに分けて考察しており、利益考量法学的である。――そしてとくに、②について、その帰属を考える際に、出捐が誰なのかを問題にするところ（同号1219頁）、また、①の点で、延滞賃料は、(i)居住利益の反対給付として、同居人（承継人）が責任を負うのが、実質的に妥当だが、(ii)借家人死亡前の延滞賃料については、相続人が承継するが、借家権承継人も連帯債務を負い、(iii)解除には、両人への催告が必要だとして、それにより、同居人が知らないうちに相続人の賃料不払いで解除されてしまうという不都合を回避する解釈論を示していて（同号1253頁）、緻密な利益考量で、示唆に富む。……(ii)は、相続人が財産承継することとのバランスの考慮であり、(iii)は、同居人への居住利益への配慮である。

3. なお、韓国では、高教授の尽力もあり、立法的に同居人の居住権が図られている（大韓民国住宅賃貸借保護法（1981年法律3379号及び1983年改正（法律3682号）9条参照）。これに対して、わが国は、未だ解決されていない状態である。

＊相続法改正中間試案（2016年6月）における配偶者の居住権との関係

ところで、10数年ぶりに相続法改正の審議が始まっているようであり（朝日新聞2016年6月22日3面参照）（1980年改正時には、見送られた懸案事項とのことである）、そこでは配偶者の居住権保障が論点とされているようである。フランス民法765条3項を参考にしているようであり、居住（占有）を根拠とする原始取得的なものを認めていて（罹処法に定められていた借家人の優先借地権・借家権と類似する）、注目されよう。

しかし、問題は、ここに見たような高教授がされている理念的検討が弱いところであり、配偶者のみならず、内縁の妻など事実婚的パートナーシップの居住権も併せて検討することが不可欠である。さらにその際には、居住福祉的な考え方からの、居住における公共的配慮の必要性も重要であることも付言しておこう。

第 2 部　契約各論の諸類型

> 【QⅡ－20】定期借家権は、どのような趣旨で導入され、またそれは、ど
> 　のような理論的意味を有するかを論じなさい。
> 【QⅡ－21】借家権の承継を認めない通説の論拠、及びそれを批判する積
> 　極説の論拠、また、認めた場合の承継人の利益保護の在り方を検討しな
> 　さい。

2－6－2　正当事由（28条。借家1条ノ2）

・昭和16(1941)年改正による。──地代家賃統制令（昭和14年）の貫徹、実効
　性担保のための手段として。
・解約申し入れに関して、数多くの裁判例が蓄積されており、その実定化が、
　借地借家法28条である。

　　①　（判例）は、借家1条ノ2の文理（＝立法者の意図。渡辺・土地・建物の法
　　　律制度(中)（東大出版会、1962）478-84頁）（戦前は、それに従った解釈がなさ
　　　れていた）とは異なる解釈を行い、「家主の自己使用」の必要性は、あく
　　　まで一要素にすぎないとされる（大判昭和19.9.18法タ1巻6＝7合併号66
　　　頁、法律時報717号14頁以降）。……「双方の利益損失の比較考量」を行う。
・そして、両当事者の事情のみならず、社会的・客観的事情も、総合的に考量
　する。

　　②　（判例）の判断基準は、歴史的に変化している。
・戦後しばらくは、相当に厳格な解釈であった。
・しかし、昭和40年代頃から、代替家屋、さらに立退料（移転料）の提供が、
　「正当事由」判断の重要なファクターとなる（例えば、最判昭和46.11.25民集
　25巻8号1343頁〔300万円提供の申し立てに対し、500万円の支払いを命ずる〕。
　さらに、バブル期の事例である東京地判平成3.5.30判時1395号81頁は、8億円
　の立退料を認めている〔銀座のケース〕）。

　　③　なお、正当事由がある時期について、第1に、解約申し入れ時にあれば

足り、その後の事情を考慮してはならないとする（最判昭和28.4.9民集7巻4号295頁）。これに対して、（学説）は、解約申入時から口頭弁論終結時までの存続を要求するのが多数である（我妻中Ⅰ［746］、鈴木・居住権論231頁ほか。その他、星野507頁は、口頭弁論終結前6ヶ月に不存在だったら、正当事由はないことになるとする〔逆に言えば、その間6ヶ月正当事由を要求する〕）。なお、解約申入れから6ヶ月間の正当事由の存在で足りるとする説もあるが（野崎（幸）・実務民訴講座(4)68頁、田中（整）・契約法大系Ⅲ351頁）、少数説である。……少数説の方が、文言には、忠実なのであろうが、多数説の方が、借家人保護のために解約を絞り込んでいるわけであり、その現実的妥当性から支持されているのであろう。

第2に、（判例）は、解約申入時には存しないが、後に具備され口頭弁論終結時までに6ヶ月経過していればよいとする。（学説）も支持する。

④　また、立退料の増額については、弁論主義（民訴246条〔旧186条〕）との関連で問題になりうるが、実質は、「一部認容」であり、問題ないとされる。＊この点、念のため、少し説明すると、家主側から見ると、「〔家屋明渡請求〕マイナス〔立退き料支払い〕」で、後半の立退き料の額が増えることは、家主の請求の一部になるという論理である。

しかし、非訟的性格があることは、否めない（なお、鈴木（上）463頁は、減額の場合につき否定するのは、やや弁論主義的解釈であろう）。（判例）は、解約申入後に、申し出た立退料の参酌も認めている（前述）（最判平成3.3.22民集45巻3号293頁〔昭和62年5月の解約申入時に立退料100万円を申し出て、平成元年7月（原審の最終口頭弁論期日）に立退料300万円に増額申し出をしたというもの〕、さらに、借地事例である最判平成6年前掲も参照）。

【QⅡ−22】借家の「正当事由」論（借地借家法28条）との関連で、立退き料に関する判断の弁論主義との関係ないし非訟的性格を説明しなさい。

【QⅡ−23】立退き料判例の開発利益との関連での不動産取引経済上の意義を論じなさい。併せて、造作買取請求価格に関する判例は、これと整合的かどうかも論じなさい。（なおこの設問は、【QⅡ−11】と、同様のものである。）

第 2 部　契約各論の諸類型

> 【QⅡ-24】借家の「正当事由」の具備の期間に関する判例・学説の状況
> を説明し、文言解釈として無理はないか、無理があるとしても、そのよ
> うな解釈が定着してきた背景を検討しなさい。

2-7　大震災に伴う借地・借家問題[117]

　阪神・淡路大震災が、平成 7(1995) 年 1 月 17 日に襲い、それによる直接の死
者は、5502 人、負傷者 4 万 1502 人、行方不明 2 人、家屋損壊 33 万 8219 棟、
被災世帯 40 万 6337 世帯であった。借地借家の関連では、こうした事態に対し
て、罹災都市借地借家臨時処理法〔罹処法〕（昭和 21 年法律 13 号）（本来は、太
平洋戦争中の空襲や建物疎開による滅失に備えたもの）を準用する平成 7.2.6 公
布（即日施行）政令 16 号が出された（法 25 条の 2 参照）。以下、借地と借家に
分けて概説する。

＊罹処法の今後の適用と頓挫──本法律は、本来は、終戦直後に戦災を念頭に
　作られたものであるが（1 条参照）、「政令で定める火災、震災、風水害その
　他の災害のため滅失した建物」に準用されるから（25 条の 2 参照）、地球温
　暖化の昨今、神戸震災後も、カトリーナ・ハリケーンに襲われたニューオー
　リンズ（2005 年）、サイクロンにやられたミャンマーのヤンゴン（2008 年）
　などのような事態が出てくれば、風水害でも今後とも問題になりうるだろう。
　もちろん中国四川省の大地震のような場合にも、問題になり得た。〔しかし、
　最後に触れるが、本法律は、最近「大規模な災害の被災地における借地借家
　に関する特別措置法」（平成 25 年法律 61 号）（以下新法という）により、廃止
　されてしまった。〕

（1）〔借地について〕（定期借地権の場合には、適用がない）

①　建物滅失の場合──政令施行日から 10 年の残存期間の保障（罹処法 11 条）。
・再築の場合でも、罹処法適用の場合には、10 年の経過で満了し、その後は
　更新の可否の判断ということになる。
　Cf.・一般の場合には、再築につき異議がなければ 20 年の延長ということに

────────────
(117)　（特集）震災と法・民商法雑誌 112 巻 4 = 5 合併号 (1995)、阪神・淡路大
　　　震災──法と対策・ジュリスト 1070 号 (1995) など参照。

178

好評新刊

西原春夫・吉井蒼生夫・藤田 正・新倉 修 編著
◎わが国初の近代刑法制定資料集完結！
旧刑法【明治13年】(4)(4)-Ⅱ　完結

塩野 宏・小早川光郎 編著
◎制定資料を網羅的に考証、解説する
行政手続法制定資料(1)～(16)

井上正仁・渡辺咲子・田中 開 編著
◎昭和23年全面改正刑訴法立案関係資料
刑事訴訟法制定資料全集　全十四巻
－昭和刑事訴訟法編－(13)　完結

松本博之・徳田和幸 編著
◎明治23年民訴法の複雑な制定経過を整理
民事訴訟法【明治23年】(5)　完結

中野貞一郎 著〔大阪市立大学名誉教授〕
◎中野民訴法学の原点をまとめた論考集
民事訴訟 執行法の立法史と解釈学
15000円

松本博之 著〔大阪市立大学名誉教授〕
◎民訴法の継受・改正史と解釈論争史
民事訴訟法の世界
15000円

民法改正研究会 代表 加藤雅信
◎国民の、国民による、国民のための民法改正
日本民法典改正案Ⅰ　第一編 総則
－立法提案・改正理由－
10000円

法律学講座
赤坂正浩 著〔立教大学法学部教授〕
◎憲法上の権利を最小単位に分類、説明
憲法講義（人権）
3000円

フランス憲法判例集第2弾
Les grandes décisions du Conseil constitutionnel de la France

フランスの憲法判例 Ⅱ

5600円　フランス憲法判例研究会 編
辻村みよ子 代表
B5判・並製・440頁 ISBN978-4-7972-3348-3 C3332

1996～2005年の主要86判例を掲載
Wichtige Entscheidungen des Bundesverfassungsgerichts

ドイツの憲法判例 Ⅲ

6800円　ドイツ憲法判例研究会 編
栗城壽夫・戸波江二・嶋崎健太郎 編
B5判・並製・656頁 ISBN978-4-7972-3347-6 C3332

精義シリーズ

碓井光明 著〔明治大学法科大学院連結研究所教授・東京大学名誉教授〕

公共契約法精義
◎あるべき公共契約法の構築への模索
5000円

公的資金助成法精義
◎公的資金助成法の構築への模索
5000円

政府経費法精義
◎政府経費法に関するわが国初の体系書
4000円

社会保障財政法精義
◎社会保障財政法のわが国初の体系書
4000円

行政契約法精義
◎行政契約に関する日本の状況の研究
7000円

都市行政法精義 Ⅰ・Ⅱ
◎「まちづくり」への行政法アプローチ
6000円 7000円

佐伯千仞 著
◎佐伯刑法学を代表する論文を精選収録
佐伯千仞著作選集　全6巻

5 生きている刑事訴訟法
4 刑事法の歴史と思想、陪審制
3 責任の理論
2 違法性と犯罪類型、共犯論
1 刑法の理論と体系

本郷三代子 監修

消費生活マスター介護問題研究所 著
サ高住の探し方
（サービス付き高齢者向け住宅）
◎悔いのない住まい探しのガイドブック
1400円

信山社　113-0033　東京都文京区本郷6-2-9-102　東大正門前
TEL 03-3818-1019 FAX 03-3818-0344 order@shinzansha.co.jp

実務書

プラクティスシリーズ

プラクティス国際法講義〔第2版〕
柳原正治・森川幸一・兼原敦子 編
◎基礎から発展までをサポートする好評テキスト
3000円

プラクティス労働法
山川隆一 編
◎工夫に富んだ新鋭実力スタンダード教科書
4000円

プラクティス行政法
木村琢麿 著
◎単純・典型事例中心の行政法教科書
3000円

プラクティス民法 債権総論〔第4版〕
潮見佳男 著
◎最新の債権法理論を反映させた改訂第4版
4000円

企業再建の細部まで民再法に準拠して解説
民事再生QA500〔第3版〕プラス300
須藤英章 監修
企業再建弁護士グループ 編
A5型・並製 192頁
10000円

過去10年分の司法試験問題の解説と解答例
労働法演習〔第4版〕司法試験問題と解説
川口美貴 著
B5判・並製 600頁
3000円

「待ったなし」の年金改革アップデート版
年金改革の基礎知識〔第2版〕
石崎浩 著
B6判・並製・240頁
2000円

判例プラクティスシリーズ

判例プラクティス憲法〔増補版〕
憲法判例研究会 編
◎補遺で14判例を追加した365件 中林暁生・山本龍彦 著

判例プラクティス民法I 総則・物権
松本恒雄・潮見佳男 編

判例プラクティス民法II 債権
成瀬幸典・安田拓人 編

判例プラクティス民法III 親族・相続
成瀬幸典・安田拓人・島田聡一郎 編
◎判例集の決定版、全444件解説

判例プラクティス刑法I 総論
浅野博宣・尾形健・小島慎司・宍戸常寿・曽我部真裕 他
◎効率よく体系的に学べる比較刑罰判例解説

判例プラクティス刑法II 各論
◎刑法（各論）判例集の決定版、全543件

3800円
4000円
3000円
2800円
4000円
4000円

講座 憲法の規範力

5 憲法の規範力と行政
嶋崎健太郎 編集代表
（近刊）

4 憲法の規範力とメディア法
鈴木秀美 編集代表
6000円

3 憲法の規範力と憲法裁判
小山剛 編集代表
◎憲法裁判の果たす役割とは何か
（近刊）

2 憲法の規範力と市民法
戸波江二・畑尻剛 編集代表
◎憲法規範と現実の意義とは何か
7600円

1 規範力の観念と条件
古野豊秋・三宅雄彦 編集代表
◎憲法規範と現実の意義とは何か
5000円

社会保障法研究 第5号
岩村正彦・菊池馨実 責任編集

行政法研究 第14号
宇賀克也・交告尚史・太田匡彦 責任編集

法と社会研究 第1号
太田勝造 責任編集

ジェンダー法研究 第4号
朝倉むつ子 責任編集

環境法研究 第4号
大塚直 責任編集

法と哲学 第2号
井上達夫 責任編集

信山社ホームページ参照下さい。

好評新刊

国際裁判の証拠法論
国際裁判の原理的考察と実務への示唆

中島 啓 著

A5変・上製 420頁

8000円

親密圏における暴力
被害者支援と法

性暴力やDV被害者のための法と権利

手嶋昭子 著

A5変・上製 264頁

7800円

立法沿革研究の新段階
明治民法情報基盤の構築

新時代の民法立法資料の基盤研究

佐野智也 著

3000円

行政救済法［第2版］
法律学講座

図表を多用し、明快な2色刷人気テキスト

神橋一彦 著

A5変・上製 456頁

4000円

憲法裁判所の比較研究
フランス・イタリア・スペイン・ベルギーの憲法裁判

曽我部真裕・田近肇 編

◎4カ国の制度的基盤と最新状況分析

棟居快行 著

7000円

憲法学の可能性
学術選書

◎時代を捉え、新たな憲法学の方向性を提示

6800円

好評発売中

コンパクト学習条約集［第2版］
芹田健太郎 編集代表

本体1,000円(税別)四六判並製584頁

薄くて持ちやすく携帯用条約集の決定版

医事法六法
甲斐克則 編

本体2,200円(税別)四六判並製560頁

学習・実務に必携の最新薄型医療関連法令集

保育六法［第3版］
田村和之 編集代表

本体2,600円(税別)四六判並製800頁

関連法令等を凝縮した子育て六法制3版

スポーツ六法2014
小笠原正・塩野宏・松尾浩也 編集代表

本体2,500円(税別)四六判並製

学習・行政に必携のスポーツ法令百科

ジェンダー六法［第2版］
山下泰子・辻村みよ子・浅倉むつ子・二宮周平・戒能民江 編集代表

本体2,600円(税別)四六判並製864頁

学習・実務に必携のジェンダー法令集

消費者法研究 創刊第1号
河上正二 責任編集

◎消費者法の基本問題を論じてその構想を語る

プロセス講義民法Ⅲ 担保物権
後藤巻則・滝沢昌彦・片山直也 編

◎叙述を3段階化させた民法教科書

3000円

所得支援給付法［増補版］
木村弘之亮 著

◎税制正義を改めて問う

14000円

子どもと離婚
合意による解決とその支援

二宮周平・渡辺惺之 編

◎離婚と子どもの問題の比較法研究

6000円

国際法原理論
法学翻訳叢書

ハンス・ケルゼン 著＝長谷川正国 訳

◎20世紀法学界の巨人が自身の国際法理論提示

9000円

ひと味違う法学入門
法的思考への誘い

阿部泰隆 著
（弁護士・神戸大学名誉教授）

◎行政法学者の素朴な法学入門

■巻末.法律学入門いろはかるた付

2800円

信山社　〒113-0033　東京都文京区本郷6-2-9-102

信山社

※全国の書店・楽天ブックス・生協等でもお買い求め下さい。[税別]

3ステップによる知識積み上げ型解説
プロセス講義 刑事訴訟法
亀井源太郎・岩下雅充・中島　宏・堀田周吾・安井哲章 著
A5変・頁数 320頁　3400円

叙述を3段階化させた民法教科書
プロセス講義 民法VI 家族
後藤巻則・滝沢昌彦・片山直也 編
3800円

第1次大戦後・混迷期の思想状況を描出
暗雲録
福田徳三著作集 第16巻
福田徳三研究会 編
武藤秀太郎 編・解題
A5変・上製 268頁　5400円

定評のある教科書
民法講義V 不法行為法
藤岡康宏 著
◎「権利の保護」と「救済規範」の新たな法実現
4800円

民法総合6 不法行為法（第3版）
平野裕之 著
◎初歩から実務まで段階的に詳述
4800円

〈演習〉プラクティス国際法
柳原正治・森川幸一・兼原敦子 編
◎待望の国際法分野の演習書
2500円

軍縮の基本を立体構成で辞典で説く
軍縮辞典
DISARMAMENT LEXICON
5000円
日本軍縮学会 編
四六変・並製 ISBN978-4-7972-8756-1 C3532

携帯性・一覧性に優れた好評の超薄型六法
法学六法'16
1000円 ★事項索引付
石川　明・池田真朗・宮島　司・安冨　潔・三上威彦・大森正仁・三木浩一・小山　剛 編集代表
四六変・並製 ISBN978-4-7972-5739-7 C0532

基礎を固める ブリッジブックシリーズ

ブリッジブック 国際法（第3版）
植木俊哉 編
説明の仕方に工夫を凝らした導入教材
四六変・並製 320頁　2500円

ブリッジブック 社会学（第2版）
玉野和志 編
社会学の〈世界地図〉的入門書
四六変・並製 248頁　2400円

ブリッジブック 法学入門（第2版）
南野　森 編
刑法を加えアップデートした最新版
四六変・並製 260頁　2300円

医事法講座
甲斐克則 編著

1. ポストゲノム社会と医事法 ― 医事法の深化を図る国際比較と基礎理論
2. インフォームド・コンセントと医事法 ― 基礎理論から個別の具体事例と法律上のターミナルケア
3. 医療事故と医事法 ― 医療現場を多角的に捉え法律上の実情とターミナルケア
4. 終末期医療と医事法 ― 第一線の研究者と臨床家が執筆
5. 生殖医療と医事法 ― 日本と海外の状況を広く検討
6. 臓器移植と医事法
7. 小児医療と医事法　近刊

なり（借地借家7条）、この点ややアンバランスである。

・また、解約のルート（借地借家8条）は認められないのかということも問題になりえよう。

② 対抗力——政令施行日から登記なくとも5年間保障（罹処法10条）。

〔新法においては、何もないときには、6ヶ月、明認方法があるときには、3年間の対抗力を認める（4条1項、2項）。解約申入れができるようになった（3条1項）（その場合には、3ヶ月で終了（3条2項））。また、5年以下の被災地短期借地権を認める（7条）。〕

⑵ 〔**借家について**〕

滅失かどうかで大きく異なる。

① 滅失でない場合〔一部滅失、損傷の場合〕——賃貸人の修繕義務（民法606条）、費用償還義務（民法608条）。

・かなり高額になっても、負担すべきか。新築同様の修繕になるならば、もはや「経済的不能」で、民法606条の適用はないとされる（我妻中I 44頁、星野618頁）。

・一部滅失の場合の賃料減額ないし解約の処理（民法611条）。また、民法533条もある。

② 建物滅失の場合——賃貸借関係消滅。

（i） 敷金返還——敷引きの問題（後述）。

（ii） 目的物返還——収去可能な家財道具の搬出。

（iii） 罹処法上の締約強制——この規定は、無権限（「不法占拠」）となってしまった借家人に、一定の所有法上の権限再分配を行うものとして、取得時効制度などと同様に、注目されよう。因みに、「第3世界」の開発途上国における都市部では、都市不法占拠者ないしホームレス（urban squatters）の処遇は、深刻な問題となっており、ペルー政府などでは、積極的に600万もの人に所有の再分配を行っているという形で、比較所有理論上は、広がりのある課題なのである。

（その1）旧借家人の借地権取得（罹処法2条〔申し出は、施行日から2年以内に〕、3条〔借地権優先譲受権〕）。

179

第 2 部　契約各論の諸類型

……その要件・効果には、不明確なところがある。借地権への昇格（？）。

・立法当時には、そのような借家人は、バラックを建てて、近くに住んでいた
　という事情を考慮したものであるが、長期的建設計画と適合的か、また、抵
　当権者との権利調整はどうなるかなどの問題がある。

・拒絶期間は、3週間で、拒絶の意思表示には「正当事由」が必要である（2
　条2項、3項）。

・10年の期間（それ以上の合意があればそれによる）（5条）。

・対抗力の5年保障は、前述（10条）。

・1年経っても、使用していなければ、解除権が生ずる（7条）。

　（その2）また、他者が建物を築造したときには、優先的借家権がある（14
条）（申し出は、建物完成またはその後相当期間内に行うものとされる）。

＊賃貸集合住宅への対応はできていない。その場合に、2条の優先的借地の申
　し出をどう調整するか、また14条の優先的借家権をどのように割り当てる
　のかは、はっきりしていない。

＊民事調停が活用されることとされる（23条〔平成23（2011）年に削除〕）。
　〔新法では、これらの優先借地権、優先借家権は廃止された。代わりに、従
　前の借家人への通知がなされるだけである（8条）。しかし締約強制はなく、
　あまり借家人保護にはなっていない。〕

　（N.B.）

・ライフライン（電気、ガス、水道供給など）の維持は、建物賃貸借の不可欠の
　要素であり、文化的な生活水準の確保でもある。その途絶の場合には、危険
　負担ということになり、債務者主義〔賃貸人のリスク負担〕（民法536条1
　項）ということになろう（半田・民商112巻4＝5合併号ほか。これに対して、
　むしろ債務不履行的処理をすべきである（従って、家主は家賃請求できる）との
　見解（国府）もあるが）。

　Cf. これに対して、賃借物の利用の大部分が実現されているときには、賃料
　　の支払い義務はあり、便益の低下に応じた減額請求（民法611条）ができ
　　るにとどまる。他方、家財も搬出して、借家を明け渡していれば、賃借権
　　の放棄であり、支払い義務は生じない。

第 2 章　物の利用

・敷引き特約（関西地方などでは、契約終了時に、敷金〔賃料の数倍、10 倍にもな
ることがあるとのこと〕の 2〜3 割を控除する旨の取り決め）――これは、大震災
による建物滅失などで賃貸借が終了する場合には、適用されないとされる
（判例。最判平成 10.9.3 前掲（民集 52 巻 6 号 1467 頁）。下級審では分かれていた
のであり、少数の適用肯定例として、神戸地判平成 7.8.8 判時 1542 号 94 頁〔賃
貸借成立の謝礼、定額賃料の代償、更新料、建物修繕費用、空室損料などの性質
があり、合理性があるとする〕）。

(3)　震災に関わるその他の住宅問題

・なお、阪神大震災については、借地借家以外にも住宅問題は数多く、例えば、
①仮設・復興住宅の建設及び利用期間のあり方（辺鄙なところでの高層復興住
宅での高齢者の孤独死など相次いでいる）、②震災後の再開発のあり方（元の商
店街は、新設ビル群では再生されていない。例えば、神戸市長田地区）、③被災
マンションの多くの不必要な再築（建替派、修繕派の区分所有者の対立は、不
正確な情報操作で、多くの場合、前者が多数となって、取り壊された。区分所有
法 62 条の平成 14 年改正でも、建て替えし易いように進められており、少数者の
居住権は脆弱化している）、④住宅の個人補償の否定（その反面で、震災復興費
は公共事業に費やされた）などあるが、ここでは立ち入らない。しかし本節
で扱った問題は、震災居住問題の「氷山の一角」であることを意識してほし
い（民法学者が書く論文のテーマはなぜか限られているが）。

(4)　罹処法廃止（優先的借地権・借家権の廃止）のプロセスに対する疑問

・従前の優先的借地権、借家権制度派、法理的にも、一定の原始取得的な利用
権を被災借家人に認める注目すべきものであった。比較法的にも、「法と開
発」（開発法学）（law and development）という領域は、近時非常に関心が高
いが、そういうところでは都市非正規居住者への対処ということで、注目を
集めている制度である。
・しかし、これに対する十分な配慮もなく、単に法理的に不整合等という消極
的理由から廃止された感がある（審議会委員の山野目教授は、「廃止したくて廃
したのではなく、あまりに難点が多くて、廃止に至らざるを得なかった」と、廃

第2部 契約各論の諸類型

止理由を消極的に指摘する[118]。その根拠で、被災者にこの制度への不満が
あるということも言われるが、強力な優先借地権はともかく、優先借家権の
方は、見解も分かれていて、帰一するところではなかった。問題は、震災復
興における再開発側（所有者側）の意見を優先的に処遇したという問題があ
る。
・しかも立法プロセスとして問題なのは、こういう被災者の居住福祉に関わる
配慮の規定が、被災者の頭越しに（私は、この廃止立法当時に、神戸で被災者
対象の講演をする機会があり、この立法のことを会場で聞いてみたところ、その
廃止事情及び借家人側の廃止への納得を語る者は、皆無であったという事実に基
づく）、密室の中で所有者側（再開発業者側）の意見を優先する形で廃止が進
められたということである[119]（2013年秋の日本私法学会において、鳥谷部茂教
授も、そのプロセスに対する現場感覚的な批判を投じている[120]のが貴重である）。
近時の「審議会民主主義」の非民主制を物語る如実な例ではないかと思われ
る。

【QⅡ-25】罹処法におけるかつての締約強制を説明して、それが所有権
限の再配分の見地からどのように位置づけられるかを論じなさい。
【QⅡ-26】震災に関わる住宅問題を包括的に論じなさい。

---

(118) 山野目章夫「賃借建物の全部滅失という局面の解決──なぜ優先借地権は
廃止されたか」論究ジュリスト6号（2013）32頁。
(119) 津久井進・大災害と法（岩波新書）（岩波書店、2012）109頁は、同法の
「速やかな廃止」を説いているが、この問題局面に関しては、災害弱者ではなく、
所有者サイド、ひいては再開発業者の便宜の方を重視されている如くである。
　また、山田誠一「罹災都市借地借家臨時処理法とその廃止」（野村古稀）民法
の未来（商事法務、2014）540-541頁の叙述も、借地権・借家権の区別なく便宜
論で押し切った感がある（例えば、被災賃借人の優先権保護により、元の敷地
の建物に戻ることは、「コミュニティの維持に必ずしも不可欠でない」とされる
（541頁）が、その論証はなされていない）。山田教授は、この法制審議会の座長
を務めた方であるが、上記論文では、この廃止の論拠を、自身の言葉ではなく、
他文献に語らせるというスタンスも、違和感が残るところである。
(120) 私法76号（2014）34-36頁（鳥谷部発言）参照。

第 2 章　物の利用

2－8　農地賃貸借の特則

・実際には、農地の利用権としては、(永小作権よりも) 農地賃貸借のほうが、重要である。これを規律するのが、昭和 27 年の農地法であるが、その前身は、昭和 13 年農地調整法であり、そこで初めて農地賃借権の対抗力、解約や更新拒絶の制限に関する規定が入った (同法 8 条、9 条)。従って、永小作権 (民法 270 条以下) のほうが、従来は、効力が弱いのである (更新 (存続保障) に関しては、農地法は、永小作権には、適用しないというのが、(判例) である (最判昭和 34.12.18 民集 13 巻 13 号 1647 頁))。

・近年の大きな流れとしては、農地の流動化政策であり、それは、農地法上の知事の許可という取引規制の緩和である (それは、昭和 50(1975)年に始まった、農用地利用増進事業 (農業振興地域の整備に関する法律 (農振法) の改正〔同法 15 条の 2〜15 条の 6〕)、同 55(1980)年には、その拡充を目指す農用地利用増進法制定、それが、平成 5(1993)年改正で、農業経営基盤強化促進法に、呼称変更されている)。そこでは、定期借地権に先駆けて、農地の定期賃貸借が導入されていることにも注目されよう。……農業の集約化による活性化を目指している。

＊北海道における農業・牧畜業などは、そのよい例であろう。しかし他方で、そのグローバル化の進行 (国内の第 1 次産業の空洞化)、担い手の高齢化、集落の過疎化、更には平成の市町村大合併により、中山間地は、崩壊の危機に瀕していることも事実である。しかし、食の安全及びその自給率 (昭和 40(1965)年には、73％だったのに、平成 10(1998)年には、40％になっている) の向上は、喫緊の課題である。さらに、地球温暖化対策との関連もある。

　しかし、最近の宮崎牛の口蹄疫の問題を見ても、グローバル化の反面で、その畜産業に与える影響は大きく、また「問題の越境化」ということ自体、今日的課題である[121]。

　——上記の問題状況との関係で、平成 21(2009)年 6 月の農地法改正 (法律 57 号) (12 月に施行) は、農業の担い手の多様化、自作農主義を離れて、耕作者主義をさらに徹底し (「所有から利用へ」の徹底。なお「耕作者」には、法人企業も含める趣旨のようである)、農地賃貸借の積極的活用、そのための自由化 (そ

---

(121)　これについては、さしあたり、遠藤乾編・グローバル・ガバナンスの最前線——過去と現在のあいだ (東信堂、2008) 3 頁以下 (遠藤執筆) 参照。

183

第 2 部　契約各論の諸類型

の面での規制緩和）（標準小作料制度の廃止、小作地所有制限の撤廃、長期小作の容
認）、遊休農地対策の強化（30 条以下）、他方で、農地の転用の規制強化（4 条、
5 条）等をとりいれている。

　これまでの特別法形式の規制緩和ないし農地改革以来の自作農主義の基本法
による一般的変容であり、注目される。規制緩和路線の農地への応用と見るこ
ともできて、耕作に根差さない、アグリ・ビジネスの流入の余地も出てきて、
批判的に接することもできようが（例えば、原田論文[122]）、そのような対策を
考えなければならないほど、農地の事情は落ち込んでいるという面もあること
も事実であろう。活性化の方策は、なかなか悩ましい問題である（（吉田）は、
こうした窮状対策も理解するので、原田教授の問題指摘は理解するが、同教授ほど
批判的ではない）。

　TPP（Trans-Pacific Partnership; Trans-Pacific Strategic Economic
Partnership）（環太平洋戦略的経済連携協定）が、大企業本位のグローバル化の
側面が強いために、例外規定を設けたとは言え、国内の第一次産業にどのよう
な影響を与えるかは、予断を許さない。

　〔以下で、現とあるのは、平成 21 年改正後の条数である。〕

(1)　対　抗　力
・農地の引渡しで足りる（農地法 18〔現 16〕条）。

(2)　存続期間および更新
・存続期間は、50 年以内とされた（Cf. 民法 604 条（20 年以内））（農地法現 19
　条）。
・1 年前から 6ヶ月前までに、更新拒絶しなければ、法定更新される（農地法
　19〔現 17〕条）（その後は、存続期間がないものになる）。

---

(122)　原田純孝「新しい農地制度と『農地貸借の自由化』の意味」ジュリスト
　　1388 号（2009）13 頁以下、特に 20 頁（因みに、同号は、「(特集) 変わる農業
　　法制・農業政策——食料自給率向上に向けて」である）。さらに、同「農地所有
　　権論の現在と農地制度のゆくえ」（渡辺追悼）日本社会と法律学——歴史、現状、
　　展望（日本評論社、2009）、同「自壊する農地制度——農地法等改正法律案の問
　　題点」法律時報 81 巻 5 号（2009）、同「農地法「改正」で日本農業はどうなる
　　か」世界 792 号（2009）も参照。

第 2 章　物の利用

・更新拒絶や解約、解除などには、知事の許可が必要で、その際に「正当事由」が求められ、それがないと効力がない（農地法 20〔現 18〕条 2 項、5 項）。
　──これに対して、農用地利用増進（農業経営基盤強化促進）対象の農地の場合には、こうした許可制ないし正当事由制度による存続保護はない（農地法 19〔現 17〕条但書）。〕

(3)　譲渡・転貸
・民法 612 条による制限。
・知事（ないし農業委員会）の許可は必要（農地法 3 条）。＊なお、平成 21 年改正で、その際に市町村長が必要な意見を述べられることとした（現 3 条 4 項）。──農用地利用増進の場合には不要である。

(4)　小作料の支払い義務
・民法 609 条、610 条でも苛酷で非現実的である（前述）（永小作権に関する民法 274 条、275 条も同様である）。──そこで、農地法 21 条、22 条による修正〔これらは、現 20 条に統合された〕（減額請求権。小作料の収穫に対する割合が、田の場合 25％、畑の場合 15％を超えるとき）（なお、農地法 21〔現 20〕条は増額請求も定める）。さらに、小作料標準額、およびそれに沿った減額勧告も定められている（農地法(旧)23 条、24 条）。＊これについては、平成 21 年改正で廃止されたことに注意せよ。……農地法 21〔現 20〕条は、借地借家法 11 条、32 条と類似する。（判例）は、農地の宅地並み課税（地方税法付則 19 条の 2 以下）による固定資産税、都市計画税の額の増加を理由とする増額請求を否定する（最大判平成 13.3.28 民集 55 巻 2 号 611 頁民商 132 巻 3 号吉田）。

（検討）（宅地並み課税と小作料の増額請求の可否〔平成 13 年最判〕について）
1.　本判決の実質的意義は、宅地並み課税分を農地所有者が、負担して、所有者のイニシアティブで──逆鞘解消のために──農地賃貸借解約を促すところにある（これに対して、課税増加分を小作農に転嫁して、営農関係をやめさせることになる）。そして、前者のほうが、離作料額が高くなる（後者は、債務不履行解除などで支払額は低下する）点に意味がある。
2.　「離作料」とは、立退料の農地版であり、開発利益の小作農への均霑とい

185

第2部　契約各論の諸類型

うことである。判決（多数意見）では、この点の配慮が不十分のようだが、本件小作農のように、自作農にも類似した「残存小作農」の場合には、もっと配慮すべきではないか。それも含めると、判例の立場には、意味があるように思われる（吉田）。Cf. 農用地利用増進の対象ならば、正当事由制度も妥当せず、離作補償の必要もないことになり、開発利益の均霑の態様も多元化していることに留意されたい。

【QⅡ-27】農地の宅地並み課税の小作料への反映を否定した判例の政策的意義を検討しなさい。

【QⅡ-28】農地法の平成21年改正の概況を述べ、改正趣旨及びその法改正がもたらしかねない問題を述べなさい。

2-9　借地借家法学の今日的課題──借地借家政策の問題状況　（2-1で述べたところと若干重複する）

(1)　住宅の供給の仕方は、3通りあり、すなわち、(i)土地（更地）の購入（持ち地、持ち家）、(ii)借地の上の建物建築（借地関係）、(iii)家屋の借家がそれである。──わが国の特殊形態は、(ii)であり、諸外国では、(i)または(iii)のみである。なぜこうした相違が出てくるかというと、わが国では、土地と建物を別々の不動産とする独特の法制を採用しているからである（因みに、この法制は、梅博士〔日韓併合直前に、客死している〕を軸として、韓国にも伝播されたが、法文では別々とされていても、実態としては、土地建物は一体とされているところが興味深い）。

・しかも、留意すべきこととして、借地は減少している。

　……（瀬川）分析[123]によれば、「借地制度」を支えるのは、①高い地代利回り、②地価の上昇、③軽い地租負担、そして他方で、④庶民向け金融の金利の高さというファクターであり、当時の産業偏重による社会構造、経済構造（近

---

(123)　瀬川信久・日本の借地（有斐閣、1995）、同「社会・都市の発展と借地借家法規制の方向──居住用住宅を中心に」ジュリスト1006号（1992）。なお、瀬川・前掲書に対する私の書評としては、吉田邦彦・ジュリスト1084号（1996）120-123頁参照。

第2章　物の利用

代化、都市化による金融市場、土地市場の歪み）の産物として、「借地」が捉えられている。

　　しかし、その後の事情の変化──①地価の著しい高騰による地代利回りの低下、②公租公課の割合上昇（昭和39（1964）年新固定資産税評価基準、同45（1970）年全面的評価替え）、③住宅金融の貸し出し条件の緩和（持ち家政策の推進）（1960年代後半以降）、さらに、④収益性の高い借家への転換など──から、「借地関係」は減少している。

・これに対して、「借家」は、地代家賃統制令緩和、高度経済成長の頃から、率が増加して（大都市の借家率は5〜6割にも及ぶ）、供給過剰の状況でもある。

【QⅡ - 29】瀬川教授の『日本の借地』論文を読んで、わが国で借地が普及し、さらに後退していった背景を考察しなさい。

---

(2)　前述した如く、近年は、期限付き借地権・借家権のメニューが増えている（借地借家22〜24条、38、39条）ことが重要である。この点を考えるにおいて、借地と借家、居住用と業務用の区別に留意して、類型的に検討していくことが重要である。すなわち──

①　居住用の定期借地権はあまり利用されていないのではないか。それに対して、事業用の定期借地権については、資本家的計算（市場原理）に基づく「契約自由」原理が妥当しやすく、ある程度の活性化が期待される。

②　これに対して、定期借家のほうは、議員立法という経緯も手伝って、規定の仕方もラジカルで（期間の制約もない）、しかも、わが賃貸借法のバックボーンともいえる「正当事由」制度を、カテゴリカルに排除するものであって、事態は深刻である。──昨今の「規制緩和」の波に乗ったものである（立法過程が、従来の「法制審議会」一本主義が崩れて、圧力団体（主として業界サイドの圧力）の影響を受けやすくなったという変化も関係している。いわば、この面でアメリカ化しているのであり、しかもわが国の場合には、右寄りのロビイストのみ目立っており、近年は立法の数は増えて、関係者は大変なのであるが、他方で遺憾ながら、立法に対する不信も高まっていくであろうと推測される）。

187

第2部　契約各論の諸類型

　……この立法を推進した、経済学者（事業者サイドの論者ばかりで、低所得者の居住権を強化させるべく論陣をはる経済学者が皆無に近いのは、わが国の居住経済学の層の薄さを示しており、アメリカとも異なるところである）は、(i)異口同音に、これによって、借家供給が増えて、家賃は下がるだろうと説いたが、現実にその因果関係は示されていない。むしろ、単に、借家住宅がバブルもはじけて過剰になっているだけのことではないか、(ii)他方で、正当事由が排されたことで、居住借家人に対する悪影響は、推測されるところである。

　さらに、より根本的なこととして（経済学者は必ずしも正面に出さないが）、(iii)このような法変更は、開発利益を賃貸人（所有者）に、独占させるという政策的（政治的）立場〔いわゆる所有権の絶対性〕をとることを意味するが、どうして、貧富の格差が広がる今日において、その再分配を否定する保守的〔右寄りの〕立場が、時代錯誤的に説かれるのか、充分な議論もないままに立法されてしまっている（前述のように、鈴木論文が的確に指摘する）。

　アメリカでは、まさしくこの点で、学界で数多くの政策論争がなされており、むしろ、開発利益を借家人側に分配する議論のほうが、有力（多数）なのである。レント・コントロールの肯定、居住適格保証の実施、低廉住宅の織込みゾーニング（inclusionary zoning）、家賃補助、公共住宅提供などすべて、その系譜の議論である。このような議論は、近時の都市居住の展開とも関係している。若干一瞥すると、アメリカでは、日本と異なり、従来都心部の空洞化・スラム化、白人などの富裕層の都心からの逃走（white flight）・郊外における高級住宅街の形成による隔離居住（residential segregation）という事態に対して、1980年代後半ないし90年代から都心部の再開発・コミュニティ再生運動（community economic development）という動きがあり、中低所得層の居住環境と同時に、各地で高級化（gentrification）という事態も深刻となり、低所得の居住場所が奪われるということにもなる（例えば、各地でのレント・コントロールの廃棄現象もこれに拍車をかけて、その便益を受けるのは、既得権を持っているものに限られてくる）。しかし、都市居住は、多文化・多人種のミックス居住でなければいけないとの認識の下に、如何に中低所得層の居住を確保す

第2章　物の利用

るかということで、上記のそのための法的制度への関心が、市場主義原理依拠の規制緩和的発想とともに、対抗原理として根強く拮抗していると言ってよい[124]。

　それに比べて、わが国の場合には、そもそも居住弱者保護的発想が弱く、あっても部分的であったことに加えて、近時の政策環境の保守化、都市再開発の進行・高級化が進行し（例えば、東京の都心など）、居住者の所得格差を反映した、社会的隔離居住は深刻化し、近時の借地借家法の規制緩和の事態は、これに拍車をかけているであろう。

(iv)　民法学者の中でも例外的に規制緩和論に鞍替えした論者（例えば、加藤（雅）104-105頁）は、借家利用者層は、主に学生、独身サラリーマン、若夫婦などであることを指摘して、それ以外の居住弱者については、既存弱者が潜在的弱者を追いやっているとされる（アメリカでも、レント・コントロール排除の保守派の議論として説かれるものである）。しかし、住宅高騰の下では、既存弱者すら追い出されることにこの論拠では、正当化できない。逆に、今の状況のように、供給過多で、その必要もなければ（現に実際には、定期借家の導入には慎重であるとのことである）、弱者排除の危うい武器をわざわざ導入する必要はないであろう。──教科書類では、あまりコメントされていないが、借地借家38条は、政策論的にいろいろ問題を抱えているのである。

(3)　「正当事由」制度に支えられた厚い存続（継続）保障というシステムは、従来の日本の賃貸住宅法の特色であった（近年、借家について、これが大きく揺らぎつつあることは、先に述べた）。そのために、借地権価格という観念が生まれ、それは準所有権化している。ただそれは、開発利益の居住者への還元ということでもあり、立退料慣行など、それほどおかしいことで

───────────

(124)　この点の詳細は、吉田邦彦「アメリカの居住事情と法介入のあり方（とくにボストンの場合）(1)～(3・完)──居住隔離とレント・コントロール、居住適格保証、コミュニティ再生運動」民商法雑誌129巻1～3号（2003）〔同・多文化時代と所有・居住福祉・補償問題（有斐閣、2006）第2章所収〕、とくに同書62頁以下参照。

第2部　契約各論の諸類型

はない。

しかし他方で、地価高騰と相俟って、高額の権利金、更新料、敷引きなどの慣行ができて金員授受されるようになっているが、ある程度の合理性があるかもしれないが、不明朗な面があることは否めず、不当な金員収受については、積極的な司法チェックを行うことが必要である（例えば、権利金につき、判例は、原則としてその返還を認めないが、有力説が説くように、原則・例外を逆転させるべきではないか（吉田））。

＊なお、「正当事由」については、居宅供給が増大すれば、認めやすくするとの意見もあるが（金本良嗣「新借地借家法の経済学的分析」ジュリスト1006号（1992））、しかし、居住市場に、階層性があることも指摘されており（吉田（克）・前掲座談会発言（37頁））、高齢者の借家市場などはタイトとされており、その場合の「正当事由」の意義は大きく、要件の緩和には、慎重を期するべきであろう。

(4)　賃料に関して、地代・家賃（とくに後者）は、基本的に市場に委ねる自由競争政策を採っているが、再考が必要ではないか（これに対し、佐藤（岩）教授は、「相当家賃制度」に抑制機能があるとされるが、あまり期待できないことは前述した）。

　　…・確かに地域差があるために、一律の統制法は現実的ではなく、各地方公共団体主導の規制が求められる（この点で、昨今は下火だが、アメリカのレント・コントロールの動きなどは、示唆深い（吉田・前掲論文参照））。

　　・このような動きが見られないのは、日本の中央集権的な社会システムによるのか、それとも、開発利益の共同体への還元（レント・コントロールは、そのような考え方の所産である）という発想が弱く、いまだ古典的な個人の私的所有の絶対という考えに囚われているためなのか（定期借家の発想はそれであることは、前述した）、それとも運用コストの高さに由来するものなのか。

＊公営住宅の意義と日本での限定性

公営住宅は、低廉家賃での賃貸という意味で、対価コントロールがなされていると見うるが（昭和26(1951)年公営住宅法1条参照）、わが国の公営住宅の位

190

第 2 章　物の利用

置づけは、民間の借家建設が軌道に乗るまでの「つなぎ」として、例外的なものであり、公共賃貸の割合も低く（全住宅比は、7パーセント弱）、近年は、規制緩和の波で削減傾向にあるが（2003年で、4％ほどに減っている）、昨今のホームレスの激増を見てもわかるように、こうした住宅政策は、時代の要請と逆向きであることがわかるであろう。

そもそも、こうした事態は、わが国の 住宅の私的所有物としての観念、それゆえのその公的支えという発想の弱さ ということにも関係している〔この点は、住宅震災対策のところでも一言したが、詳しくは、吉田・前掲書第1章論文参照〕）。

＊家賃補助の議論

その他、家賃補助（アメリカでは、セクション8プログラムとして、定着しており、供給サイドの補助との比較での議論も盛んである）については、わが国では実践例を欠いており、議論の前提もない状況である。また、地代・家賃改訂のルール作り、その迅速化という問題もある。

(5)　居住の質のコントロール面では、一定の居住水準の保証という法理（アメリカでは、1970年代以降、居住適格保証の法理〔implied warranty of habitability〕が定着している。その違背があれば、賃料支払いを拒んでよいとされ、それを理由とした報復的解約・立退請求も否定されている）が、もっと充実していてもよい。給水設備・空調・鉛汚染・騒音・暖房設備・清潔さなどについて、アメリカでは、各州で住宅法典が行政規制として定めており（違反があれば、検査官が改善命令を出したりできる）、この民事法的バックアップが、前記保証法理である（私も、アメリカ滞在中、騒音問題には、悩まされた。同じアパートの住人の同様の問題は訴訟にまで発展し、私も彼のために証言したりした（雑談）。騒音問題なら、すぐに、ニューサンスの不法行為と構成する前に、こうした契約法理が充実していることは有益だと思う）。

……なぜ、わが国で、こうした観点からの法規制が弱いかも興味深い（もっとも、瑕疵担保（民法570条）などは、有償契約たる賃貸借にも準用されるから（民法559条）、規定それ自体は用意されているのである。因みに、住宅品質確保促進法で、昨今注目されている欠陥住宅問題は、主として、売買・請

第2部　契約各論の諸類型

負に関する瑕疵の問題である）。思うに、戦後焼け野原から出発し、ウサギ小屋的な木賃住宅のようなイメージに馴れっこになっていることの反映ではないか。加えて、ここでも、一定の（最低限の）住宅水準の保障は、公的な課題であるという発想（居住福祉的発想）が欠落し、住宅所有・賃貸の問題を「私的問題」に追いやる従来のドグマも影響しているのであろう（吉田）。

　……例えば、近時でも、北海道には、5411人もの外国人技能実習生（1993年導入）特区として、中国やベトナムから長時間労働に従事させ（例えば、寿都町における飯寿司の箱作り、別海町におけるミルクの搾乳）、その居住環境も劣悪な狭隘居住をさせても、職欲しさに苦情も出されないという状況（弁護士も、そういう問題を指摘しようとすると、出稼ぎ者の職を奪うことになり、容易ならざる状況にあるとのことである）は、こうした居住適格性に関するわが国の感度の悪さに乗じた問題と言える[125]。

(6)　居住を巡る差別（不当な契約条件）およびそれに対する規制[126]も、今後の課題となろう。

　（Ex）母子家庭、子持ち家庭、また単身高齢者への提供制限、職業的差別（コピーライター、デザイナーなどカタカナ職種は敬遠されるとされる）、在日外国人問題（在日韓国・朝鮮人の入居拒否につき損賠を認めた、大阪地判平成5.6.18判時1468号122頁（ペ・コニルさん事件。賃貸マンションで、借主が外国人（在日）であることによる入居拒否。契約準備段階における信義則上の損害賠償肯定（26万余円）、さいたま地判平成15.1.14判例集未登載（賃貸住宅を探すインド人に仲介業者が執拗に皮膚の色を聞いた事例。人格的利益の毀損が甚だしいとして、慰謝料40万円と弁護士費用の賠償（合計50万円）肯定）などが注目されている）[127]。

───────────

(125)　こうした事情については、札幌難民移住移動者委員会の西千津さんのさっぽろ自由学校「遊」報告「違いを認め、共に生きる──多文化主義への転換に向けて」（2016年5月11日）に負う。関連記事として、北海道新聞2016年4月19日1面、2面（100万人にもなる外国人労働者の状況分析）など参照。

(126)　これについては、さしあたり、上野芳子「借地借家紛争をめぐる現状と課題」ジュリスト1081号（1995）参照。

(127)　この問題については、吉田邦彦「人種差別に関わる民法（不法行為法）と

最近では、福島の自主避難者（多く、母子避難）に対する唯一の支援である無償住宅（公営住宅）からの強制立退き措置（2017年3月）が迫っている[128]。昨今の阪神淡路大震災被害者に対する借上げ復興住宅の強制立退き問題なども、居住者（被災者）は高齢化しており、被災者の居住支援の充実の観点からの再考が必要であろう。

【QⅡ－30】わが国で、賃貸借の対価規制という発想が弱いのは、どうしてなのだろうか、考えてみなさい。

【QⅡ－31】いわゆる「開発利益」の分配・帰属という観点から、賃貸借法の問題状況を横断的に分析しなさい。（【QⅡ－11】、【QⅡ－23】も再度、併せて検討してみなさい。そしてさらに余力があれば、マンション（団地）建替えにおける不参加者に対する売渡し請求の時価（区分所有法63条4項）に同様の考慮がなされているかも比較検討しなさい。）

【QⅡ－32】わが国の住宅所有観の特色を考えた上で、それが、住宅政策にどのような問題をもたらしているかを考えなさい。

2－10　使用貸借（民法593条～）──賃貸借との対比

(1)　場　　面

例えば、通学のために、親戚の家の離れを無料で借りるような場合、また内縁の夫婦などでの利用関係でも認定される（最判平成8.12.17民集50巻10号2778頁〔同居の相続人との間に使用貸借契約関係を認め、遺産分割まではその状態が続き、不当利得返還請求はできないとする〕、同平成10.2.26民集52巻1号255頁〔内縁配偶者の事例につき、同旨を述べる〕参照）。

―――――――――

国際人権法」国際人権20号（2009）同・東アジア民法学と災害・居住・民族補償（前編）（信山社、2015）第4章所収。

(128)　この問題については、吉田邦彦「居住福祉法学と福島原発被災者問題(上)(下)──特に自主避難者の居住福祉に焦点を当てて」判例時報2239号、2240号（2015）、同「区域外避難者の転居に即した損害論・管見──札幌『自主避難者』の苦悩とそれへの対策」環境と公害45巻2号（2015）、同「東日本大震災・福島原発事故と自主避難者の賠償問題・居住福祉課題(上)(下)──近時の京都地裁判決の問題分析を中心に」法と民主主義509号、510号（2016）。

第2部　契約各論の諸類型

　従来は、贈与と同様に閑却されてきた。しかし、家族などの親密圏では、し
ばしば使われる利用形態である。相続法（家族法）の一環でも、「使用貸借契
約」の意義の再確認は、なされてしかるべきであろう。

＊「使用貸借」による同居者の居住権保護？

　同居権限を認めて、相続人からの不当利得請求を封ずるために、使用貸借が
威力を発揮している点に注意を要する。遺産分割までの暫定的なものではある
が。内縁配偶者の居住権の保護は、同性愛の近時のクローズアップで、婚姻制
度の相対化、同性愛者の居住権保護の必要性から、借地借家法 36 条の借家権
承継の射程の狭さ（相続人のない場合に限定するが、相続は、従来婚姻配偶者にこ
だわってきた）の克服の方途の究明の必要性は高まっている。

　ここに示す、使用貸借関係の認定による保護はどうしても暫定的なので、
「共有関係の認定の拡充」などのアプローチは有用である（しかしそれでも遺産
分割後は、不当利得関係は出てきてしまう）。平成 10 年最判は、「特段の事情がな
い限り、一方死亡後は、他方が不動産を単独で使用する旨の合意が成立してい
た」としており、つまり「生前贈与（死因贈与）の認定」ということであり、
最高裁レベルでのこのような利用権保護のルート設定は、改めて注目に値する
であろう。

＊使用貸借と法定地上権（民法 388 条）

　しばしば無償の使用関係が議論されるのは、法定地上権の問題である。家族
内部で「使用貸借関係」はしばしばであり（例えば、父親の土地の使用貸借で子
どもが家屋を建てて所有）、その後相続により土地・家屋が同一所有者となり、
その一方に抵当権が設定された場合に、利用関係はどうなるかという問題であ
る。近時は、合意重視の考え方も有力であるが、その場合には「使用貸借関
係」では、対外的保護が弱くなるという問題がある。（判例）は、建物抵当型
と土地抵当型とで、法定地上権の成立に関して立場が異なっていた（前者の場
合に肯定し、後者の場合に否定する。各々最判昭和 53. 9. 29 民集 32 巻 6 号 1210 頁、
同平成 2. 1. 22 民集 44 巻 1 号 314 頁）が、これでは、土地利用権の保護において
アンバランスが出てしまう。詳細は、担保物権法参照[129]。

　　(129)　さしあたり、吉田邦彦・所有法・担保物権法講義録（信山社、2010）250-

第 2 章　物の利用

(2)　性　　質

・無償・片務性……それゆえに、社会的意義は大きくなく、親族間などの例外
　的場合に限られる（好意・恩恵的関係）。

・要物性……これは、沿革的なもの。諾成的使用貸借も認められる（通説）。

・賃貸借よりも、効力は弱い。Cf. 売買と贈与

＊使用貸借の沿革研究の意義

　沿革的区別としての容仮占有（precarium）と使用貸借との区別があり、使
用目的・使用期間を定めて貸与するのが後者本来のもの（ローマ法上は、
commodatum）で、そういう存続についての拘束力がなくいつでも目的物の取
り戻しができるものが前者とされ、後者よりも保護薄弱とされる（こうした系
譜的研究は、岡本論文[130]参照）。そして後者が近代法で採用されたとされるが、
このように限定的に解する必要もないとの有力説（来栖 392 頁以下）もある。
使用貸借の前者（プレカリウム）（好意的な継続的法律関係）の側面を強調しよう
とする岡本論文の方向性（岡本・前掲書 8 頁以下、398 頁以下。ボアソナードは、
ローマ法を受けたイタリア学説の影響を受けつつ、前者を規定していたが（旧民法
財産取得編 200 条 2 項）、その後閑却されてしまったのを問題視する）は、卓見で
重要であり、従来周縁化されてきた無償契約の救出をしようとする本講義の関
係契約的立場とも共通する。

(3)　法　律　関　係

①　（準用される場合）

　　616 条——用法遵守義務（594 条 1 項）、終了後の目的物返還（597 条 1 項）、
　　収去権（収去義務）（598 条）。

　　621 条〔旧 622 条〕——費用償還請求権などの除斥期間（1 年間）（600 条）。

②　（相違点）

　　1.　決定的違いは、土地・建物を対象とする場合でも、借地借家法などの

---

252 頁参照。

(130)　岡本詔治・無償利用契約の研究（法律文化社、1989）6 頁以下、45 頁以下
　　参照。

195

第 2 部　契約各論の諸類型

特別法上の保護がないところである。

2.　通常の必要費は、使用借主が負担する（民法 595 条）。Cf. 賃貸人の修繕義務（民法 606 条）

3.　原則として、担保責任はない（民法 596 条——民法 551 条（贈与の場合）の準用）。Cf. 売買の担保責任規定は、賃貸借には準用される（民法 559 条）。

4.　無断の又貸し（転貸）の場合の解除（民法 594 条 2 項、3 項）。Cf. 賃貸借の場合（民法 612 条）には、信頼関係理論〔背信的行為理論〕の適用がある。

5.　借主の死亡による終了（民法 599 条）。Cf. 賃借権の相続。

6.　期間の定めがない場合、「目的に従い使用・収益をなすに足るべき期間」が経過した場合には、直ちに解約できる（民法 597 条 2 項但書）。Cf. 解約申入れ（民法 617 条、借地借家 27 条）。……（判例）は、「目的に従い使用収益をなすに足るべき期間」の解釈として、(a)他に適当な家屋を見つけるに足る期間の経過があれば、現実に見つかる前でもよいとしたり（最判昭和 34. 8. 18 裁判集民事 37 号 643 頁〔契約成立が昭和 20 年 10 月頃、解約告知が同 27 年 3 月頃の事例〕、同旨、同平成 11. 2. 25 判時 1670 号 18 頁〔木造建物所有のための使用貸借。使用貸借期間は原審口頭弁論終結時まで 38 年 8 ヶ月に及ぶ。原審までは、(i)建物が朽廃していない点、(ii)使用借主は本件建物以外に居住するところがない点、(iii)土地使用の必要の特別の事情がない点から、597 条 2 項但書の期間経過を否定していたが、最高裁は、「長期間の経過により、契約当事者間の人的つながりは著しく変化した」として、破棄差戻し）、(b)親の扶養の負担の無視という場合に類推適用できるとしたりしている（最判昭和 42. 11. 24 民集 21 巻 9 号 2460 頁）。後者は、むしろ負担付使用貸借契約の債務不履行解除として構成すべきではないか（吉田。平井・法協 86 巻 3 号評釈参照）。

(4)　性 質 決 定

・従って、賃貸借か否かの判断は、重要である。完全に無償だったら、問題は無いが、実際には、グレイ・ゾーン的な微妙な場合があり、諸般の事情（金員の多寡、親族関係の有無など）から判断されることになる。

第 2 章　物の利用

＊使用貸借とされたものとしては、留守番の仕事（最判昭和 26. 3. 29 民集 5 巻 5
号 177 頁）、謝礼月 1000 円の授受がなされた計 13 畳の貸借（1 畳あたりの当
時の相場は、1000 円であった）（最判昭和 35. 4. 12 民集 14 巻 5 号 817 頁）、公租
公課（固定資産税）の負担（最判昭和 41. 10. 27 民集 20 巻 8 号 1649 頁）などの
事例がある。

【QⅡ－ 33】 使用貸借と賃貸借との相違を具体的に整理して述べなさい。

第2部　契約各論の諸類型

第3章　事務の処理（役務提供[131]）

3－1　序——事務処理の委託の今日的意義の重要性

　他人から委託された事務の処理に関する契約をここでは扱う。

　具体的には、委任（法律行為の委託。代理行為と密接であり、民法総則の代理制度も併せて有機的に復習することも求められよう）、請負。その他、（事実行為などにも関わるものとして）医療契約、訴訟委任、取立委任、不動産取引仲介、保証委託、幼児の委託。そして、寄託。さらには、学校・塾・予備校での教育もこの一環で捉えうる。

・社会の分業化、情報の高度化、専門化、サービス産業の普及などに伴い、このような契約類型は、クローズアップされてくる。——専門家の増加と表裏をなす現象である。
・今後とも、益々重要になっていくであろう。……専門家の行為倫理（例えば、弁護士倫理）をより発展させる必要がある（Cf. 民法108条、826条、860条〔自己契約、双方代理の禁止。利益相反行為の規制〕）。また、専門家責任（その債務の内容、厳格な責任など）の議論も多いところである。

＊　我が国における専門家による事務処理志向性（？）

　わが国における事務処理の多さは、日本固有の特色も関係しているのだろうか（吉田）。——日本では、比較的に専門家の情報に依存する傾向——リスク回避的（risk averse）な傾向——があるのだろうか。これもわが国の従来のセイフティ・ネットに関係することで、世の中は流動的だとも思われて、相対的な程度問題なのかもしれない。しかしともかく、日米の行動様式の相違の根幹に関

---

(131)　近時の民法（債権法）改正論議などでは、役務提供という用語が用いられるようになっている（例えば、民法（債権法）改正検討委員会編・詳解債権法改正の基本方針V（商事法務、2010）3頁以下）。沖野眞已「契約類型としての『役務提供契約』概念（上）（下）」NBL583号、585号（1995～1996）も参照。ただその場合には、雇用（労働）契約も含まれるという点で、本講義での「事務処理」の概念とはずれがあることに留意されたい。

わっているようにも思う（吉田）。

というのは、アメリカでは、個人主義の定着（他人任せを嫌う、相互不信）、「何でも自分でやる」(do-it-yourself) 文化（ハーバード留学の際に、机ひとつでも、できあがったものは売っておらず、購入できるのは、部品からの組み立て式のものばかりで、一晩かけて苦労して組み立てたことを懐かしく思い出す（余談））、消費者主権的自律の精神、インターネットにおける相互発信志向、各自の情報コントロール志向などがある。

例えば、①不動産取引における不動産屋の役割、②自動車取引におけるディーラーの役割（アメリカでは、買主自らが、中古市場を探すという意識が強い）。さらには、③日本人は、すぐに医者にかかるという文化があるともいわれる（保険制度など別の要因も大きいが）。また、患者の医師に対する態度として、「お任せします」式か、「患者の自己決定」式かの違いも関係している。④インターネットなども、消費者主権的なアメリカ文化の側面もある（古書などもすべて自分でネットにより調べて買う。そうなると、古書情報に通じた人もいらなくなる。従来型古本屋も、否そもそも本屋それ自体が、アメリカでは激減しているようだ。また図書館でもライブラリアンに頼るのではなくて、すべて自分でパソコンにより調べるということにも……）（なお、日本でもアメリカ的なネット文化の影響か、自立的行動様式が増えている。我々の領域でも、かつては事務員がやっていた成績入力、出張申請、人間ドック等の健康検診、更には給与明細の確認などすべて教員がやるように変化してきている）。⑤ガソリンスタンドのセルフサービスも象徴的である。さらにいえば、⑥学生の勉強のスタイルの相違（アメリカでの自立志向と、日本での受身志向。塾・予備校の盛行なども日本的現象ではないか）も関係しているように思われる。

しかし逆にアメリカでは、だからこそ、包括的な秘書職が業として、定着していて、ロースクールの教員等には、組織的に秘書が付いていることが通常であり、日本のように文献検索から、コピー取り、教材作りまで教員がやっているところは皆無であるという、逆の対照的事実にも気付かされるのである（その意味でも、ここでの事務処理委託・依頼の重要性ということと繋がるであろう）。

＊委任と代理

オーバーラップしているが、ずれる部分もある（①自分の名でやる授権、問屋

第2部　契約各論の諸類型

（商法551条〜）も委任である。だから、代弁済義務（後述）を論ずる意味もある。また他方で、②委任によらない法定代理がある）。フランスなどでは区別していないが。

＊委任と信託

　信託は、英米法上のエクイティ系列の重要法理であり、財産譲渡とリンクさせてなされるものである。信託者（trustor）・受託者（trustee）・受益者（beneficiary）という三者関係で、相続法的コンテクストで、しばしば使われる。しかしそこには、委任の委任者・受任者とオーバーラップすることは否めず、法理の沿革上の特殊性を踏まえておけば、委任の一重要場面というような捉え方ができるであろう。

> **【QⅢ－1】** 事務処理契約の今日の増加・減少の背景を考えてみなさい。またそこには、わが国の特殊事情・文化的背景も関係しているのかについても検討しなさい。

3－2　委　　任
3－2－1　委任（準委任）の意義・特色

・最も基本的な事務処理契約（代理（任意代理）もこの一環で捉えうる）である。……民法643条（法律行為の委託）。656条（準委任への準用）。

・成立に関しては、諾成契約──個人的な信頼関係が背後にある。
　また歴史的な経緯もあって、報酬は要素とされていない（民法648条1項参照）（ローマでは、聖職者・教師・医師・弁護士などの高級労働を行う自由人の名誉職として委任が捉えられ、名誉と引換えに報酬は遠慮するという倫理に支配されていたわけである）。実際には、有償契約（有償委任）がほとんどであるが。

・その債務内容として、請負（民法632条）の場合と違って、一定の結果の実現（例えば、請負の場合の建物の完成）までは求められず、手段を尽くして最善のことを行えばそれでよい（それを民法では、善管注意事務（民法644条）〔善良なる管理者の注意義務の略。旧民法では、フランス法的に「良家父（bon père de famille）の注意義務」とされていた（旧民法財産取得編239条）〕

200

第3章　事務の処理（役務提供）

（医者の場合を考えてみれば、いつも疾病の治癒が義務付けられるのではなく、医療水準に適う注意義務を尽くせばよいのである）。

✑（つぶやき）教師の無償委任倫理、精神的貴族主義と近時のその崩壊

　ローマ時代の委任倫理に触れると、当時のモラルへの憧憬のようなものを抱かざるを得ない。私が研究職を志して、東大法研に入った頃は、米倉明先生と近江屋（本郷のケーキ屋）でお茶などしながら、「お金儲けをしたいならば、民間企業に勤めた方がよい。研究職に入った以上は、金銭的な世俗的野心は断たなければいけない。君はその覚悟ができているか？」などと試されたことを思い出すが、今の若い人にはこういう「踏み絵」的質問はどう映るだろうか？時代錯誤なのだろうか？これとの関連で、平井宜雄先生は、晩年「地位をお金に換えるやつがいる」「研究者の風上にも置けない」と述べて、大変立腹されていたことも想起されるが、博士がそう言われたときに、私は思わず「今はそういう研究者ばかりではないですか？」とやり返していた。

　閑話休題。関連して、丸山真男博士などが《精神的貴族主義》を強調されたことも（例えば、「『である』ことと『する』こと」論文など）、私にはまぶしく迫ってくるが（例えば、「現代日本において、切実に不足し、もっとも要求されるのは、ラディカル（根底的）な精神的貴族主義がラディカルな民主主義と内面的に結びつくことだ」とされる）[132]、軽薄な業績主義、立法主義が跋扈している際だからこそ、頂門の一針とすべき指摘であろう。Noblesse oblige の精神に支えられた根底的な意味での深い民主主義、深い規範実践に支えられているからこそ、「身分的」の文化活動の意義が理解できるというものであろう（「すること」の蓄積による「であること」の意義である）。これを法解釈実践に引き直してみると、民主主義的な批判的討議（平井博士の「議論」論とはこのことである）に支えられるからこそ、（通説）なり（判例）なりの意義（「であること」の意義）が理解できるというものである。軽薄な立法論議（軽薄な「する」論理である）で覆われようとする今こそ（債権法のみならず、相続法や不法行為法まで、従来の解釈実践を（何と傲慢に）切りつけるタイプの立法論で覆われようとする）

────────────
(132)　丸山真男集第8巻（岩波書店、1996）23頁以下、とくに42-44頁参照。本論文は、丸山真男・日本の思想（岩波新書）（岩波書店、1961）154頁以下にも収録されている。

第2部　契約各論の諸類型

——それはしばしば非民主主義的な密室の「審議会民主主義」と結びつきやすい——、丸山博士の警句の含意を拳々服膺すべき時期というべきではなかろうか？

＊結果債務と手段債務

　こういう債務を、フランス法由来のタームでは、「手段債務」（obligation de moyen）といい、請負のような「結果債務」（obligation de résultat）と区別される（債務不履行（契約責任）の問い方が異なってくるのである）。フランスで、最初に用いたのが、ドゥモーグ（René Demogue）であり（1920年代半ば）、これにわが国で最初に目をつけたのは川島博士（1934年の請求権競合の処女論文）である。

　プラニオル（Marcel Planiol）が、20世紀初頭に、ドイツ法の影響もあって、契約の領域でも過失責任主義を一般化したのに対して、厳格責任（無過失責任）的な契約法の理解からの揺り戻しの現れである。詳しくは、債権総論に譲る[133]。

・なお、雇用は、使用者の指揮命令に服する労務ということで、独立性のある委任・請負とは一応区別される。
　　Cf. ドイツでは、委任といえば、無償に限る厳格な立場をとっている（ド民662条）から、その分、労働契約の射程が広い（例えば、ドイツでは、診療契約も、雇用契約とされる）。
・ところで、これらとの関連で、特殊事例に言及すると第1に、不動産取引の仲介委任である《不動産仲介業者（宅地建物取引業者）のそれは、請負型の委任》とされ、仲介による取引が成立して初めて報酬請求権が成立すると解されている（これに対して、一般の委任の場合には、中途で終了したときでも、

---

[133]　結果債務・手段債務概念の契約責任法における意義については、例えば、吉田邦彦「債権の各種——『帰責事由』論の再検討」民法講座別巻(2)（有斐閣、1990）〔同・契約法・医事法の関係的展開（有斐閣、2003）第1章に所収〕、同「プラニオルの民事責任論と方法論的特色」北大法学論集52巻5号（2002）、今野正規「フランス契約責任の形成(1)～(3・完)」北大法学論集54巻4～6号（2003～04）参照。

第3章　事務の処理（役務提供）

受任者の履行割合に応じた報酬請求ができる（民法648条3項））。——しかし、委任者が仲介業者を意図的に排除して、直接相手方と取引した場合には、仲介取引を故意に妨げたとして報酬請求できるというのが（判例）である（民法130条参照）（最判昭和45.10.22民集24巻11号1599頁）。

・また第2に、比較的近時に（平成11(1999)年の任意後見契約に関する法律による）、任意後見制度ができて、これは、高齢者が、将来的に精神上の障害により判断能力が不十分になり、《生活・療養看護及び財産管理に関する事務の全部ないし一部について、代理権を付与する委任契約としての任意後見契約》ということになる。家庭裁判所が、任意後見監督人を選任したときから契約の効力が生ずることになっている（任意後見契約法2条1号）（さらに、同契約は、紛争予防の見地から、公正証書によることとなっている（そしてそれは任意後見登記に連動する）（同法3条。さらに、後見登記に関する法律5条）。……種々考えて作られたものだが、制度が重たいためか、実際には今のところあまり使われていないようである。詳しくは、家族法参照。

【QⅢ-2】委任と請負とでは、債務の内容がどう違うのか。「手段債務」「結果債務」ないし契約責任の問われ方をからめて説明しなさい。

3-2-2　効果——権利義務関係

（受任者の義務）

①　善管注意義務（民法644条）
　　——無償でも。Cf. 民法659条

②　自ら事務処理する義務（自己執行義務）（例外的に、復委任ができる（民法104条、105条の準用））。

③　報告義務（645条）。

④　受取物引渡し（646条）
　　金銭消費の場合の責任（647条）——

（委任者の義務）

⑤　報酬支払い義務——無償が原則（648条1項）。後払い原則（2項）。Cf. 商行為の場合には、常に有償（商512条）。

⑥　費用前払請求権に対する義務（649条）。

　　費用償還義務（650条1項）。

⑦　代弁済義務（650条2項）。なお、（判例）は、受任者の代弁済

203

第 2 部　契約各論の諸類型

利息および損賠。Cf. 民法 419 条
（法定利率および約定利率のみ）

請求権を受働債権として、委任者の債権と相殺することはできないとする（受任者の保護——立替払いをさせない趣旨の実現）（最判昭和 47. 12. 22 民集 26 巻 10 号 1991 頁）。

⑧　損害賠償責任（650 条 3 項）無過失

＊受任者の義務として、「忠実義務（fiduciary duty of loyality）」が説かれることがある（宅地建物取引 31 条、弁護士法 1 条 2 項、会社法 355 条、信託法 30 条、金融商品取引法 36 条）。これは前記信託法理由来の擁護であり、英米法（アメリカ法）の影響の下に、このような規定が増えてきた。受任者のもっぱら委任者の利益のために行動するという意味であり、ヨーロッパ法由来のわが委任契約法（そこにおける善管注意義務など）とも、接合可能であるというべきであろう。「分別管理義務」というのも、信託由来の法理である（信託法 34 条参照）。

3－2－3　委任の無理由解除（民法 651 条）

従来、委任の終了に関しては、民法 651 条の無理由解除（任意解除）を巡り、多くの議論の蓄積があるので、これについて、以下では力点を置いて、概観・検討することとする。

(1)　(判例)

①　651 条の要件として、〔有償委任で〕「受任者の利益をも目的とする場合は、同条による委任解除はできない」としたり（大判大正 9. 4. 24 民録 26 輯 562 頁〔債権の取立て委任のケース。取立額の 1 割を報酬として債務弁済に充てる特約がある〕）、「已ムコトヲ得ザル事由」による解除（651 条の解除）（628 条参照）ができるとしたりする（大判昭和 14. 4. 12 民集 18 巻 397 頁判民 27 事件川島〔校長職の委任〕、最判昭和 43. 9. 20 判時 536 号 51 頁〔経営委任のケース（債権回収に充てるための経営一切の委任）で、受任者が著しく不誠実な行動に出る等やむをえない事由があるときには、解除できるとする〕）。

　……同条の字句を、従来、縮小解釈していたわけである。もっとも、この

第3章　事務の処理（役務提供）

系譜は、すでに旧民法財産取得編252条〔ボ草案1448条〕〔そこでは、「単に委任者の利益のためになされたときには、報酬の特約があっても、いつでも理由なしに委任を廃罷できる」とする。だから、受任者または第三者の利益のための委任契約のときには、無理由解除を拒めるというのが、ボアソナードの立場である〕に遡る[134]（その絞り方は、後述（学説）の有力説ほど広くはない）。

② これに対して、近時、条文の原則に近づけた解釈もなされる（最判昭和56.1.19民集35巻1号1頁〔賃貸建物管理契約で、委任者〔建物所有者〕からの解除の事例。形式的には、無償委任だが、保証金880万円の運用ができることとリンクしているので、実質は有償委任のケース〕（やむをえない事由がなくとも、解除権自体を放棄したと解されないときには、民法651条による解除ができる（受任者の不利益については、損害賠償による）とする）。＝（起草者）の立場（梅・要義巻之三751頁、法典調査会民法議事速記録35巻192丁（富井））。

・なお、昭和58年判決は、報酬支払いの特約があるだけで、「受任者の利益をも目的とする」とはいえないとする（大正9年判決以来の判例の制限的解釈）（最判昭和58.9.20判時1100号55頁〔税理士顧問契約の解除のケースで、解除を認容する〕）。

(2) （学説）は、多岐に分かれるが、かつての判例のような制限説が多数説であろうか。すなわち、──①かねて有力な見解（広中教授を中心とする[135]。また、広中285頁、290-292頁。それ以前には、末弘・債権各論（1932）774頁、776頁）は、有償委任については、民法651条は不適用だとする。同条の立法理由を、委任の無償性、それによる法的拘束力の弱さ（550条参照）に求め、また歴史的にも、同条は、ユスティニアヌス帝法の古典法復帰による無償原則と解除自由に由来する（他方で、報酬請求権も規定する）とされる。……背後に有償・無償の峻別理論があることに注意せよ。

───────────

(134) この点は、岡孝・民法典の百年Ⅲ（有斐閣、1998）440-441頁参照。

(135) 広中俊雄「委任契約の『解除』」民商48巻1号（1963）、同「委任と『解除』」契約法大系Ⅳ（有斐閣、1963）。同旨、森島昭夫・双書民法(6)237頁、その他、石田（喜）、円谷各教授など。

第2部　契約各論の諸類型

　従って、有償委任の場合には、請負型については、(i)民法641条〔何時も損賠義務を負う〕の準用、(ii)雇用型については、民法627、628条〔やむをえない事由による解除、過失者の損賠〕、(iii)賃貸借型については、信頼関係法理によるとする。

②　しかし、他方で、解除肯定説も以前から有力である（例えば、末川博「委任の解除」民商3巻4号（1936）。その後では、明石・注民(16)210頁以下）。

③　さらに、中間的に、有償・無償峻別とリンクさせずに、解除を制限する説もある（来栖551-555頁、その他星野283頁以下）（英米法の authority coupled with interest の法理の影響。法典調査会でも、土方寧委員が、言及している。35巻193-196丁）。——(a)債権担保のための委任〔その場合には、「解除権を放棄した場合」と解される（そうでないと、担保にならないとする）〕および不解除特約〔解除放棄特約〕ある場合には、「やむを得ない事由」ある場合に限られる。(b)それ以外の場合には、民法651条不適用とはいえないとする（もっとも、損害賠償による配慮はする）。

（検討）

1. （類型的考察）実質的には、①と③では、大差ないのではないか（根拠条文の違いだけ？）。広中説の着眼点〔解除権の制限ないし歴史分析〕は優れるが、結局、③説のように、受任者の〔あるいは委任者の〕継続性の利益の内容・強度に応じて、類型的に考えていくべきであろう（金銭的に解決できない場合はいかなる場合であろうかという形で）（吉田）。

　……継続的利益・関係的利益を考慮すると、民法651条の機械的適用には問題があることを意識化させた点は、①説の功績である（もっとも、広中博士の場合には、有償・無償の峻別というところにあるが、有償の一事から651条の適用を排することは、やや硬直なようにも思う。ここには、無償委任のみを委任とするドイツ法の立場〔そこでは、有償の場合には、雇用ないしは請負の規定で解除が決せられる〕の影響もあるのだろうか）。

　……類型的に考えると、一見矛盾するような判例理論も整合的に理解できるのではないか。

2. （効果面での整理）効果面で考えると、継続性の要請の強度に応じて、解

第 3 章　事務の処理（役務提供）

除制限の仕方としては、(i)解除要件の限定（やむを得ない場合に、または信頼関係破壊の場合に限る）（例えば、最判昭和 56.2.5 判時 996 号 63 頁〔別荘地開発造成業者による水道・排水路などの維持管理——管理費を徴収し、相互依存関係があるケース。受任者からの解除を制限したものであり、委任者の居住の継続的利益に関わるものであろう（吉田）〕）、(ii)損害賠償、(iii)解約についての適当な告知期間の保障などというものがある。

3.（継続性の考量因子）その際の、継続性の利益のファクター（考量因子）としては、

(1)　委任者側の事情としては、(イ)その居住・生活の利益（昭和 56 年 2 月判決参照）、(ロ)債権担保のための委任のように解除放棄の意思がある場合（翻意を容易に認めては、エストッペル〔禁反語〕（公平さ）に反する。もっとも、恩給などのように、そもそも債権委任自体がおかしい場合へのチェックは必要である（大判大正 4.5.12 民録 21 輯 687 頁〔金鵄勲章年金債権の取立て委任〕、同昭和 7.3.25 民集 11 巻 464 頁〔恩給受領委任事例〕では、無効としている）、

(2)　他方で受任者側の事情としては、(ハ)金銭的利益、(ニ)その地位・身分の継続性の保障の必要がある場合（昭和 14 年判決参照。ここでは、やむを得ない事由による解除だとして、認容されたがもっと慎重を要したのではないか。しかし、昭和 43 年判決などは、受任者が乱脈経営者なのであり、信頼関係も破壊されており、やむを得ない解除が認められてもおかしくない事案だと思われる）、(ホ)委任事務遂行の必要性がある場合（例えば死後事務委託の場合）。

（吉田）まとめると、第 1 に、(ハ)については、金銭的損害賠償的処理で十分であり、有償ならば、直ちに解除を封ずる有償無償峻別論は、やや硬直で、文理ないし立法者意思にも反する。もっとも、従来の判例には、継続的・関係的金銭的利益の保護を、解除を封ずる形で行ってきたといえるわけであり、その趣旨を生かして、損害賠償でいくとしても、継続的利益に配慮した賠償額算定が求められよう。

　しかし他方で、第 2 に、(イ)(ニ)などは、代替的利益ではなく、慎重に解除に臨む姿勢は再評価されてよい（例えば、昭和 56 年 1 月最判の事例では、受任者が、本件建物の請負人で、本建物賃貸の共同事業のパートナー的存在であり、強い継続

第 2 部　契約各論の諸類型

的関係があり、むしろ同事件の下級審が、「本件建物の管理契約につき、賃貸借契約が終了する場合は別として、それが継続中は、管理契約における信頼関係を破壊する等もはや継続することが困難であると認められるような特段の事情がある場合に限り解約できる」としていたことが注目される[136]。また第 3 に、(ロ)については、来栖説（③）のごとく、解除を排してもよいが、あくまで原則であり、場合によっては翻意の解除を認めてもよくはないか。

＊近時の「委任者のコントロール可能性」という観点からの再構成の動き（丸山論文[137]）──民 651 条解除の現代的意義は？

　近時丸山絵美子教授（執筆当時助教授）は、ここでの委任の中途解除の根拠としてしばしば触れられる「信頼関係」で、旧民法、現行民法起草過程、されにドイツ法（ドイツでの委任は無償委任という特殊性があるが、651 条に対応するのが、ド民 671 条。更に、雇用における高級労務の解約権に関するド民 627 条も見る）の議論で、どの程度根拠づけられるかを追試されるという、浩瀚な論文を書かれ、その結果得られたのは、「信頼」だけでは十分な根拠とならず、有用な視座として出されるのは、《委任者の自己利益についての自己コントロール確保》というものである（それは、《他人に委ねた権利・利益を再び自己の手中に取り戻し、それについての管理・処分の自由を委任者が確保する》ということである）（255-256 頁、268 頁以下参照）。

　こういう考え方に類するものは、既に簡単には説かれていた（例えば、廣中博士や山本(敬)教授など）（広中 290〜292 頁、山本 73 頁、加藤 431 頁）。しかしこれほどまでに厚みのある分析をされたことの労を多としたいが、私の感触としては、根拠付けがやや一般的に過ぎ、ここから一律に解除を認めやすくすると

---

(136)　この点で、内田貴・契約の再生（弘文堂、1990）245-246 頁も同旨である。なお同所では、「関係的契約の内在的契約規範の援用が必要である」とするが、そこには、マクニール契約理論の誤解があり、むしろ同教授理論の「社会的背景（social matrix）との調和」規範からそうなるとするのが正確であろう。これについては、吉田邦彦・契約法・医事法の関係的展開（有斐閣、2003）107-108 頁注(128)参照。

(137)　丸山絵美子「契約における信頼要素と契約解消の自由(1)〜(7・完)」専修大学法学論集 82 号、86 号、89 号、91-92 号、95-96 号（2001〜2006）〔同・中途解除と契約の内容規制（有斐閣、2015）第 2 部第 1 章に所収〕。

いう単純なものではなく、丸山教授自らなされるように（270-271 頁）、受任者
サイドの利益状況、その収入、その生活基盤、経営基盤との関係など、また現
代的委任の多様性を考慮した利益考量が必要であることは、従来の学説状況と
同様である。

　それでも以下のような積極的意義が本研究にあるように思われる。第 1 は、
委任契約の無償制という歴史的沿革とは一応区別して、受任者の裁量性の広さ
ゆえ、また事務処理内容の（委任者にとっての感触）如何では、受任者の事務
処理を委任者が取り戻すルートを原則的に認め、委任者の《主体性》《自己決
定》の確保という現代的要請に即応する形で、民法 651 条を理解したところで
ある。その意味で、考察の幅を従来よりも原理的に広げうると評することがで
きる。第 2 に、それでも利益考量〔受任者の利益の考慮の必要性〕から、原則
として受任者への賠償が必要だとされる点（なお、受益者の利益の考量を解除制
限ではなく賠償にとどめるというやり方は、債権法改正の立場〔新 651 条 2 項 2
号〕とも親和的であることは後述する）、そして第 3 に、この問題を——中途解約
の根拠を詰めることから、委任者（本人）の事務内容への好みの観点を打ち出
すと——委任の解除から解放されて、広く役務提供の中途解約法理に拡充でき
て、例えば、継続的役務提供契約（例えば、外国語教室、学習塾）や在学契約の
解除という問題と連続的に考察する平面を作ったところである（前者に関する
特定商取引法 49 条 1 項は、民法 651 条の特則（この点、潮見・基本 261 頁参照）。
後者に関する最判平成 18. 11. 27 民集 60 巻 9 号 3437 頁〔日大芸術学部の事例〕、同
平成 18. 11. 27 民集 60 巻 9 号 3597 頁〔同志社大学の事例〕は、根拠を、教育を受け
る権利や憲法 26 条 1 項に求めるが、学理上は、民法 651 条と連続的であることを丸
山論文は指摘している）。

＊最近における委任の解除に関する学説史・日仏比較考察（森田論文[138]）
　——その意義（功績）と疑問とともに
　最近森田修教授は、「法性決定」という法学方法論的テーマに関する論文で、

---

(138)　森田修「フランスにおける『契約の法性決定』(1)～(6・完)」法協 131 巻
　　12 号（2014）、同 132 巻 1 号、4 号、9 号、11-12 号（2015）における「(4)」132
　　巻 9 号（フランス法分析）、「(5)」「(6・完)」132 巻 11-12 号（日本の学説史）で
　　ある。

第 2 部　契約各論の諸類型

ややアンバランスに、この分野の問題について、詳細に学説史的考察をしている（独立論文とすべきだったろう）。本問題分析の趣旨は必ずしも明らかではないが、詳細な分析なので（因みに同教授が、学説史叙述が得意分野であることは、例えば、森田修「戦後民法学における『近代』」社会科学研究 48 巻 4 号（1997）参照）、参考になる。第 1 に、フランス法の比較分析として、フ民 2004 条〔委任者の委任撤回（廃罷）(révocation)〕（更に、フ民 2007 条〔受任者からの放棄(renonciation)〕）に関する学説史、とくに先に論じた、自由解除を制限する「共通利益委任法理」の叙述がなされ、さらに第 2 に、ボアソナードがこれを前提とした旧民法財産取得編 252 条で、「委任者の利益のみの委任」と限定字句を加えていたことを発掘し（もっとも、本講義録で触れるように、前から指摘されていたことではある）、その後類似の考え方は、むしろドイツ法系譜であることを指摘する。また第 3 に、最近の債権法改正に関心があるようであり（新 651 条 2 項 2 号として新設されている）、そこでは、大正 9 年大判以来の立場よりも、昭和 56 年最判の立場を受けて、受任者に利益がある場合でも、基本的に賠償で足りるとの立場で、広く解除を認める立場が打ち出されていることを論じている（内田前教授は、ヨリ解除に制限的で（前述）、原案では解除制限規定があった（【3.2.10.15】の〈3〉である）（もっぱら受任者または第三者の利益をはかる場合には、解除を否定していた）ので、どういう力学が働いたのかはわからない。森田教授は、「双方利益委任」という契約カテゴリーに収斂させる「契約の法性決定」としてのコントロールのあり方が否定されたというが（「（6・完）」2332 頁）、わかりにくく、要に、フランス式の「双方利益委任」法理の概念枠組が捨てられたということであろう）。

　因みに、同教授が、「契約の法性決定」という一般的なちょうちんをぶら下げた考察をされることには、私はやや批判的である。1990 年代後半に典型契約論に対して、批判的意見を述べたように（『民法典と百年 I』論文）、『類型論』ないし『概念論』を立てることは、法的思考である限り、リアリズム法学であろうと、批判法学であろうと、不可欠である。問題は、どのような類型を立てるかである。典型契約規定が時に参考になったり、（社会編成原理として、契約介入的になり、）任意規定の意味がシフトしてきたりすることと、それを機械的・形式的に適用することとは異なる（無造作な機械的典型契約論の適用が、概念法学的硬直に陥り、政策分析に関する思考停止状態になりかねないことは、既

第3章　事務の処理（役務提供）

にサブリースのところでも、論じたところである）。

　また、「自由独立の意思主体への信頼から意思自律へのペシミズムからの司法的規制へ」という図式から、来栖博士（ということは星野博士もか）を前者に位置づける（前掲論文（「1」）2424-2426頁）も乱暴であり、全く左袒できない。弱者保護的に契約介入することと、いかなる類型を立てるかとは別問題である。また、「強く賢い自立的個人」ではない弱者が多い格差社会でも、「自由選択」の理念が強調すべきことも多いことは、例えば、同性愛の問題や選択的夫婦別姓に関わる抑圧問題を考えてもわかるだろう。また、本件に即して言えば、受任者がエキスパートとして肥大化すると、委任者の考えや好みが周縁化されることも多かろう。その場合には、抑圧された委任者のコントロール意思を復権させることが弱者保護になる。一律に意思ペシミズムというのは当たらない所以である。もう一度記すが、「法性決定」（qualification juridique）は法律学である以上は、つきものである[139]。それなのに、同教授が、ことさらにこの看板を掲げて典型契約論を機械的に支持されるとしたら、そのことの悪弊を恐れる。

【QⅢ-3】委任の解除を巡る従来の学説、判例の近時の流動化をどのように評価したらよいであろうか。従来の見解の論理を理解した上で、それを、委任者・受任者の利益に即して批判的に再検討してみなさい。

3-2-4　その他の終了原因

　その他の終了原因としては、委任者・受任者の死亡・破産、受任者の後見開始の審判を受けたときがある（民法653条）。

＊委任者の死亡と委任契約の帰趨

　もっとも、死亡などは、委任（とくに有償委任）内容によっては、直ちに終了しないと解する余地があるし、特約により終了を排除することができるとさ

---

(139)　だから森田教授が依拠される、フランス文献 Jacques Ghestin, Christophe Jamin, Marc Billiau, Les effets du contrat : interprétation, qualification, durée, inexécution, effet relatif, opposabilité(3e éd.)(Librairie générale de droit et de jurisprudence, 2001) の意義も、否定するものでは全くない。

第2部　契約各論の諸類型

れるのが一般的である（例えば、我妻・中二 695-696 頁、星野 284 頁、広中 294 頁〔性質上解除できない場合とする〕）。

　同趣旨の（判例）も出ている（最判平成 4.9.22 金法 1358 号 55 頁【68】（5 版）〔死後の事務処理（入院費の支払い・法要・葬式の実施）の委託の事例。相続人からの委任終了を理由とする金員等の返還請求。民法 653 条により、当然終了としていた原審（受任者の行為は、不法行為だとしていた（！））を破棄差戻した〕）。

　その後、東京高判平成 21.12.21 判時 2073 号 32 頁も同旨であり、これを一歩進めている（死亡前に、僧侶に対して、葬儀および一切の供養を委任した（平成 8 年及び 16 年）のに対して、遺言（平成 9 年）により葬儀ないし祭祀の主宰者とされたものからの解除、それにより僧侶に授受された供養料 300 万円の返還請求がなされた事例。本件委任契約は、委任者の死亡によっても、当然終了させない合意を包含し、祭祀の主宰者は、その契約内容に不明確性や実現困難性があったり、履行負担が過重であったりする等、契約履行が不合理であると認められる特段の事情がない限り、契約解除して終了することはできないとする）（上告されている）。

（検討）

　こうした事例は、今後とも増えるであろう。近年は、被相続人の意向を重視する方向に進んでおり（例えば、生前贈与や遺言の重視、また前述の任意後見契約制度）、本判決もそれに沿うものである。こうした場合には、相続人の解除権も制限されると解されるべきであろう（吉田）（この点、【68】後藤解説は、両義的であって、ややわかりにくい。平成 21 年東京高判は私見と同旨。なお、遺言と委任契約の先後によっては、微妙であるが、主宰者の決定よりも、供養の詳細を委任で依頼することは、ヨリ特定的な合意として、その効果を維持する方向で考えるべきだということか）。事務処理の死後継続が、相続法秩序に反するとまでいえないだろう。相続は、基本的に財産承継に関わることではないか（反対、岡判例批評・判タ 831 号 41 頁）。ただ当該事務に見合う報酬部分を越える財産移転があれば、性質決定として、生前贈与があったということになろう。

　また、終了後の措置として、受任者の善処義務（654 条）、終了事由の通知による対抗（655 条）。

第 3 章　事務の処理（役務提供）

3 － 3　請負（民法 632 条～）

・例えば、物の製作、洗濯（クリーニング）、散髪、物品輸送、講演、音楽演奏など。

・とくに、建設請負は、今日的にも重要である。

・そこでは、約款（公共工事標準請負契約約款、民間連合協定工事請負契約約款〔かつての四会連合協定工事請負契約約款〕）[140] および取引慣行が大きな意味を持つ。

　（例）・不可抗力による損害（危険負担の問題）──場合によっては、注文者もかなり負担することになっている（公共約款 29 条、民間約款 21 条）。

　　　　・瑕疵担保責任の期間短縮（公共約款 44 条、民間約款 27 条。Cf. 民法 640 条参照。なお、住宅品質確保促進法 87 条〔現 94 条〕による期間伸張は、住宅の主要部分に関することに注意せよ（本法律に対応して、約款でも平成 12(2000)年に改正される））。

　　　　・請負代金額の変更（公共約款 25 条、民間約款 29 条）。

・なお、建設業法は、書面を要求して、請負代金、工事着手・完成時期、不可抗力による損害の負担の仕方などの明記を求める（19 条）。また、紛争解決のためには、建設工事紛争審査会が設置されている。一括下請負についても、注文者の書面による承諾がない限り禁止されている（22 条）。

・また下請けについては、下請代金支払遅延等防止法（昭和 31 年法律 120 号）（通称下請法）の規制がある（遵守条項（4 条）、遅延利息（4 条の 2）、公取委による勧告（7 条）、公取委による検査（9 条）など）。……本法律は、下請け契約の取引公正を図り下請け業者の保護を目指しており、下請負契約が関係的契約であることに鑑みて、関係契約規範（マクニール関係理論）の内の「権力抑制規範」が反映しており、下請けに関する契約裁判例でも、その特色が出る（例えば、東京地判昭和 63.7.6 判時 1309 号 109 頁は、自動車用部品の単価引き下げの合意について、経済的優越的地位の利用により有利な取引条件の承諾を

---

(140)　公共工事標準請負契約約款については、建設業法研究会編・公共工事標準請負契約約款の解説（改訂版）（大成出版社、2001）、民間連合協定工事請負契約約款については、滝井繁男・逐条解説工事請負契約約款（5 訂版）（酒井書店、1998）、連合協定工事請負契約約款委員会編・民間（旧四会）連合協定工事請負契約約款の解説・平成 19(2007)年 5 月改正（大成出版社、2007）参照。

第2部　契約各論の諸類型

迫り、従属的地位から同条件を不本意ながら承諾したとする（しかし結局合意の効力を認め、下請法4条1項3号、5号（不当な買いたたき）に照らして、不当な場合には、公序良俗に照らして無効となるが、そこまでには至らず、また同条項違反による損害賠償義務もないとした））と指摘されている（内田教授）[141]。

＊多重下請けによる福島原発事故後の終息作業[142]等は、まさに生命と引き替えの危険作業をしているにも拘わらず、報酬は天引きされているという様は、下請けの問題状況の最たるものではないかと思われる。

3−3−1　特色——委任（民法643条〜）などとの対比

1. 債務の内容
   仕事の完成に対して報酬を支払う（結果債務、有償契約）（民法632条）。——目的物の引渡しと同時に（633条）。
   Cf. 例外は、注文者の破産の場合——仕事に対する報酬
   ・費用請求（642条1項）。

Cf.〔委任〕
〔手段債務——事務の処理そのもの〕

＊**請負契約当事者の破産に関する近時（2004年）の改正——詳細は、破産法で。**
やや細かくなる が、注文者の破産に関する民法642条は、近時の破産法全面改正に伴い、若干改正された。すなわち、(1)注文者破産の場合には、(i)管財人は、契約解除するか、債務履行するかの選択をすることになり（またその際に、相手方である請負人は、その選択を相当期間内にするべく催告し、期間

---

(141)　内田・前掲書239-242頁参照。なお、内田教授は、同判決（昭和63年東京地判）を評価されるようだが、合意に配慮した折衷的な（いわば新古典派的な）ものであり、まだまだ関係理論的考察が貫徹されていないということになると、私には思われる。

(142)　これについては、例えば、森江信・原発被曝日記（講談社文庫）（講談社、1989）、堀江邦夫・原発ジプシー——被曝下請け労働者の記録（増補改訂版）（現代書館、2011）、同・福島原発の闇——原発下請け労働者の現実（朝日新聞出版、2011）、ハッピー・福島第一原発収束作業日記——3・11からの700日間（河出文庫）（河出書房新社、2015）など参照。

第3章　事務の処理（役務提供）

内に確答がなければ契約解除となる）（破産法53条〔旧59条〕1項、2項）、解除の場合には、請負人は、既にした仕事の報酬及び費用につき（この点上述）、更に損害賠償請求につき、破産債権として請求できる（民法642条1項、2項）。(ii)しかし他方で、請負人も解除できるがこの際には、報酬及び費用分しか破産債権として、請求できないとされる（642条1項）。——どこが変わったかというと、(ii)の立場が、従来旧商法993条1項に由来する「無賠償解除」として一般化されていた。しかし、(i)の管財人解除の場合には、未履行契約当事者の破産に関する一般原則（破産法54条〔旧60条〕1項）の相手方の損害賠償請求権が及ぼされたわけである[143]。

(2)　他方で、請負人破産の場合には、原則通りに破産法53条以下が適用されるが、小規模の個人的請負など代替性ない場合につき、適用を否定して、請負業者を保護する（判例）（最判昭和62.11.26民集41巻8号1585頁〔もっとも、本判決では原則通り旧59条（53条）を適用し、契約解除選択がなされた場合に、注文者の過払い分を財団債権とする〕参照）は、そのまま継承される。なお旧法64条は、削除された（管財人の権限の規定だったが、書かずもがなの規定と判断されたわけである）。

2. 履行補助者、下請負人の使用は、とくに建設請負などで多い。

〔本人がやるのが原則〕

3. 仕事完成までは、注文者は、いつでも損害賠償をしつつ、解除できる（民法641条）。

〔両当事者が解除できる——損賠の場合を限定（651条）。しかも、制限する理論あり。

4. 報酬が要素（有償契約）（632条）。

〔無償の原則（648条）〕

5. 報酬の増額ができないのが原則だが、多くは、特約により増額請求権が認められている（オイルショック時に社会問題化した）。

〔費用償還請求権（650条）〕

(143)　なお、この場合の請負人解除（(ii)）は、本民法条文による創設であるが、その根拠は、仕事完成義務が先履行であり（民法633条による624条1項の準用）、不安の抗弁権の議論も不十分であり、注文者の協力も期待しにくいこともあり、請負人保護を図る必要性があるとされることからである。しかしこの場合には、報酬及び費用の請求で足り、注文者の債務不履行でもないから、その程度の保護でよいとされたわけである。これらにつき、さしあたり、中田裕康「法律行為に関する倒産手続の効力」ジュリスト1273号（2004）63頁注(22)参照。

215

第2部　契約各論の諸類型

6. 完成前のリスクは、請負人〔債務者〕が負担する（民法536条）。ただし、特約〔約款〕により、注文者負担も定められる。

〔事務処理に関する報酬請求はできる（648条）。雇用でも同様（623条）〕
Cf. 〈売買〉
〈債権者主義（534条）〉
〈隠れた瑕疵に限定（570条-566条準用）414条から瑕疵修補も。事実を知って1年以内〉

7. 瑕疵担保（民法634-636条）
隠れた瑕疵に限られない。
損賠・解除の他に、瑕疵修補請求権（634条）
注文者供給の材料、その指図に由来するときには不適用（636条）。
存続期間につき、土地工作物の場合の特則がある（引渡しから5年、10年）（638条）が、特約で短縮されている（前述）。
＊請負・売買を混合した契約類型として、「製作物供給契約」（Werklieferungsvertrag）がある。

Cf. ｛雇用｝
｛従属性──使用者責任（715条）｝

8. 独立性（independent contractors）──その不法行為につき、注文者の原則的免責（716条）。

3－3－2　建物所有権の帰属ないし移転時期

(1)　（判例）は、材料の供給態様から所有権の帰属を決める。すなわち、──(i)注文者が材料を負担した場合（実際には、あまり多くない）には、注文者の所有権が帰属するといい（大判昭和7.5.9民集11巻824頁）、他方で、(ii)請負人が、材料の主要部分ないし全部を負担する場合には、一旦請負人に所有権が帰属し、「引渡」により注文者に移転すると構成する（民法637条参照とする）（大判明治37.6.22民録10輯861頁他）。

＊現在でも、基本的にこのような立場が採られる（最判昭和54.1.25民集33巻1号26頁でも、所有権帰属を巡り、添付〔加工（民法246条）〕（請負人の材料提供の態様）を問題にするのは、その表われである）。

・もっとも、「特約」があれば、注文者が原始取得するとされる。

第 3 章　事務の処理（役務提供）

（例）金融の便宜のため（大判大正 5.12.13 民録 22 輯 2417 頁）、建築完成前の
代金全額の支払い——暗黙の合意の推定（大判大正 5.5.6 民録 22 輯 909 頁
〔船舶の製造請負で、3 回の分割払い〕；大判昭和 18.7.20 民集 22 巻 660 頁〔建
設請負代金の支払い完了〕）。

・そして近年は、この「特約」を柔軟に解して、注文者への帰属を認める傾向
がある（最判昭和 44.9.12 判時 572 号 25 頁〔代金支払済みという事実だけから〕、
同昭和 46.3.5 判時 628 号 48 頁【70】（3 版）〔手形授受のケース〕、同平成 5.10.19
民集 47 巻 8 号 5061 頁法協 112 巻 4 号坂本〔注文者と元請負人との間の特約によ
り、下請負人による出来形部分は、（特段の事情のない限り）注文者に帰属すると
する。下請負人は、元請負人の履行補助者的立場だとする〕）。

(2)　（学説）では、見解の対立がある。

①　（伝統的通説）は、（判例）を支持し（我妻・中 II [898]、鳩山・各論下 578
頁）、(i)物権理論〔添付原則〕との矛盾がなく、(ii)当事者の意思にも適し、
さらに、(iii)不動産工事・保存の先取特権（民法 326 条、327 条）の欠陥の補
充作用が解かれる（とくに最後の点が重要である。近年は、米倉教授が主張す
る(144)。また坂本・評釈が所有権留保を説くのも近い）。

②　しかし他方で、近年は、原始的注文者帰属説が有力になっており、多数
説化している（吉原、内山〔双書 216 頁参照〕、来栖 467-468 頁、加藤（一）・
民法教室 120 頁、星野 261 頁、広中 267-268 頁、浦川〔S シリーズ 168 頁〕、北
川 27 頁）。近年の（判例）の傾向もこれに近い（「特約」を云々するか否かの
違いに止まる）。——①への批判の論拠は、(i)当事者の意思、取引慣行、常
識では、注文者への帰属が予定される、(ii)敷地利用権が説明できない、(iii)
物権変動理論と整合的でない（合意のみで足りるというのが原則である（民
法 176 条））の各点である。

（検討）

（吉田）も、一応この近時の有力説に従う。すなわち、——

1.　（判例）の基準の立て方は、やや時代遅れである。それによれば、ほとん
どの建物が、（注文者でなく）請負人に帰属することとなる。

(144)　米倉明「完成建物の所有権取得」金商 604 号（1980）。

第2部　契約各論の諸類型

2.　①説のねらいが、請負代金債権の担保という点にあるならば、——所有権の帰属という大議論よりも——その目的に即した議論のほうが望ましいのではないか。例えば、(i)多くの場合は、漸次的代金支払いがなされ、請負人は、出来形に応じて代金請求する。支払わなければ、工事中止で支払い確保できる（来栖468頁参照）。(ii)活用されていない先取特権制度（民法325条2号、327条、328条）も用意されている。(iii)同時履行の抗弁権（民法533条）、留置権（民法295条）からも、完成後に残金があれば、引渡しを拒める。また(iv)完成後に注文者名義で登記させた上で、抵当権を設定することもできる等。

3.　もっとも、問題は残されている。

・不動産工事の先取特権の登記（民法338条——予算額の登記。不登83条〜〔旧136条〜〕）はあまり利用されていない（登記手続遅延にもよる。加藤木精一「不動産工事・保存の先取特権」（NBL別冊）31頁（1983））（フランスでもあまり使われていない）。

・また、抵当権の登記には、工事完成前には限界がある（完成後でも、抵当権設定契約が必要である）。さらに、留置権に関しては、注文者破産の場合には、別除権を主張できないし（破産法65条〔旧92条〕参照）、留置権の効力は失われる（破産法66条3項〔旧93条2項〕）。

　　——従って、これらの制度は、請負のコンテクストで、現実に利用できるものとはなっておらず、請負人、とくに下請負人の請負代金担保のための（判例）の構成の実際上の意義は否定できないであろう（吉田）。……請負人の保護の現実的実現である（その限りで、米倉論文にも一理ある）。

・もっとも、下請の場合には、代金を支払った注文者との利益調整の問題がある（不当利得法上の「転用物訴権」とも関係する。平成5年判決は、近時の同訴権に対する消極的な立場とも一脈通ずる。しかし、「特約」のない場合には、従来の下請負人の所有権構成では、同人に転用物訴権〔建築物に関する債権の第三者への優先的追及〕を認めることになる）。——下請負業者保護のためには、代理受領、物上代位的なものを認めるべきではないか。それには、立法による保護規定が必要となるであろう。

218

第 3 章　事務の処理（役務提供）

【QⅢ－3】 建設建物の請負人帰属を巡る意見の対立の各々の論拠を整理して、その肯定説の現実的意義を考えなさい。（また、不当利得法の勉強が済んだ後に、下請負の場合に、従来の判例の立場と「転用物訴権」との関係を考察しなさい。）

【QⅢ－4】 請負当事者の破産の際の請負契約の処遇を述べて、その背後の利益調整を検討しなさい。（倒産法の勉強が済んでから、改めて復習されたい。）

3－3－3　建設請負契約における危険負担

1. 履行不能になるわけではなく（したがって、危険負担本来のものとは異なる）、仕事の完成・引渡までの間に、不可抗力により、工事に生じた損害につき、請負人・注文者のいずれが負担するかが、通例問題になる。

　　……民法上は、請負人負担（民法 632 条、536 条）（我妻・中二［905］は、これに忠実）。

Cf. 諸外国では、注文者負担とするところも多い（イギリス、ドイツ、フランス）。

・業者は、請負人危険負担制度の廃棄の陳情運動により、注文者責任の強化を図る。

　　…公共工事約款 29 条 4 項では、請負代金の変更（損害の負担）を定め、代金の 100 分の 1 を超える額につき注文者負担とする（1981 年改正）（それ以前は、1962 年改正で、100 分の 4 程度であり、1972 年改正で 100 分の 2 であった）。四会連合約款 21 条 2 項〔民間連合約款 21 条〕では、重大な損害で、請負人が善管注意義務を尽くしている場合に、注文者負担とする。

＊注文者負担の比較法的根拠づけ[145]

　　川島博士は、重大な損害については、注文者負担とする慣行的請負〔実費精算システム（cost plus fee system）と定額請負（lump sum contract）との混合〕

---

(145)　川島武宜「建設請負契約における危険負担」契約法大系Ⅳ（有斐閣、1963）155-156 頁、太田知行「建設請負契約における危険負担」現代契約法大系 7 巻（有斐閣、1984）。

第 2 部　契約各論の諸類型

の影響を指摘し、太田教授も、イギリス法を参酌しつつ、類型的に注文者負担
の場合がある（可分契約、比較的単純な労務提供）ことを説く。

＊解除の場合の処遇

　この場合に、解除がなされた場合に、（判例）は、仕事内容が可分で、仕事
の一部が完成していて、かつ注文者は、この部分から利益を有している際には、
既に完成している部分は、解除できず（大判昭和 7.4.30 民集 11 巻 780 頁）、逆
に請負人は、その部分に対する報酬請求ができるとしていた（最判昭和 56.2.
17 判時 996 号 61 頁）。この法理は、今般の債権法改正では実定化されている
（新 634 条）。

　なおこの法理は、「注文者の責めに帰すべき事由」による仕事不完成の場合
には、報酬全額が請求できる（判例）（最判昭和 52.2.22 民集 31 巻 1 号 79 頁）
（次述）と矛盾しないとされる。

　☆（参考までに）韓国・済州島における海軍基地の建設と注文者負担

　韓国・済州島では、1940 年代末からの 4・3 事件の悲劇（それにより島民 3 万
人以上が虐殺された）への反省からか、平和島再建の願いゆえか、その後数十
年間は軍事基地がなく、沖縄の状況とは対照的であった。しかし、近時江汀
村（同島の西帰浦市の西）（人口 1800 人）に 2007 年に海軍基地建設が決定され、
その後建設が急ピッチに進められている（2016 年 8 月段階で 95％ほど建設）。

　しかし、この基地建設につき韓国と請負契約を締結しているサムソン社は、
台風の影響や基地建設反対運動などで、工事遅延に伴う「損害賠償請求訴訟」
（これは、上記の注文者負担としての政府負担を求めるものであろう）（その請求額
は、364 億ウォン）が請求され（2014 年）、翌 2015 年には、仲裁委員会により
273 億ウォンの支払の決定がなされた。しかし実際には、遅延の原因は台風に
よる建設用具の破壊などが決定的で、反対運動が阻止したのは、コンクリート
ミキサー数台分、しかも阻止運動は 1 日も持たず排除されたとのことで、それ
により遅延させていないとのことで、天災（不可抗力）の側面が強い。しかも
請負契約書類では、請負人負担の取り決めがあるとのことで[146]、契約書面な

　（146）　これは、2016 年 8 月 9 日に、北大のグローバル教育の一環でなされている
　　済州大学でのラーニングサテライト国際教育事業の際の江汀基地見学の際に行

いし契約法理とは異なる独特の請負慣習によるものであろう（韓国では、日本同様に建設会社の権力が大きいとのことである）。

さらに問題であるのは、2016年3月になり、負担を強いられた韓国政府は、江汀村の基地反対住民に対して、求償訴訟として、34億5000万ウォンを求める提訴がなされたことである[147]。基地反対運動する側は、基地ができることにより中国との緊張関係は高まり、弾薬保管施設やヘリ整備施設など軍事施設拡張の要望が高まり、益々済州島の軍事要塞化が進行し、それはこれまでの平和島理念にも反するという理解に基づく「表現の自由」という憲法上の基本的人権に基づく貴重な行動から出ている。しかも反対運動の工事遅延との因果関係も実はあまりないのに、言いがかり的な「嫌がらせ訴訟」の側面が強い。こういう大企業や政府などの権力的優越者が、弱者・個人・被害者などの反対運動等の政治的参加活動を威圧・恫喝するために起こされるタイプの訴訟は、「スラップ訴訟」（SLAPP は、strategic lawsuit against public participation の略であるので、厳密には重複があり、「スラップ」でよい）と言われることも覚えておこう。この寒村の反対運動関係者は、類似の訴訟は、やはり巨大請負人である大林_{デーリム}、ポスコ関連でも起こされかねないと戦々恐々とされていることも忘れてはならない。

2. 履行不能となる場合、出来高に応ずる報酬請求権の有無が問われる。
　（判例）は、(i)双方無責の場合、民法536条1項により、否定し、(ii)注文者有責の場合には、民法536条2項により、肯定する（最判昭和52.2.22民集31巻1号79頁　法協95巻9号能見〔請負代金全額の請求権があるとする（他方

　われた、江汀平和村委員会の副会長の高権一氏_{コウクォンイル}からの聞き取りに負う。
(147)　2016年7月には米韓両政府で、THAAD（Terminal High Altitude Area Defense missile）（終末高高度防衛ミサイル）（アメリカ陸軍開発の弾道弾迎撃システム）への韓国導入を決めており、北朝鮮の挑発的な軍事行動への対抗措置だが、中国の反発も高めており、東アジアの緊張関係を高めており、懸念されている（e.g., Yi Whan-woo, *How to Resolve THAAD Dispute with China*, THE KOREA TIMES, August 10th, 2016, p.1, 15. Cf. Lee Byong-chul, *Thaad, a Step in the Right Direction*, KOREA JOONGANG DAILY, August 11st, 2016, p.8）。済州島がそれに巻き込まれ、軍事施設の歯止め無き拡充に進んでいくことも十分あり得ることである。

第 2 部　契約各論の諸類型

で、2 項但書〔現代語化で 2 項 2 文〕から、利得償還義務があるとする）)）。

　（吉田）出来高に応じた報酬額に止まるというべきではないか（ド民 645 条参照）（実質的には、（判例）も大差ないが）。民法 632 条の建前からは、導くのが難しいかもしれないが、出来形報酬部分は、(ii)の場合にはとらせてよいであろう（（星野 262 頁）は、536 条 2 項適用というより、「転用」だとする）。

　Cf.（能見評釈）は、場合分けをするが、報酬を取らせるべきでない場合、全額報酬をとらせる場合は、限られるのではないか。

3 - 3 - 4　請負の瑕疵担保責任（民法 634-640 条）
民法 559 条〔売買規定の準用〕に対する特則。

(1)　(修補請求およびそれに代わる) 損害賠償請求
・（判例）は、軽微の瑕疵の場合に、多額の修補費用の損賠はできないとしていたが（最判昭和 58.1.20 判時 1076 号 56 頁〔船舶新造の請負契約の事例〕）（634 条但書を間接的根拠とする）、重大な瑕疵のある場合に、建替え費用の損害賠償を認めている（同平成 14.9.24 判時 1801 号 77 頁〔建築請負のケース〕）[148]。

(検討)
　十分な填補賠償を受けないと保護にならないから、このような判例動向は、支持できるであろう（吉田）。民間約款 27 条 1 項などでは、瑕疵が重大でないときには、過分な費用の賠償はできないように規定されるが、救済に抑制的に作用しないように、慎重な約款コントロールが求められよう。

(2)　損害賠償請求と報酬債権との関係
・また、これと報酬債権とは、同時履行の関係に立つが（民法 634 条 2 項による 533 条の準用）、他方で、相殺が認められているので（最判昭和 54.3.20 判時 927 号 186 頁〔損賠債権は、目的物引渡の時に発生するという〕）、賠償額が低ければ、あまり有効な武器にならない（同時履行の抗弁が有用なのは、自己の

---

(148)　民法 635 条但書との関係について詳細は、原田剛・請負における瑕疵担保責任（補訂版）（成文堂、2009）131 頁以下。

第3章　事務の処理（役務提供）

債務が付遅滞にならないところにあるが、相殺でそうしたベネフィットもなくなってしまう）（同旨、最判平成 9. 7. 15 民集 51 巻 6 号 2581 頁）。

　その後も、こうした立場は、踏襲されている（最判平成 15. 10. 10 判時 1840 号 18 頁〔神戸市のマンション請負工事で、大震災時に工事がなされたものだが、約定に反して、注文者の了解なく主柱に細い鉄骨が使用されていた事例〕。最高裁は瑕疵を認めて、破棄差し戻ししたことは、注目されるが、その後の処理としては、平成 9 年 7 月最判の障害に直面する。……それを克服するためには、建替え費用に当たる損害賠償を認めることも考えられるが、実際には、耐震補強工事の費用に止まるであろうから（同旨、山田(到)・民商 130 巻 3 号 596 頁）（原審では、構造計算上、居住用建物としての安全性に問題はないとして瑕疵を否定していたのである）、報酬残代金との差額は大きく、相殺時からの遅延損害金の額も低くはないであろう。

＊それに先行する裁判例（最判平成 9. 2. 14 民集 51 巻 2 号 337 頁）は、請負人が、損害賠償に応ずるまで、報酬全額の支払いを拒絶することができるとしたが。

（検討）

　この問題への本格的な（欠陥住宅居住者）対策としては、「仕事の完成」（民法 632 条）を簡単には認定しないというようなことが必要であろう（吉田）（この点は、今野評釈に負う[149]）。その他、請負人の方からの相殺、その上での残代金の請求というやり方を封ずる方策は、ないものであろうか？（潮見・基本 241 頁は、請負人からの相殺は認められないとする）──これは言い方を替えてみると、重大な欠陥問題の救済策として、代替的な損害賠償請求でよいのか、ヨリ強く現実履行（瑕疵修補）的保護を認めるべきで、その強制を如何に図るかという問題であろう（吉田）。

---

(149)　今野正規・北大法学論集 52 巻 5 号（平成 9 年最判に対する評釈）（2002）1768-1769 頁参照（「仕事の完成」の判断基準として、工事の最終工程を終了したというだけでなく、客観的に「完成」と言えるようなヨリ高い認定基準を採用して、民法 634 条の射程を絞って考えるべきだとする）。

第 2 部　契約各論の諸類型

＊債権法改正における民法 634 条 2 項の帰趨

　民法 634 条 2 項は、既に見たように、結構実際上は重要な規定だと思われるが、今般の改正では、削除されている（因みに、原案【3.2.9.04】〈1〉〈イ〉では、現行法同様の規定が維持されていた）。その趣旨は、新 533 条では、同時履行の抗弁権について、括弧書きで、「債務の履行に替わる損害賠償の債務の履行」も加えられているからとのことであるが、ここから従前通り 634 条 2 項を想起できるかどうか、やや不安ではある。

＊欠陥住宅問題における同時履行感覚の鈍感さ？

　ここで見たことは、賃貸借において、修繕義務不履行の場合にも、賃料の支払い義務は肯定されるとするわが国の（判例）とやや類似するところがある。そして、これに対して、アメリカでの（判例）は、「居住適格保証」法理との一環で、それが履行されない限り賃料全額の支払いを拒むことができるとされることと対照的であることも既に指摘したとおりである。

　ここで見ている請負においても、報酬代金債権が高額で、その支払いに関する遅延利息も少なくないような場合に、欠陥住宅しか提供していない請負人に対して、上記の（判例）では、欠陥改善のインセンティブは、弱いものとなろう。従来の「欠陥住宅問題」への判例の配慮の弱さの一面を示すものということができ、今野説のような批判的切り込みは、急務と言えるであろう。

(3)　解　　除

・建物その他の土地工作物については、できないとされている（民法 635 条但書）。その立法趣旨は、もし解除を認めると、請負人にとって、莫大の損失になり、国家経済上も甚だ不利益だというところにあるが（梅・要義巻之三 711-712 頁参照）、欠陥住宅で建替えやむなしの場合には、相応の損賠を認める（判例）（最判平成 14.9.24 前出）は、本条の予定外の事態として、肯定すべきであろう（この点で、山本 695 頁は、「実質的に本判決は、民法 635 条但書を修正する判断を示した」とし、平野 592 頁は、「判例を推論すれば、解除を肯定する可能性がある」とする。こうした指摘は必ずしも論理的ではないが、（上記立法趣旨との関係で）実質的には確かにそうした面はあるかもしれない）。

第3章　事務の処理（役務提供）

(4)　存 続 期 間

・売買では短いが（1年）（民法 566 条 3 項参照）、請負の場合、638 条などで、長くされている（土地工作物の場合、引渡しから 5 年、10 年〔石造、土造、金属造の場合〕）。しかし、特約で短くされている（640 条参照）（民間約款 27 条 2 項では、木造の場合 1 年、コンクリート造の場合 2 年、また請負人に故意・重過失あるときには、各々 5 年、10 年とされる。また公共約款 44 条 2 項も同旨〔同上の場合には、一律 10 年とする〕。もっとも、次述のように、住宅品質確保促進法に対応した 1999 年改正（2000 年施行）がある）。

＊存続期間の特約の是非及び近時の立法的修正

なお、この点で、民法 638 条を強行法規とすべきこともかねて主張されている（淡路教授）[150]。さらに、住宅品質確保促進法（平 11(1999) 年）（前述）による部分的修正（住宅新築工事請負契約で、住宅の基本構造部分に瑕疵がある場合、引き渡しから 10 年（さらには、特約による 20 年までの伸長）（87〔現 94〕条 1 項、2 項、90〔現 97〕条）にも注意せよ。＊もっとも、瑕疵による滅失・損傷があるときには、注文者は、その時点から 1 年以内という制約がある（94 条 3 項による民法 638 条 2 項の準用）ことには、留意しなければならない。

・多くの場合、建設請負では、工事完成保証人〔工完人〕が置かれ、同人も瑕疵担保責任を負う。

(5)　第三者による不法行為責任

・建物の瑕疵等を巡り、第三者の不法行為責任〔瑕疵ある建物の売買がなされ、それについての建築請負人、設計士などの買主に対する不法行為責任〕については、経済的損失（economic loss）の問題として、比較法的に議論が多いところである（吉田邦彦・債権侵害論再考（有斐閣、1991）388 頁以下、552 頁）。わが国でも近時ようやくこの分野の法理の展開（過失不法行為の進展）がみられる（最判平成 19.7.6 民集 61 巻 5 号 1769 頁〔買い受けた鉄筋コンクリート建物（9 階建ての共同住宅・店舗建物の事例）の廊下・床・壁のひび割れ、梁の傾斜、鉄筋量の不足など。「建物建築に関わる設計者、施工者、工事監理者は、契約関係

---

(150)　淡路剛久「製作物供給契約——マンション・建売住宅を中心として」現代契約法大系 7 巻（有斐閣、1984）356 頁。

第2部　契約各論の諸類型

にない居住者等に対する関係でも建物の基本的な安全性が欠けることがないように配慮すべき注意義務を負う」とする〕。なお、同一事例でさらに、最判平成 23.7. 21 判時 2129 号 36 頁は、原審が拡大損害に限られるとして請求を再度棄却したために、そうした狭い立場を否定し（「建物の瑕疵が、いずれは居住者等の生命、身体又は財産に対する危険が現実化することになる場合」でもよいとする）、構造耐力に関わらないようなものでも、平成 19 年最判に言う瑕疵に当たるとする）。不法行為の問題であるが、関連しているので、付記しておく。

（検討）

1. ドイツ法や英米法では、経済的損失に関する過失不法行為につき、従来限定的な立場があったが、わが国やフランス法では、そのような限定説にとらわれる（平成 19 年最判の原審がその立場で、建物の瑕疵の強度の違法性を要求していた）必要はなく、最高裁の立場でよいし、そう解することに支障もない（（吉田）が、既に 1980 年代後半から「特殊取引義務違反型」として、かねて説く立場でもある[151]）。なお、既に、最判平成 15.11.14 民集 57 巻 10 号 1561 頁〔建築士が、故意・過失により、建築士法・建築基準法の法的義務に違反した事例〕は、「保護法規違反」的アプローチである（また、本件建築工事につき工事監理する旨の表明もしていたのに、そうしなかったという意味で不実表示のケースでもある）が、過失責任を認めていた（もっとも、その原審が、損害の 1 割しか相当因果関係を認めなかったことについての再検討をしていないという点で、疑義がある（吉田。同旨、平成 15 年重判民法【11】鎌田解説））。

Cf. 従来の捉え方は、限定的であり、近時の偽装耐震構造事件により、設計士・施工者の居住者に対する不法行為法上の保護法益が強められたとの見方もある（円谷・平成 19 年度重判民法【11】解説 90 頁）。なお、平成 19 年最判が出ても、さらに同一事案につき平成 23 年最判で、その瑕疵の捉え方は広範で、居住者への拡大損害に限られないとして、駄目を押さなければならなかったのは、わが国の従来の見解もそれに限るとの立場が少なくなく（例えば、平野裕之・民商 137 巻 4 = 5 合併号、松本克美・立命館法学 313

---

(151)　吉田邦彦・債権侵害論再考（有斐閣、1991）（初出、1985〜88）651 頁以下参照。

第3章　事務の処理（役務提供）

号、324号、秋山靖弘・法セミ637号、荻野奈緒・同志社法学60巻5号などは、平成19年最判は、拡大損害の賠償に限るとしていた）、その影響の同最判原審が出たところにあり、わが国の経済的不法行為に対する捉え方が未だに限定的な構造的問題を孕むことの証左であろう（平成19年最判の読み方の問題にすぎないかも知れないが）。

　しかし、平成23年最判でも、「建物の瑕疵」と「居住者の生命、身体、財産」とを区別し、後者への現実的危険でなくとも、将来的危険であれば良いという判断枠組を採り、両者を区別する立場を取る限りで、原審を引きずっており、直裁に「建物の瑕疵」ゆえの経済的損失について、不法行為賠償を認めれば足りると思われる（吉田）。

なお、この点で、最判平成15.12.9民集57巻11号1887頁（阪神淡路大震災により、8時間後に火災により建物・家具を焼失した者（神戸市東灘魚崎在住）から、火災保険契約との関連で地震保険不加入についての説明義務違反による損害賠償請求がなされた事例）では、「地震保険に加入するか否かの意思決定は、財産的利益に関するから、説明不十分としても、特段の事情がない限り、慰謝料請求権を肯認できる違法行為と評価できない」とするが、——その判断の是非はともかく——財産的利益（経済的損失）という属性から当然に限定的立場が導かれたわけではなく、取引・契約における当事者の自己決定・自己責任的考量ゆえのものと考えるべきであろう（その点で、変額保険やワラント保険などでの説明義務違反による損害賠償請求で、限定的な判決例があるのと共通している）（吉田）（なお、函館地判平成12.3.30判時1720号33頁は、北海道南西沖地震との関連で、地震免責について、結論的に保険会社側の請求を斥け、信義則上保険者の説明義務が生ずるとする）。

2.　期間制限が、契約責任（請負人の瑕疵担保責任）上、期間制限がある（前述）との関係で、不法行為責任を無造作に認めることにアンバランスが生ずることが問題になるかもしれないが、それも住宅品質確保促進法との関係で拡充される方向にあり、居住者保護の必要性に鑑みて、そう神経質になる必要はないだろう。

第 2 部　契約各論の諸類型

3. さらに、この系譜の訴訟で、賠償額の算定につき、居住者サイドの厚みのある判断をしていて注目される。すなわち、近時の判例（最判平成22.6.17民集64巻4号1197頁）では、重大な瑕疵ゆえに、建替えが必要な場合に、同建物に居住しえていた利益を損益相殺することは許されないとしたのであり、再築費用に留意したのであり、英米の「回復利益」を想起させる現実的な判断ということができよう（吉田）。

＊「回復利益」とは？

「回復利益（原状回復利益）(restitutional interest)」とは、取引上の利益の賠償を考える際の一つの有用な視角であり、わが国では、十分に知られていないが、被害者側に生じた費用に即して賠償額を考えるというものである。しかしアメリカ法学では、1930年代のフラー教授の有名な「契約利益」に関する論文以来、「期待利益」「信頼利益」（これはわが国でも「履行利益」「信頼利益」として周知であろう）とともに、定着している[152]（そして、ダガン教授（テルアビブ大学）は、回復利益賠償ないし加害者の利益吐き出し賠償について、理論的基礎付けを行っている。同教授によれば、これはエクイティ系列の特定的救済に位置づけられ、原状回復に替わる賠償として、被害者の自律的意思実現として、根拠づけようとしていて、示唆深い[153]。そしてこうした発想は、例えば、福島の放射能被災者の退避・転居行動に出た場合の、原状回復（それは半永久的に無理なことも放射能被害では少なくない）に替わる賠償算定にも応用できるように思われる[154]。

従来の思考様式に慣れた方には、違和感もあろうが、取引上の損害賠償額をどのように算定するかは、裁量的要素があり（これは夙に平井教授が指摘される

---

(152)　この点は、詳しくは、吉田邦彦・契約法・医事法の関係的展開（有斐閣、2003）第2章参照。

(153)　この発想の嚆矢的なものとして、see, Hanoch Dagan, Unjust Enrichment: A Study of Private Law and Public Values (Cambridge U.P., 1997) 12~.

(154)　この点は、吉田邦彦「居住福祉法学と福島原発被災者問題(下)——特に自主避難者の居住福祉に焦点を当てて」判例時報2240号7頁以下（2015）、同「東日本大震災・福島原発事故と自主避難者の賠償問題・居住福祉課題(下)——近時の京都地裁判決の問題分析を中心に」法と民主主義510号（2016）を参照。

ところである(155))、差額説的な発想が、論理必然的なものではないことも事実であり、最近の欠陥住宅問題に関する不法行為賠償の算定方式は、強く消費者保護的な実際的問題意識（それは、差額説的にやっていては、建替えができなくなり、それをさせる必要からいかなる賠償算定がよいかという問題意識である）に裏打ちされているとして、注目すべきであろう。

＊欠陥住宅問題における消費者保護の胎動——近年の積極的民事司法の一例？

　最後に論じた、欠陥住宅問題に関する不法行為法上の保護などは、最高裁による破棄判例が続いており、「遅ればせながら」という側面は強いが、ともかくその今後の展開は、注目すべきところであろう。その意味で、この領域における（判例）は、民事の領域におけるいわゆる「積極司法」（仮にそれを弱者保護的な視線から、契約自由、法主体の自己責任に基づく、契約非介入的なスタンスの「消極的立場」に対して、批判的に、契約正義的スタンス、取引力の弱い当事者を支援するようなスタンスと考えよう）の領域になりつつあると言えようか。

　憲法の領域では、「積極司法」「消極司法」の分析は、しばしばなされるが、民事司法領域の場面でかかる分析は、多くない（しかし、伊藤正己教授（元最高裁判事）は、最高裁を辞められて間もなく、既にこのようなテーマで報告されていたことを思い出す）。アメリカと違いわが国は、最高裁判事は、大統領により指名されるというプロセスにはなっていないし、民事領域では、かつてはあまり政治的・政策的スタンスの分かれということは顕在化していなかったために、この種の分析は、多くはなかったが、今後は、民事でも政策的対立は意識的に議論され、その対立も出やすくなるであろうから、留意しなければいけないことなのかもしれない。そしてこういう目で最高裁の動向を見るならば、概して、民事領域でも、最高裁は、消極的性格ないし字句解釈的傾向は基調をなすが（例えば、戦後補償領域、区分所有法領域）、積極司法としては、注目されるのは、医療過誤領域、高利貸し規制領域（後述する）、そして欠陥住宅問題領域が、新たに注目されつつあると言えようか。

---

(155)　平井宜雄「損害賠償額算定の『基準時』に関する一考察(1)～(3・完)」法協83巻9＝10号、84巻3号、6号（1966～67）（同・損害賠償法の理論（東大出版会、1971）に形を変えて、埋め込まれている）は、基準時論として、論ぜられるが、本文で書いたようなことが、表裏をなす問題意識である。

第2部　契約各論の諸類型

> 【QⅢ－5】いわゆる欠陥住宅問題に関して、請負の瑕疵担保責任の意義
> 　と限界、またその打開の方途を検討しなさい。
> 【QⅢ－6】欠陥住宅に関する不法行為法上の保護が、従来限定的であっ
> 　たことに合理的理由はあったのか、について考察しなさい。
> 【QⅢ－7】民事司法における「積極司法」とはどのようなものか、具体
> 　的に考えてみなさい。またそれを論ずることの意義を検討しなさい。
> 　（問題は、ここだけのことではないので、折に触れて考えてみること。）

3－4　専門家との委任契約

3－4－1　医療契約　＊詳しくは、医事法で。

・準委任契約とされる（民法656条）。もっとも、全面的に委任規定が適用され
　るわけではない。──①代診の余地（セカンドオピニオンの有用性）；②診断結
　果を告げないことが望ましいことがある（この点は、多くの議論がある）（Cf.
　民法645条）；③正当事由ない限り、解除できない（医師法19条参照。Cf. 民
　法651条）；④高度の注意義務（Cf. 民法644条）など。

・法的構成としては、不法行為構成と大差なく、また現実にも医療過誤への対
　処としても、不法行為事例が多い（この点で、森島・双書245頁は、やや古い）。
　……すなわち、かつては、契約構成のほうが、立証責任の面で患者側に有利
　とされたが（加藤（一））、医師の債務〔＝手段債務〕の債務不履行の問題は、
　民法709条の不法行為の「過失」と大差なく、いずれも患者側に立証責任が
　あるという点でも違わないのである（中野論文[156]以降）。

・もっとも、契約構成には、もっと独自の意味を与えてよいという議論は可能
　であり、医療の特質、医師と患者の立場の相違に即した医療契約論を精緻化
　する必要はある。この点について詳しくは、債権総論なり不法行為法（医療
　過誤法）・医事法に譲る[157]が、若干の例を挙げれば次のとおりである。

---

(156)　中野貞一郎「診療債務の不完全履行と証明責任」現代損害賠償法講座4（日
　　本評論社、1974）（同・過失の推認（弘文堂、1978）67頁以下に所収）。

(157)　さしあたりの参考文献として、唄孝一・医事法学への歩み（岩波書店、
　　1970）、吉田邦彦・契約法・医事法の関係的展開（有斐閣、2003）第1章、第6
　　章以下を参照。

第3章　事務の処理（役務提供）

　——例えば、第1に、説明義務（医師法23条には、「療養の方法その他保健の向上に必要な事項の指導」とある）。この背後の思想として、しばしば、患者の自己決定権ないしインフォームド・コンセントが語られる。それには、限界もあると考えるが（吉田・前掲書第6章以下参照）、だからといって、説明義務の必要性ないし知る権利は、否定できない。

　また第2に、カルテ・診療録などの閲覧請求権は、民法645条（顚末報告義務）から認められてよい（同旨、新堂教授[158]）。そしてそれに基づく文書提出命令（民訴220条3号〔旧312条2号〕）が認められてよい。

　さらに第3に、投薬・注射・点滴、あるいは歯科医療などあまり裁量性が認められないときには、「結果債務」的なものとして、結果責任が認められよう。他方で、所定の行為義務（医療水準遵守義務）違反（例えば、早期発見・診断、検査懈怠、所定の治療の選択権喪失）の場合には、身体的損害との因果関係なくとも、慰謝料賠償が認められうる（いわゆる期待権侵害論）。

　なお、近時は、医師・患者関係が対等でないことから、信託・信任関係であることを強調する見解も有力である（樋口教授[159]）が、これも準委任的構成に包摂することができるであろう[160]。

> 【QⅢ−8】医療契約における委任的な側面、請負的な側面、それが、損害賠償の要件論でいかなる意味を持つのかを検討しなさい。
>
> 【QⅢ−9】医療契約（診療契約）の内容が、医療保険契約制度からどのような影響を受けるのかを、日米比較をしながら考えてみなさい（例えば、アメリカでは応招義務はないし、市場主義的な制度をとられていることの影響として、わが国とどのような相違をもたらしているか）。（詳しくは、医事

---

(158)　新堂幸司「訴訟提起前におけるカルテ等の閲覧・謄写について」判タ382号（1979）は、なお少数説だが。

(159)　樋口範雄・医療と法を考える（有斐閣、2007）9頁以下。もっとも、その嚆矢的論文である同「患者の自己決定権」岩村正彦ほか編・現代の法14（岩波書店、1998）をみればわかるように、その発想は、（同教授が引用する）医師・患者関係に関する吉田・前掲書（初出、1993）のアイデアと共通することがわかる。

(160)　なお、米村滋人・医事法講義（日本評論社、2016）30頁では、準委任契約としつつ医療の特殊性を反映する具体的法律関係を論ずればよいとする。

第 2 部　契約各論の諸類型

法で本格的に考えなさい。）

【QⅢ－10】準委任契約とされる医療契約では、医療過誤に基づく損害賠
　償において、不法行為に基づく場合と、被害者（患者）の主張・立証負
　担が大差ないとされる仕組みを説明しなさい。また、診療債務は、手段
　債務として割り切れるのかについて、検討を加えなさい。

3－4－2　弁護士契約　＊本格的には、弁護士倫理の講義に譲る[161]。

・諸外国（とくにアメリカ）では、弁護過誤訴訟（legal malpractice）が増大し
　ている（なお、やや異なるが、不当訴訟の問題については、わが国でも最高裁レ
　ベルの判例がある。最判昭和 63.1.26 民集 42 巻 1 号 1 頁参照）。
・わが国では、なお少ない（①裁判所の釈明権など後見的役割によるカバー、②
　弁護士の綱紀委員会、紛議調停委員会などの代替的システム、③弁護士数の少な
　さ、および身内意識から同僚を訴えるインセンティブが弱い、④法理の未発達、賠
　償額の低さなど）。しかし、法曹の数の増加とともに、今後は増えるであろう。
・弁護士の役割として、「顧客の代理人」としてのそれとともに、「公共的役
　割」もある。アメリカでは、この両者のディレンマ、公共的モラルの低下な
　どについて多くの議論がある。日本も他人事ではなく、日米ロースクールの
　大きな相違として、わが国に、この面を配慮した、公共問題への関心を高め
　る授業、つまり、臨床的法学教育（clinical legal education）が欠落している
　ことだろう。……顧客の最大限の利益追求的な攻撃的権利主張が望ましいの
　かどうか、ケース・バイ・ケースで考えていく必要がある。
・弁護士は、依頼者に対して、「誠実義務」（適正妥当な法的措置を探究し、その
　実現をはかる）（弁護士法 1 条 2 項）を負うが、これと善管注意義務（民法 644
　条）との関係が従来問題とされ、義務が加重されているとするのが、（多数

---

(161)　弁護過誤（弁護士責任）ないし弁護士倫理の問題については、例えば、加
　　藤新太郎・弁護士役割論（弘文堂、1992）、同・コモンベーシック・弁護士倫理
　　（有斐閣、2006）、小林秀之「弁護士の専門家責任」NBL 別冊 28 号・専門家の民
　　事責任（商事法務、1994）、また、田中宏・弁護士のマインド――法曹倫理ノー
　　ト（弘文堂、2009）参照。さらに、WILLIAM SIMON, THE PRACTICE OF JUSTICE: A
　　THEORY OF LAWYERS' ETHICS (Harvard U.P. 1998); AUSTIN SARAT & STUART
　　SCHEINGOLD, CAUSE LAWYERING AND THE STATE IN A GLOBAL ERA (Oxford U.P. 2001).

第3章 事務の処理（役務提供）

説）であった。しかし、あまり一般的に議論しても意味がないだろう。

・近年、「依頼者主権」という理念から、情報提供義務ないし説明義務が強調されているが、議論の仕方は、そう単純ではない（棚瀬教授[162]）。

・「裁量性」があることは、否定できない。近年は、和解の有用性も強調されており、利益紛争的解決と価値紛争的解決（法的解決）とをどのように折り合いをつけるかにつき、デリケートな判断も要求される。

・その他、守秘義務（弁23条）、利益の反する（利益相反）当事者からの事件依頼の回避義務（弁25条）（それに違反した、訴訟行為の効力につき、（判例）は、事実審の口頭弁論終結前に相手方の異議があれば無効になるという立場をとっており（最判昭和38.10.30民集17巻9号1266頁）、またこれに反する委任契約は無効になるという裁判例がある（東京地判平成5.11.25判時1499号77頁（公序良俗違反とする））にも注意せよ。

・なお、医者の場合と違って、弁護士は、受任拒絶の自由がある（弁24条は、例外的に正当な理由を求める）。ただその基準は、結構デリケートな問題であり、弁護士の倫理観に反するような場合には、弁護士職務基本規程21条では、「良心に従い、依頼者の権利及び正当な利益を実現するように努める」とされていて、その法的正当性、道徳的正当性、嫌悪感、また依頼者への共感等が参考となろう（中村治朗裁判官[163]）。＊一方で、司法へのアクセスに関わるし、しかし、報酬に囚われない弁護士の価値観の追求という面で、重要な行動指針であろう。諸外国で、cause lawyering とされていることと繋がる問題である。

【QⅢ-11】 弁護士倫理ないし「社会正義に定位した弁護士活動」（cause

---

(162) 棚瀬孝雄・現代社会と弁護士（日本評論社、1987）。もっとも、同「語りとしての法援用(1)(2・完)」民商111巻4＝5合併号、6号（1995）〔同・権利の言説（勁草書房、2002）に所収〕では、依頼者の捉え方に動揺があり、近代モデル批判の色彩があることにも注意せよ。

(163) 田中・前掲書166-169頁。さらに、中村治朗「弁護士倫理あれこれ（上）（下）——アメリカの論議を中心として」判時1149号、1150号（1985）、とくに、（上）13頁以下、（下）3頁以下（同・裁判の世界を生きて（判例時報社、1989）に所収）参照。

第 2 部　契約各論の諸類型

lawyering）を巡る問題を多角的に検討しなさい。

3 − 5　寄託 （民法 657 条〜）

・実際上、規定はあまり大きな意味を持たない。——委任、請負、信託などに
　付随してなされる。または、賃貸借・使用貸借によっても、賄えることに注
　意せよ（例えば、貸し金庫・コインロッカー〔保護函貸し付け契約〕、貸し駐車
　場）。

・社会的に意味があるものについては、別途規定がある（倉庫業（商法 597 条
　〜）、旅店業など（商法 594-596 条）、消費寄託（民法 666 条）——消費貸借の規定
　の準用（後述するし、詳しくは、債権総論参照）。また、各種の約款の発達（銀行
　取引法など））。

・委任との比較

①　要物契約（民法 657 条）……沿革的なもので、諾成的寄託契約も認めら
　　れる。もっとも、無償契約においては、要物契約のみとする有力説（来栖
　　589 頁）がある（なお、広中 297 頁は、諾成的無償寄託に民法 550 条を類推適
　　用する）。

②　無償が原則（民法 665 条——648 条の準用）（Cf. 商人の場合には、原則として
　　有償（商法 512 条））。

③　無償寄託の場合の義務の軽減（民法 659 条）。有償寄託の場合には、民法
　　400 条により、善管注意義務を負うとされる（商人の場合には、有償・無償
　　を問わずに、善管注意義務を負う（商法 593 条））（Cf. 民法 644 条）。

④　寄託者は、いつでも返還請求できる（民法 662 条）——割合的報酬の支払
　　い（民法 648 条の準用（民法 665 条））（Cf. 民法 651 条）。

　　・なお、寄託者変更の場合に、受寄者は、民法 178 条の「第三者」に当た
　　　らない（最判昭和 29.8.31 民集 8 巻 8 号 1567 頁　法協 100 巻 10 号　吉田）。

　　・受寄者は、期限の定めあるときは、やむをえない場合以外はそれまで保
　　　管する（民法 663 条）。

⑤　民法 653、654 条（委任の終了に関する規定）の適用なし。（受領物の引渡
　　し（646 条）、引き渡すべき金銭の消費の責任（647 条）の準用はある（665
　　条）。）

第3章　事務の処理（役務提供）

⑥　第三者に保管させることは、寄託者の承諾がなければできず、その際には、復代理に関する規定（105条、107条2項）の準用がある（民法658条）。

・宿泊業その他場屋営業主の寄託責任（厳格責任）（レセプツム責任）[164]……商法594〜596条（寄託物についての厳格責任〔不可抗力でない限り責任を負う〕（594条1項）、寄託しない携行品についての過失責任（594条2項）、高価品についての例外（595条）など）に規定されるが、元々は民法に宿泊営業者について規定があり（ボアソナード草案917条、旧民法財産取得編221条）、ロエスレルの手になる商法規定ができた際にそちらに統合されたという経緯がある。しかしこの問題は、しばしば論ぜられ、ここで併せてみておく。

・特にここでは《厳格責任》が明示的に謳われていて、従来の契約責任における過失責任原則の強調（それがおかしく、揺らいでいることは随所に述べている。詳しくは債権総論参照）との対比で、注目された。そしてその根拠としては、――沿革的には、ローマ法上の「旅店主の引受け」（receptum cauponum）にあるが――現代風には、《宿泊営業の公共的性格》に求められる（なお、①緊急性がある「急迫寄託」について、フ民1952〜1954条、旧民法財産取得編221条に規定があり、ここでは厳格責任とはなっておらず、受寄者は善管注意義務で足りる。②寄託していない携行物については、過失責任の規定がわが国にはあるが、場屋営業者側からの働きかけによっており、ヨーロッパでは、これについても厳格責任である。寄託の有無で分けるのは、実際的ではなく、厳格責任原則でそろえるべきではないか（吉田））（廣瀬論文など）。

・他方で、宿泊営業者などの責任が加重にならないように、高価品についての例外があり（前述）、宿泊約款における責任限定規定があるのが通常である。（判例）は、商法595条・宿泊約款との関係で、滅失について故意・重過失

---

(164)　廣瀬久和「レセプトゥム（receptum）責任の現代的展開を求めて(1)〜(4・完)――場屋（特に旅店）営業主の責任を中心に」上智法学論集21巻1号、2＝3合併号、23巻3号、26巻1号（1977〜1983）、また須永醇「ホテル・旅館宿泊契約の一側面――旅客の携帯品の安全に対するホテル・旅館経営者の法的責任」現代契約法大系7（有斐閣、1984）。近時のものとして、梅津昭彦「客の持込品についての場屋営業者の責任」東北学院論集（法律学）60号（2002）、中元啓司「場屋営業者の責任と高価品の特則・責任制限約款」法学新報109巻9＝10合併号（2003）、平野充好「客の携行品についての場屋営業者の責任」松山大学論集17巻1号（2005）など。

第 2 部　契約各論の諸類型

がある際には、制約を受けないとする（最判平成 15.2.28 判時 1829 号 151 頁〔高価品についての明告がない場合には、15 万円を限度として責任を負うとのホテル宿泊約款の事例〕）。不当な責任制限がなされないような規定も必要であろうし（例えば、宿泊料の何倍までという規定）、明告がなければ、免責されるとの現行システムも批判的に再考すべきであろう。

◇こぼれ話——ホテルでの遺失物

ホテルに物を忘れることはしばしば起こる。こうした場合に、「生ける法」として、ホテルの管理システムが一番しっかりしているのは、概して、日本及び韓国である。大体戻ってくる。これは、遺失物に関する捉え方の相違も関係しているが（この点は、所有法講義参照）、アメリカなどでは、戻ってこないことが多い。過日（2016 年 7 月）も、中国（南開大学ゲストハウス）で寝間着を忘れてきてしまった。頑張って中国語でお願いすれば、戻ってくるのかも知れないが（英語はまず通じない）、なかなか大変である。同国では、チェックアウトの際に、厳密にホテルの備品が盗まれていないかをチェックする。しかしそういう手間をかけてくれるのならば、こちらが忘れた物を渡してくれてもよいが……と不満は残る。

・消費寄託（預金）の問題は、後述する。

第4章 金銭貸借及び預金——銀行取引（金融取引）契約

第4章　金銭貸借及び預金——銀行取引（金融取引）契約

・実生活に重要な取引類型である。
・金銭債権ないし金融取引に関する多くは、債権総論で扱われる（そちらに譲る部分がかなりある）。

4－1　消費貸借（民法587条～）

・要物・片務契約（587条）。
・通常は、金銭消費貸借（古くは、穀物貸借も）。
・有償契約（利息付消費貸借）については、特別法による規制——利息制限法、出資法、サラ金規制法（貸金業規制法）——が、重要である。
・その他、人的・物的担保の制度、商法上の制度（手形貸付、社債発行など）と有機的に関連している。＊分野的には、金融法であり、民法では、債権総論・担保物権法と密接である。

4－1－1　要物性の緩和——諾成的消費貸借論

・要物性は、ローマ法（mutuum cf. nexum）以来の産物で、そこでは、無償（無利子）の消費貸借が問題とされていた（歴史的叙述としては、広中108-110頁が優れている）。
・しかし、現代のほとんどのものは、利息付消費貸借であり、そこでは要物性は緩和されるべきで、（判例）もそのように解釈している。
　（i）　抵当権設定の場合——付従性の緩和による。……抵当権の設定は、債務発生と同時でなくともよいとする（大判明治38.12.6民録11輯1653頁〔抵当権設定数ヶ月後に金銭交付された事例〕、同大正2.5.8民録19輯312頁）。
　（ii）　公正証書発行の場合のその執行力（民執22条5号）——金銭授受のときから、効力が生ずるとする（大判昭和11.6.16民集15巻1125頁（1版）【57】〔合意の2ヵ月半後に、金銭授受がなされたケース。合意は、目的物授受で完成し、請求が具体的に記載されていればよいとする〕。既に、大決昭和8.3.6民集12巻325頁〔5日後に授受。金銭授受の時から効力が生じ、社会通念上事実と吻合するという〕）。

第 2 部　契約各論の諸類型

・（学説）上は、諾成的消費貸借が主張される（通説。石坂音四郎論文「要物契約否定論」(1914) 以来。フランス注釈学派風の立法者意思説を批判し、法律意思説を説いた石坂博士[165]の具体的実作ということも言える。我妻・中一 354 頁以下、来栖 252 頁以下、広中 112-113 頁（とくに利息付消費貸借の場合。無利息の場合には、民法 550 条類適）、星野Ⅳ（−2）173 頁）。

・なお、類似の制度として、以下のものがある。

　①　消費貸借の予約（民法 589 条参照）。——有償（利息付）の場合には、民法 556 条が準用されて、消費貸借完結の意思表示により、（諾成的）消費貸借が成立する（民法 559 条）。Cf. 商人間の消費貸借は、当然に利息付（商法 513 条）。（無利息ならば、目的物の交付による合意（要物契約たる本契約）が必要となる。）

　＊なお、これの適用例として、特定融資枠契約〔期間、極度額を定めて、融資枠設定手数料を定めてなされる契約〕がある。この範囲内だと、借主である企業側からの求めに応じて、適宜貸す義務を金融機関側は負う。特定融資枠契約に関する法律（平成 11 年法律 4 号）がある。予約完結権については、同法 2 条が規定する。

　②　準消費貸借（民法 588 条）。——売買代金債務などを貸し金債務に切り替えるのが、通常の例だが、消費貸借上の債務、また、将来の金銭債務についても出来るとされる（金銭貸与のときに効力が生ずるとする）（判例）。

（検討）

・①と諾成的消費貸借との相違はあまりないとも指摘される（加藤（一）「諾成的消費貸借について」民法ノート（上）（有斐閣、1984）133-135 頁）。

・もし、①でも、貸し金交付請求権を認めるならば（加藤 130 頁は、損害賠償の効力に止まると言う）、相違は、相殺を認めるか否かぐらいである（我妻 364 頁、広中 112 頁などは、予約につき相殺を否定する。大判大正 2.6.19 民録 19 輯

---

(165)　石坂音四郎・改纂民法研究上（有斐閣、1919）83-86 頁参照。博士の比較法的な知見は広く、フランス民法の注釈学派的ではなく、ドイツ民法学流の論理的・体系的な解釈学の意味での法律意思説を説く、博士の問題意識それ自体は、当時は反時代的であり、見るべきものがあろう（概念法学の典型という批判（加藤（雅）Ⅰ 30 頁など）とは別に）。

第 4 章　金銭貸借及び預金——銀行取引（金融取引）契約

458 頁も貸主からの相殺を否定する〔民法 505 条の文言解釈。債権の目的が同種で
ないからとする〕）。

（吉田）その意味では、諾成的消費貸借を肯定してもよい。しかし、それほ
ど、実際に重要性のある議論ではないであろうし、あまりテーマとしての将
来的発展性も感じない。

＊なお、債権法改正では、その旨の規定が新設されている（他方で、書面によ
る要式契約化がはかられる）（587 条の 2。しかし消費貸借の予約（556 条の準用）
では徹底されない。また、使用貸借、寄託についても同旨の規定が置かれている
（593 条、593 条の 2、657 条、657 条の 2））。

4−1−2　金利規制概観　　＊債権総論でも扱われるが、ここで併せてみておく。

(1)　増額評価の可否

・消費貸借に関しては、（判例）は、名目主義（ノミナリズム）（cf. 価値主義
（valorism））を比較的厳格に維持している（最判昭和 36. 6. 20 民集 15 巻 6 号
1602 頁〔昭和 9 年発行の債券につき、戦後の償還時には、貨幣価値が約 300 分の
1 に下落していても、券面額を弁済すればよいとする〕）。……実質的には、金融
秩序の安定を考えており、この種の訴訟は、金融政策に関わる政策的訴訟と
も言いうる（吉田）（それゆえに、星野評釈・法協 80 巻 2 号では、「増額評価に
関する裁判所の役割の限界」にも言及する）。

・この実質的緩和の要件・局面の検討は、今日的にも重要である。また近年は、
いわゆる「（戦後）補償」の訴訟など（例えば、強制連行・労働に関する、未払
い賃金の請求、アイヌ民族の所有財産の問題など。アメリカ合衆国でも、奴隷制
度を巡る賃金請求が議論されている）、長年月を経た事例が増えており、こう
した問題がクローズアップされている。

・貨幣価値変動の金銭債権に及ぼす影響という問題であり、事情変更の原則の
ひとつの表われである。世界的に視野を広げても、開発途上国（例えば、南
米）でインフレ著しいところでは、切実な問題である。

・（学説）では、類型的考察が示唆されており（五十嵐教授、とくに和田論文な

第2部　契約各論の諸類型

ど(166)、今後さらに詰められるべきものであろう（吉田）。

例えば、①扶養債務（現実の生活利益に関わる必要性への対処という正義の要請がある）、②損害賠償債務（いわゆる損害の金銭的評価における「全部〔全額〕賠償」の原則（平井教授）（不法行為のところで、述べる）。不法行為における矯正的正義の表れである）（東京高判昭和57.5.11判時1041号40頁〔インフレ加算〕。近年の強制連行の事例もこの部類である（まだ、増額評価した裁判例は出ていないが））、③遺産分割（評価基準不揃いの調整をしている（最判昭和51.3.18民集30巻2号111頁【92】（家族法判百）（6版）〔遺留分の算定の基礎としての特別受益の持ち戻しに関する。贈与時の金額を相続開始時の貨幣価値に換算する〕。相続人間の公平の要請の所産である）、④不動産売買代金債務（とくに、予約完結の場合。一時は、バブルであったので、価値変動の問題が切実であった）など。

＊アイヌ民族の共有財産問題などと「増額評価」問題

現代的課題の一つとして、我々の膝元の問題として、アイヌ民族の財産問題を考えてみよう。同民族に関しては、1990年代後半まで「北海道旧土人保護法」という法律が妥当していて、明治維新までの彼ら（彼女ら）の狩猟・漁労という生活様式は無視されて、開墾するならということで農耕を義務付ける形で、土地が給与された。しかし、旭川の近文地区などでは、同市が軍都で、第7師団が近くにあるということで、特別法も作られて、一般よりも個人的給与地は少なく（通常の給与地の5分の1）、5分の4は共有財産として、道により管理された。しかし、当時の道は善良なる管理者どころか、その共有財産を勝手に廉価売却ないし贈与したり、公共施設の敷地にしたりという形で、当時換金された僅かばかりのお金しか残っていない状況であった。そして、前記保護法が、廃止された折に、この共有財産は、短期間で配分され残ったお金は適宜処理された。その際の論理は、ノミナリズムで対処された。手を挙げたアイヌの人たちは、雀の涙ほどの金員をもらうことで終わったのである(167)。

---

(166)　和田安夫「金銭債務と貨幣価値変動(1)～(3・完)」民商92巻6号、93巻1号、2号（1985）。また、米倉明・プレップ民法（弘文堂、1986）141-143頁も参照。

(167)　詳細は、吉田邦彦・多文化時代と所有・居住福祉・補償問題（有斐閣、2006）7章参照。

240

第4章　金銭貸借及び預金——銀行取引（金融取引）契約

　しかしこれなどは、むしろ不法行為的事案であり、被害者保護ないし具体的公平に叶うような増額評価がなされてしかるべき事案のように思われる（次述参照）。共有財産に関わる訴訟はなされたが、アイヌの人たちを納得させるような帰結に到っていないのは、遺憾なことであり、法的支援の不十分さも推測される。しかしこうした公共的課題であり、理論的にも重要なものが含まれる問題については、大学など公共機関が、公共法教育の一環として、乗り出すべきものではないか（アメリカの臨床法教育などは、まさにそれを行っている）。北大のアイヌ先住民センターなどは、この問題を手掛けようとしないのは、遺憾なことである。

　そして同様のことは、強制連行・労働における未払い賃金などについても言えよう。最近でも、朝鮮女子挺身隊として働いていた韓国人女性が、戦時中に加入し脱退した厚生年金につき、脱退手当金を申請した事案で、社会保険庁は99円支払う決定をして、「馬鹿にされた思いだ。戦後65年間の苦労を換算してほしい」として憤慨していることが報道されている[168]のも、「増額評価」が問われていると考えられる。

【QⅣ－1】金銭消費貸借における増額評価について、裁判所はなぜ慎重なのだろうか。また、増額評価すべき場合、その理由についても論じなさい。
【QⅣ－2】近時の戦後補償などの補償訴訟において、増額評価の問題をどのように考えたらよいのかを論じなさい。

---

(168)　朝日新聞 2009 年 12 月 23 日 33 面（梁錦徳〔ヤンクムトク〕さんなど挺身隊として、当時三菱重工業名古屋航空機製作所道徳工場で働かれていた労働者の場合）参照。そしてこうした対応に対して、彼女たちは全員このような手当金の受け取りを拒否したと報告されている（朝日新聞 2009 年 12 月 25 日 35 面）。名古屋三菱の徴用工問題については、吉田邦彦「名古屋三菱女子挺身隊問題フィールドワークに参加して」同・東アジア民法学と災害・居住・民族補償（中編）（信山社、2016）所収も参照。

241

第 2 部　契約各論の諸類型

(2)　金利規制法
①　利息制限法に関する判例

・利息制限法（金利規制に関する基本法律で、昭和 29(1954) 年法律 100 号）は昔
からある法律である（旧法は、明治 10(1877) 年太政官布告 66 号。星野先生が学
生の頃は、これを学ばれたとのことである）〔元本が、10 万円未満なら年 2 割、
10 万円以上 100 万円未満なら年 1 割 8 分、100 万円以上なら年 1 割 5 分を、
利息の限度とし、その超過部分を無効とする（1 条 1 項）（強行規定）〕。これ
に関する（判例）の変遷は、著名であり、「民法入門」などでも聞いている
であろう。

……制限超過利息の支払い分は、返還請求できないとの明文（1 条 2 項、4 条
2 項）(＊最近の平成 18 年改正（法律 115 号）により、これらは削除されている
(後述))。しかし話には順序があるので、まずは旧条文に即して、記す）に反する
形で（消費者保護的要請から）、（判例）が展開した。――元本充当（民法 491
条）という発想による（最大判昭和 39.11.18 民集 18 巻 9 号 1868 頁）。さらに、
過払い分の返還請求を認める（民法 705 条）（最大判昭和 43.11.13 民集 22 巻 12
号 2526 頁【56】（5 版）、最判昭和 44.11.25 民集 23 巻 11 号 2137 頁）。

（検討）

1.　債務者〔消費借主〕保護の重視。なお、当時このような（判例）の立場
を打ち出して利息制限法を空文化しても、「庶民金融の梗塞の危険はない」
との政策的見通しが決め手であったとされている（星野評釈・法協 87 巻 11
= 12 合併号）。この問題が、金融政策問題（従って政策訴訟である）である
ことが示されている。

2.　なお、根拠条文として、民法 705 条〔これでは、借主悪意のときに行き
詰まる〕ではなく、民法 708 条但書を問題にすべきであるとの有力説（谷
口(知)、吉原、星野の各教授）がある。もっともな意見であろう（吉田）。＊
詳しくは、不当利得のところを参照。

・その他の立法としては、処罰規定〔刑罰規定〕として、出資法〔出資の受
入れ、預り金及び金利等の取締りに関する法律（昭和 29 年法律 195 号）（そ
の前身は、昭和 24(1949) 年の貸金業などの取締に関する法律）があり、その
利率は、かつて長らく、日歩 30 銭〔その意味は、100 円に対する 30 銭と

第 4 章　金銭貸借及び預金——銀行取引（金融取引）契約

いうことで、0.3%。従って、年利率は、0.3 に 365 を乗ずると、109.5% ということになる〕であった（同法 5 条）。 *その後この規制が厳しくなる ことは、後述する。

② 貸金業規制法に関する判例

・しかし、これではいわゆるグレイゾーン〔強行規定である利息制限法の規制に反するのに、出資法上の刑事罰に処せられないために、（訴訟沙汰にしなければ）事実上まかり通ってしまう利息の場面〕が大きく、比較的近年に、サラ金対策として、貸金業法〔貸金業の規制等に関する法律〕が立法化された（昭和 58(1983) 年法律 32 号）。……同法 43 条では、契約書面（17 条書面）、受取証書（18 条書面）の交付を条件として、利息制限法の超過利息の任意の支払いは、「有効な債務の弁済とみなす」とされる。——従来の（判例）を修正し、文言解釈（利息制限法 1 条 2 項）に戻す。

・その後の（判例）は、比較的忠実にそれを適用していた（例えば、最判平成 2.1.22 民集 44 巻 1 号 332 頁〔制限額を超え、それが無効であることまで認識している必要はなく、利息等に充当されることを認識し、自由意思での支払で足りるとする〕）。

・しかし近時の（判例）は、貸金業法のみなし弁済規定（法旧 43 条）の適用について、17 条書面、18 条書面の認定に厳格となり、限定的運用となっており、①の判例理論を再度志向する方向性が窺える。
　……例えば、(i) 最判平成 11.1.21 民集 53 巻 1 号 98 頁【57】（5 版）（貸金業者の口座への払い込みの場合でも、受け取り証書の交付を要求して、字句どおりの解釈で、消費者保護を図る）、(ii) 同平成 16.2.20 民集 58 巻 2 号 475 頁（弁済から 20 日余り後に、次回支払いを求める書面で、弁済充当関係の記載をしたことで、18 条の受取証書の書面になるかどうかが問題となった。原審では、当たるとしたが、本判決では、18 条書面には、ならないとした（平成 11 年最判を引きつつ、弁済の都度直ちに交付することが必要だとする）。さらに、17 条書面には、所定事項全てが記載される必要があり、この点の検討も必要だとする）、(iii) 同平成 17.12.15 民集 59 巻 10 号 2899 頁（リボルビング方式の貸付事例〔当該事案では、借入限度額 20 万円の範囲内で、繰り返しの借り入れができ、利率は、年 43.8%、毎月 15 日に元金 1 万 5000 円以上及び支払日までの経過利

243

息を支払うとするもの（Cf. 法17条1項6号の「返済期間」「返済回数」の記載はあったが、施行規則13条1項1号の「返済金額」の記載がなかった）〕。法17条所定の確定的記載ができないときは、それに準じた事項を記載すべきで、①当該貸付を含めた全貸付の残元利金合計、②最低返済額、③返済期日、④各回の返済金額を記載すべきであるとした）、(iv)同平成18.1.24民集60巻1号319頁（日賦貸金業者の貸付（当時の上限年109.5％〔平成12年改正前〕での貸付）で、集金しない日を交付書面にきちんと記載されていなかったなどの問題があった場合に、43条のみなし弁済を否定した（原審では、肯定していた））など。

　また、（判例）は、天引き利息の場合（最判平成16.2.20前掲〔当時の規制金利（年40.004％）に近い実質年率による利息天引きの事例〕）、期限の利益喪失特約がある場合（最判平成18.1.13民集60巻1号1頁〔年29％の利息で300万円貸付し、元金・利息支払いを遅滞したときには、期限の利益喪失との特約があった事例。利息制限法の制限利息に関する期限の利益喪失については、無効だとして、それゆえに、「誤解」を与えるとして、前記を述べる〕）には、法旧43条の「自己の自由な意思により支払ったものと言うことができない」との解釈を示すのも、同様の制限的運用を示すものであり、とくに後者は、その後の改正議論（後述）に影響を与えたようである。

＊貸金業法に関する平成18年改正

　貸金業法に関する平成18年改正における過剰貸付規制の強化は、同22年6月実施で完全施行（最後は改正法の4条関連）となっており、注目されているところである。例えば、(i)貸金業の純資産を5000万円以上にするとか（法6条1項14号、3項、4項）、(ii)返済能力を超える貸付契約を禁じ、年収の3分の1を超える貸付は原則禁じられることとなった（法13条の2〜13条の4）。また、(iii)返済能力の調査義務（50万円超の貸出、貸出合計が100万円超の場合の源泉徴収票などの提出を受ける義務）（法13条）、そして、(iv)みなし弁済規定（法旧43条）の廃止がそうであり、出資法の問題であるが、(v)日賦金融・電話担保金融の特例（出資法一部改正法附則8〜16項）の廃止もこの最終局面の施行時になされることになっている。

第 4 章　金銭貸借及び預金——銀行取引（金融取引）契約

③　出資法の改正

・それと同時に、出資法の限度額の引き下げ〔刑罰的規制の強化〕が図られている（同法 5 条 2 項）（昭和 58(1983)年から 73%（日歩 20 銭）、同 61(1986)年から 54.75%（日歩 15 銭）、そして最近まで、40.004%（平成 3(1991)年以降）（日歩 10.96 銭）、さらに、平成 12(2000)年改正により、29.2%（日歩 8 銭）に引き下げられている）。

　　なお、日賦金融業者〔日掛け金融〕（西日本、九州などで多いとされる。従来日賦業者には、特例金利規制があった）の場合には、同年改正によっても、54.75%である（それ以前は、109.5%であった）（同法附則 8 条））。

・そして、ついに平成 18(2006)年改正（法律 115 号）により、年 20%となり、グレイゾーンは、なくす方向に動くことになった（施行は、平成 22(2010)年 6 月までの政令によることとされた）[169]。——そして、「貸金業法」上も、利息制限法の規制を超える利息は禁止され、それに違反する場合には、刑罰が科せられ（法 12 条の 8 参照）、「利息制限法」においても、もはや 1 条 2 項は削除されて、営業的金銭消費貸借の規定がおかれた（5 条以下）。

（検討）

1. 民法学者は、従来の（判例）法理を支持するが、貸金業者の金融市場における実際上の意義も考える必要もある。——故竹内昭夫博士は、「中利貸し」の現実的需要はあったとする[170]。また、（同上 43 条からさらに進んで）利息請求権も肯定する。

2. 近時の対価バランスに敏感に、利息制限法規制を志向する（判例）には、支持も集めているが、異論もある。例えば、塩崎元判事も、期限の利益喪失特約ゆえに、支払い意思の自由がないとする平成 18 年最判に疑問を投じ、金利が引き下げられると、貸し倒れリスクの高い顧客が金融市場から排除されてしまう可能性があるとする（判評 572 号 7-8 頁）のは、竹内博士の懸念と同様である。

---

(169)　この経緯については、井手壮平・サラ金崩壊——グレーゾーン金利撤廃をめぐる 300 日戦争（早川書房、2007）参照。

(170)　竹内昭夫「消費者金融における金利規制のあり方」金融法研究 3 号（1987）。

第 2 部　契約各論の諸類型

　（吉田）多層的な消費者金融の実態に即した規制と容認の両面から金利を巡る法政策を考えるべきであり、そうなると、従来の利息制限法に関する判例法理をそのまま維持することは難しいであろう（同旨、潮見 324 頁）。かなり刑事規制が進んでいるのは、望ましいことであり、また日掛け金融の場合などについても、適正金利を再考し（さらには、民法 90 条の弾力的適用（加藤（一）博士）や執行禁止規定の活用（民執法 131、132、152、153 の各条）なども考えて）、消費者被害の防止に努めることは必要だが、そのようなニーズに応える事業の存続可能性についても相応の配慮をすることも必要であろう。——その意味で、近時の改正からは、保守的に映るかもしれないが、同改正は、やや一面的な感は拭えない。

＊利息制限法などの近時の法規制、過払金訴訟における「ゆがみ」と行動的法経済学

　高利貸し規制に関する近時の動向に対する私の違和感については、「行動的法と経済学（behavioral law & economics）」の側からも、同様の指摘がなされていることが興味深い。一見異論が無く、消費者の弱者保護に役立っているように見えて好ましき様相の近時の法現象には、構造的に問題があり、消費者全体の保護になっているかどうか（消費者全体の効用を高めているかどうか）怪しいというのが、彼ら（彼女ら）の観測である（このような法経済学分析と私見との一致については、森田果教授による研究報告及び同教授との討論に負う[171]）。

　その梗概をかいつまんで述べればこうである。すなわち、第 1 に、まず高利貸し関係の訴訟に出てくる眼前の依頼人（消費者）は、「声が大きいマイノリティ」（loud minority）であり、その後景には、「沈黙しているマジョリティ」（silent majority）がいるわけで、両者の利益が一致しているとは限らず、そうだとすると agency 問題 が生じている（例えば、因果的立証ができていないが、

(171)　同教授は、この趣旨の論文をまだ発表されていないようであるが、類似の主張として、Shouichirou Kozuka & Luke Nottage, *Re-regulating Unsecured Consumer Credit in Japan: Over-indebted Borrowers, the Supreme Court and New Legislation*, in: The Yearbook of Consumer Law 2009 (Ashgate, 2009); do., *The Myth of the Cautious Consumer: Law, Culture, Economics, and Politics in the Rise and Partial Fall of Unsecured Lending in Japan*, in: Consumer Credit, Debt and Bankruptcy（Hart Publishing, 2009）参照。

第4章　金銭貸借及び預金——銀行取引（金融取引）契約

もし近時のかなり過激ともいえる厳しい、高利貸し・中利貸し規制がなされることにより、彼らの事業を排除することになれば、そこから融資を受ける利益は、失われてしまうという問題がある）。また第2に、他の主要プレーヤーたる弁護士は、沢山の過払金訴訟で、多くの弁護士報酬が得られれば、ウィン・ウィン・ゲームであり、このバイアスを直そうとするインセンティブは無く、むしろ更にそのゆがみは促進される（近時の訴訟の急増は、まさにそれを実証している）。第3に、裁判所にとっても、簡明な法ルールにより、裁判所コストを減らすほうが、合理的である（もっとも、それによりこの種の訴訟が急増し、裁判所のコストは増えるが（吉田））。更に第4に、立法的改正作業においても、高利貸しについてのマイナス面の強調が多かった。政治家としても、「消費者保護に積極的」というラベルがあったほうが、選挙に勝ちやすい。それが表面的・部分的な保護に過ぎないとしても……。弁護士の名声としても同様のことが言える。

　さらに、消費者問題について、当事者の変更ということが少なく、固定化して、裁判所も固定化し（消費者問題専門部ができたりする）、そうなると、こうしたバイアスは、更に増幅されるというわけである。行動的法と経済学の分野で言われる、いわゆる「授かり効果」（endowment effect）の問題が出てきてしまい、それがまた過剰規制を導くというわけである。前述の「民事における積極的司法」の問題ともオーバーラップするが（例えば医療過誤訴訟の問題。すなわち、この領域でも、2000年代半ばまでは、積極司法で、患者サイドの破棄判決が相次いだが、その際のプレーヤーである、裁判官、患者側の弁護士、患者、医事法研究者が、サイレントマジョリティーの医療関係者、特に医師サイドをバランスよく代表していたか（代表性バイアス問題）、そうでないと、医療界に無理を強いてそれが医療崩壊に繋がらなかったかという問題を孕む[172]）、興味深い分析で、かなり真理の一面を衝いているように思われる。

（172）　医療崩壊については、小松秀樹・医療崩壊（朝日新聞出版、2006）、同・医療の限界（新潮新書）（新潮社、2007）、本田宏・誰が日本の医療を殺すのか——「医療崩壊」の知られざる真実（洋泉社、2007）、世界775号（2008）（特集医療崩壊をくい止める）（宇沢弘文ほか）、村上正康・医療崩壊の真犯人（PHP新書）（PHP研究所、2009）など。
　　なお、医療過誤判例で、最高裁のスタンスの転機となったと思われるのは、最判平成17.12.8判時1923号26頁である。この流れに関する分析としては、吉田邦彦・判例評論632号（2011）参照。

第 2 部　契約各論の諸類型

＊貸金金利規制推進の背景[173]

　それでは、最近の金利規制の強化の背景は何かといえば、(1)サラ金業者・ヤ
ミ金融業者の横行、その実態の悪質さ、多重債務者の悲惨さ、近時の格差社会
化（貧困者の増大）及びその矯正の必要性、(2)ヨーロッパ諸国におけるサラ金
問題、多重債務者問題の克服の認識（消費者金融は、銀行によりなされている）、
(3)クレ・サラ問題対策協議会（1978 年〜）、クレ・サラ被害者連絡協議会
（1982 年〜）などを通じた関連弁護士の尽力、(4)低利融資は、公共的課題であ
る貧困者対策問題という認識の高まりということであろう。（なお、わが国では、
年間 3 万人という先進諸国では突出して多い自殺者の問題があり（1990 年代後半か
ら急増した）、これに対しては、原因別の対策が問われており、その理由として、過
労、家庭内暴力などとともに、この問題があり、ここでの問題と関係している。）

　悪質な取り立て問題について打開の必要性があり、また公共的低利融資が充
実していけば、サラ金・ヤミ金融問題も解決されていくことは誰しも異論がな
いところであり、近時のサラ金の金利規制の厳格化によるそうした業者の駆逐
とともに、低利融資へのアクセス問題があることも忘れてはならないであろう。
そうでないと、出資法に拘わらず存在したヤミ金融（出資法違反の金融業者）
は、依然存在し続けるのであり、その警察による刑事罰的取り締まりは重要で
あるが、それも限界があるのが実態である（その実態の指摘として、宇都宮・前
掲書 92-93 頁参照）。——そうなると、一面的に規制が厳格化されても、良心的
な「中利貸し」業者は駆逐され、ヨリ悪質なヤミ金融業者は依然として暗躍す
るという皮肉なことにもなりかねないのではなかろうか。

　もちろん、安易な借金行動を抑制するような消費者教育も重要であろうが、
他方で、ギャンブルの抑制、浪費の規制等と言いだすと、どこまで自己責任領
域にまで公的にコミットするのかという悩ましい問題もある（公的な低利融資
と言っても、貸し倒れリスクをどうするかという問題は、やはり残されよう）。もっ
とも、この点は悩ましいと言っても、基盤整備の欠如の遁辞として、自己責任
論を出すこともできないだろう。

---

(173)　これについては、例えば、宇都宮健児・消費者金融——実態と救済（岩波
　　　新書）（岩波書店、2002）参照。

第 4 章　金銭貸借及び預金——銀行取引（金融取引）契約

＊韓国における低所得者向き少額融資（美少金融）の始動（！）(174)

　以上との関係で注目すべきこととして、隣国韓国で、2009 年 12 月から、「美少金融」という低所得者向きの小規模の低利融資が始まっているということである。すなわち、サムスン、現代自動車、ポスコ、ロッテ、SK、LG の大手企業 6 社及び国民、新韓、ウリ、ハナ、中小企業銀行の銀行 5 行の連携で、その寄付金 2 兆ウォン（約 1510 億円）を原資に「美少金融財団」を発足させ、2010 年 5 月までに韓国全国に 20〜30 か所の拠点を設け、低所得者向けの少額融資（micro credit）を行うということで、注目されるだろう、

　その梗概は、一般の金融機関からの借り入れが難しい低所得者、その基準として、保有財産が、8500 万ウォン（大都市は、1 億 3500 万ウォン）未満のもので、かつて返済遅滞の履歴もない者を対象に、低金利（年 4.5％）で、担保及び遅延損害金なしで、1000 万〜5000 万ウォン（約 75 万〜377 万円）の小口融資を行うというものである。対象者は、825 万人と想定されるが、融資希望者は殺到しているようであり、モラルハザードなども懸念される（因みに、目下の回収率は、85％）が、戦後初めての韓国での取り組みであり、わが国でも参照されるべきであろう。

　因みに、このような貧困者向けの少額融資は、バングラディッシュのグラミン銀行や南米のビレッジ銀行が有名であるが、これらは、非営利団体（非政府組織）（NGO）が運営しているが、これに対して、韓国のそれは、政府主導という点でも注目される。

④　複数の貸付における利息制限法違反の超過利息の過払い金の元本充当の仕方

　　近時の（判例）では、基本契約のない複数の貸付がなされて、利息制限法違反の超過利息の支払いがなされ、過払い金が出た場合のその他の貸金債務への充当の可否について、議論されており、「他債務への充当の合意の有無」という当事者の意思に帰着させるアプローチをとっている（例えば、最判平成 19. 2. 13 民集 61 巻 1 号 182 頁〔充当否定。基本契約なし〕、同平成 19. 6. 7 民集 61 巻 4 号 1537 頁〔充当合意肯定。同一カードの基本契約がある場合〕、同平成 19. 7. 19 民集 61 巻 5 号 2175 頁〔基本契約がなくても、1 個の連

(174)　2009 年 12 月 21 日ソウル・聯合ニュース参照。

249

第2部　契約各論の諸類型

続した貸付取引として、充当の合意を肯定する〕、同平成 20. 1. 18 民集 62 巻 1
号 28 頁〔リボルビング式消費貸借の第 1 契約と第 2 契約との間隔が、約 3 年間
ある場合（両契約の取扱銀行支店は同一で、記載事項もほぼ同一であった事
例）について、原審は連続的に処理したが、充当の合意は未だ認定できないと
して破棄差戻し〕、同平成 24. 9. 11 民集 66 巻 9 号 3227 頁〔リボルビング払いの
第 1 契約と第 2 契約で、後者の借入れの際には、前者の残代金の支払がなされ
たという事例で、原審は、連続した貸付取引で、充当の合意も肯定したが、本
件で過払金充当の合意があったと解することはできない（連続した貸付取引の
事情はうかがわれない）、過払金返還請求権について、消滅時効も成立するとし
て、破棄差し戻した。田原睦夫補足意見では、第 2 契約の融資では、多くの他
の融資者からの債務に当てられ（第 1 契約の返済額の割合は、14. 4%）、Y だけ
が過払金債務を負うのは、衡平上の問題があるとする〕）。さらに、過払金返
還の際の充当の仕方（最判平成 25. 4. 11 判時 2195 号 16 頁〔まず法定利息分に
ついて充当するという〕）、過払金充当がされた場合の元本の額算定の仕方
（最判平成 25. 7. 18 判時 2201 号 48 頁〔第 2 契約の「元本」は、過払金充
当をした後の額だとする」〕について論じられている。

＊なお因みに、過払い金充当合意を含む基本契約がある継続的金銭消費貸借契
約の消滅時効の起算点が問題になった事案で、取引継続中は、過払い金充当
合意が、法律上の障害となり、過払い金返還請求は妨げられるから、特段の
事情がない限り、同取引が終了したときから、消滅時効は起算するとされる
（最判平成 21. 1. 22 民集 63 巻 1 号 247 頁。同旨、同平成 24. 9. 11 前出）。

（検討）

1. 論点自体は、もっと前に起きてきてもおかしくないことである。なぜ、
近時このような論点が盛んに議論されているのか、よくわからないところ
がある。①の局面が、再度強調されてきたことの産物であろうか。

2. （判例）の合意依拠的アプローチは、昭和 30-40 年代の「元本充当アプ
ローチ」と比較してみても（これは、借主保護の見地から、関係当事者の虚を
衝く形で、公平を図ったものである）、もっと柔軟に「充当解釈」がなされて
もよいのではないかと思われる（吉田）。……最判平成 20. 1. 18 前出では、

250

第4章　金銭貸借及び預金──銀行取引（金融取引）契約

①当事者の接触状況、②第2取引の経緯、③第1、第2取引の条件の異同などからの連続取引としての充当の合意の推認というアプローチをしているが、なおその判断枠組みは固いと思われる。

3.　本講義で重視する関係的・システム的なアプローチからすれば、なおのこと両取引の一体的処理が求められる。田原補足意見の衡平論も、ゴネ得した側の衡平論であり、説得力は弱いと思われる。もとより、利息規制の程度自体が問題ならば、その一般論として議論すべきことは、上述したところであり、その反動を、個別的・顕微鏡的な合意アプローチによって行うべきではない（この点で、下級審よりも最高裁の方が、古典的〔合意志向的〕であり、現実の連続性・関係性の理解に、冷淡であり、問題であろう）。

4.　前述の処罰規定の拡大によるグレイゾーンの消滅は、こうした制限超過利息による支払いという実態（本問題の前提的事実）は無くなっていくのだろうか（予測がつきにくいところがある）。

【QIV－3】　利息の法的規制の多様性、及びその変遷をまとめなさい（従来の利息制限法に関する判例法理の背景にある金融政策考量を明らかにし、その後の政策環境の変化において、それをどのように発展させていったらよいかを考えなさい）。

【QIV－4】　貸金業規制法の近時の運用の仕方、また出資法の厳格化について、批判的に考察してみなさい。

【QIV－5】　【QIV－3】とも関係するが、近時の金利規制については、（行動的）法と経済学の分野からも批判が出ているが、これを論評しなさい。

【QIV－6】　サラ金問題、ヤミ金融問題による消費者被害を解決するためには、どうしたらよいのかを考えなさい。

4－2　消費寄託──預金契約

4－2－1　消費寄託概論

消費貸借の規定の準用（民法666条）。その経済的機能としては、銀行預金には、担保的な意味合いがあることが重要である。

251

第 2 部　契約各論の諸類型

・要物性の緩和（諾成的消費寄託）の要請は、消費貸借ほどではない（あまり、寄託請求権を、受寄者に認める社会経済的意味はない）。

・準消費寄託（民法 588 条の準用）。

・寄託との相違は、目的物の所有権を取得するところである。

・返還——時期が定められていないときには、消費寄託者はいつでも返還請求できる（保管が目的だから）（民法 666 条但書〔現代語化以降は、666 条 2 項〕）。Cf. 定期預金、拘束預金。

　Cf. 消費貸借の場合——相当期間を定めた催告が必要（591 条 1 項）（判例）は、その催告がないことの主張・立証責任を借主側に課する（それがないと、請求時から附遅滞となる）が（大判大正 2.2.19 民録 19 輯 87 頁他）、（学説）は、反対する。

　（なお、時期の定めのある場合の、「期限の利益」は重要で、場合によりその喪失（民法 137 条 2、3 各号）、さらに放棄は自由である。）

　Cf. 寄託の場合——返還時期の定めの有無を問わない（662 条）。

・銀行取引約款及び取引慣習による規律は重要である。

　(i)　当座預金——当座勘定契約……小切手・手形の支払いの事務処理（準委任契約）と消費寄託（の予約）との一体化。利息はない（利息分は、手数料である）。

＊アメリカではこれが普及している。

　Cf. 当座貸し越し契約……当座勘定契約に付随して、銀行が当座預金の取引先に預金を超えて、極度額まで与信することで、担保（根担保）がとられる。

　(ii)　定期預金——一定の期間返還しないもの。もっとも、期間前解約は、一般に認められている（商慣習）。　Cf.666 条但書〔現代語化以降は、666 条 2 項〕の反対解釈。

　(iii)　普通預金

・なお、預金には、単に寄託の面とともに、預金に関する出入金事務などの管

252

第 4 章　金銭貸借及び預金──銀行取引（金融取引）契約

理という委任・準委任的な側面もあり、近時の（判例）は、民法 645 条の委任事務処理状況の報告義務と類似の「取引経過開示義務」を負うとする（最判平成 21.1.22 民集 63 巻 1 号 228 頁〔預金者の共同相続人の一人からの取引経過開示請求を認めた事例（他の共同相続人の同意なくとも単独でできるとする）〕。なお、貸金業者に関するものとして、同平成 17.7.19 民集 59 巻 6 号 1783 頁は、金銭消費貸借の付随義務として、同様の取引履歴開示義務を負うとする）。

（問題点）　＊詳しくは、債権総論で。

1. 預金者の認定
① 　出捐者か預入れ行為者か（（判例）は、前者（最判昭和 32.12.19 民集 11 巻 13 号 2278 頁〔無記名定期預金の事例〕、同昭和 47.3.27 民集 27 巻 2 号 376 頁〔同左〕、同昭和 52.8.9 民集 31 巻 4 号 742 頁〔記名式定期預金の場合〕）、
② 　銀行が預金を担保にして、（預金者とは別の者に）金銭消費貸借（いわゆる預担貸し付け）して、相殺した場合の効力（民法 478 条の準用）（判例は、従来かなり、銀行サイドに好意的である。善意・無過失の基準時は、貸付時で相殺時ではない（最判昭和 59.2.23 民集 38 巻 3 号 445 頁【39】（4 版）））。
2. 貸付と預金の関係（相殺の担保的機能）、相殺と差押え。
3. 手形・小切手の使用による手形貸付、手形割引。

4 − 2 − 2　預金を巡る近時の動向

⑴　代理店ないし受任者関連の預金者の認定に関する近時の動き

上記（判例）との比較で、上記の預金者の認定に関連して、近時は、代理店ないし受任者関連で、従来の立場に相容れないような立場の（判例）が登場している。すなわち、損害保険会社の保険料管理の代理店という事案で（最判平成 15.2.21 民集 57 巻 2 号 95 頁〔代理店（受任者）に対する債権者からの相殺後に、委任者の方からの預金払い戻し請求の事例〕）、また、債務整理を受託した弁護士が開設した自己名義の預金という事案で（同平成 15.6.12 民集 57 巻 6 号 563 頁〔委任会社の債権者（国）からの滞納処分としての預金への差押えに対する、受任者らが差押え取り消しを求めたケース〕）、預金債権の帰属（預金者の認定）につき、実質的に出捐者は誰かというアプローチではなくて、預け入れ行為者に即した預金者認定がなされているのである。そしてこの近時の動向と、従来の上記

第 2 部　契約各論の諸類型

（判例）との関係をどのように理解するかが問題となる[175]。

（検討）

　これらは、金銭委託の取引がらみの事例として、単純な預金者認定ケースを区別するということもできるかもしれないが、平成 15 年 2 月最判には、金銭は、占有と所有とが一致して、その所有権は、常に金銭受領者（占有者）である受任者に帰属するとの一般論の判示も見られて、形式的に処理する（潮見・前掲（下）44 頁では、「預金契約の無因性」と言う）との姿勢を伺うこともできよう（内田＝佐藤・前掲（下）30 頁では、事実上の判例変更があるとする）。「占有」に即した判断が浮き出ているというわけである。

　次述の振込を巡る法律関係とも関係するが、預金債権について、その銀行取引の膨大さに鑑みて、形式主義的に処理しようとする、近時の傾向が出ているかもしれない。その意味で、実質的権利者保護の要請、ないし原因関係への配慮は後退していて、具体的・個別的正義・公平の実現という本来的司法の要請とややずれて、銀行側を形式的・一律的に保護して、簡明なルールが模索されていることの表れということができよう（本講義でしばしば述べるルールとスタンダードの分析軸からすれば、ルール的である）。……この点で、従来は、預金者の認定を実質的に行い、銀行側の保護は、民法 478 条とタイアップして図るというアプローチだったのであって、その方がきめ細かいと言えるのであるが、大量的な預金債権を巡る法的処理の現実の前に（＊昨今のように、経済不況が続くと、倒産法ないし金融法関係の法的紛争は、激増することに留意されたい）、やや具体的正義を犠牲にして、法的判断基準の簡明化・一律化がはかられているということが言えようか（吉田）。

(2)　「誤振込」を巡る法律関係

　振り込みは、振込依頼人の仕向銀行から、受取人の被仕向銀行に対してなされるが、（受取人と振込依頼人との間に）原因関係がない誤振込みの場合でも、

---

(175)　この問題を扱う詳しいものとしては、例えば、潮見佳男「損害保険代理店の保険料保管専用口座と預金債権の帰属（上）（下）」金法 1683 号、1685 号（2003）、内田貴＝佐藤政達「預金者の認定に関する近時の最高裁判決について（上）（下）」NBL808 号、809 号（2005）参照。

第4章　金銭貸借及び預金——銀行取引（金融取引）契約

受取人の預金債権は、成立するのかどうかが、問題とされている。

（判例）は、この点について、誤振込みでも受取人の預金債権は成立すると するものが出て（最判平成8.4.26民集50巻5号1267頁〔受取人の債権者の預金 債権に対する差押えの事案〕）、議論を呼んだ。しかし、その後、刑事の事案であ るが、原因関係の有無を考慮する立場の判決も出されて（最決平成15.3.12刑 集57巻3号322頁〔誤振込みを知りつつ、秘して払戻しを受けた受取人は、被仕向 銀行に対する詐欺罪が成立する。受取人は、銀行に対して、誤振込み告知の信義則 上の義務があり、自身のものとすべき実質的権利がないとする〕）、その後やや揺り 戻っている観がある（最判平成20.10.10民集62巻9号2361頁〔受取人からの払 い戻し請求の事案。払戻しを受けることが振込金の不正取得で、詐欺罪の犯行の一 環をなす場合など、認めることが著しく正義に反する特段の事情があるときは、権 利濫用となるが、受取人が払込依頼人に対して（原因関係がなく）不当利得返還義 務を負担するというだけでは、権利濫用とならないとする。なお本件は、預金 口座通帳、届出印窃取者が、振込依頼人・受取人の間に介在しているという特 殊性があり、本件払い戻し請求を認めることが、被害者保護になっていること に注意を要する。

（学説）では、振込の構造的理解から、平成8年最判を支持する見解（森田 教授)(176)がある反面で、原因関係に留意して、誤振込みの場合の、振込依頼人 の物権的請求権（不当利得請求権）を肯定する見解も有力である（岩原教授な ど(177)）。

（検討）

預金への振込金につき、その安全、安価、迅速な資金移動の要請との関係で、 どれだけ原因関係を考慮するかという問題である。考慮するのは、確かに公 平・正義の面から肌理細かく魅力的だが、例えば、平成20年最判のような事 案になると、介在者がいて、考慮が複雑になることは否めない。

---

(176)　森田宏樹「振込取引の法的構造——『誤振込』事例の再検討」中田裕康ほ か編・金融取引と民法法理（有斐閣、2000）123頁以下。

(177)　岩原紳作「預金の帰属」〔江頭還暦〕企業法の理論(下)（有斐閣、2007) 460頁以下、さらに中舎寛樹「預金取引における物権と債権の交錯」（新美還暦） 現代民事法の課題（信山社、2009）も参照。

第2部　契約各論の諸類型

　因みに、以上のごとき、近時の形式主義的処理の動向について、ローマ法学者の木庭顕教授は、《占有論の現代的展開》という視座から論じられている[178]ことも興味深い。

【QⅣ－7】消費寄託と金銭貸借とを複合させた銀行取引について、銀行の地位はどのように保護されているかを説明しなさい。（相殺の担保的機能など債権総論の勉強が済んでからも、振り返って、検討しなさい。）

【QⅣ－8】預金者の認定に関する従来の判例の立場及び近時の動きをフォローして、それを整合的なものと捉えたらよいか、もし変化があるとすれば、それは理論的にどのように捉えたらよいのか、更に、それはいかなる事情によるものかを論じなさい。

【QⅣ－9】誤振込の場合の法律関係について、何故見解が分かれるのかを検討しなさい。

---

(178)　木庭顕「占有概念の現代的意義」新・民法の争点（有斐閣、2007）109頁以下、同・笑うケースメソッド現代日本民法の基礎を問う（勁草書房、2015）97頁以下など参照。

256

第5章　その他の典型契約

5−1　雇　用　契　約　＊労働法に譲る。

　現代社会において（また歴史的にも）、決定的に重要な契約であり、また関係的契約の観点からも重要な契約類型であるが、大部分は、労働法の適用を受ける（その中心は、労働基準法、労働組合法で、民法を大幅に修正する）。

　……同居の親族の使用、家事使用人の場合にだけ、民法の適用があるにとどまる（労基法116条2項）。なお、近時制定された労働契約法（平成19(2007)年法律128号）は、こうした場合にも適用があり（19条）、上記労働法が規律しない、出向・懲戒・解雇に関する判例を実定化した（14〜16条）。──ルールの明確化というところにその立法趣旨があるようである。

(1)　概　　　況(179)

わが国の雇用状況の近年の変貌は、著しい。すなわち、──

① 　日本の経済構造の特色として、いわゆる「終身雇用制」（内部労働市場〔企業内で、人材を育成し、調達し、調整する仕組み〕への依存が高く、長期雇用システム〔それ故に、後述の解雇権濫用の法理なども重要になる〕による）があり、企業中心主義で、それは、従業員共同体ともなっており、労働組合も企業別で、労使協議制が協力的な企業別労使間の主要な交渉であった。

② 　しかし、そうしたセイフティ・ネットは、近時急速に崩れつつある。失業者は増加し（90年代前半には、2％であったが、2002年には、5.5％近くまでなり、その後若干持ち直し、2008年初めは、3.8％くらいであるが、2010年5月は、5.2％、2016年5月は、3.2％である）、長期雇用システムは縮小し（業務の外注（アウトソーシング）が増えている）、非典型労働者は増大し、外部労働市場が活発化している（概してサービス産業が増大し、働き方も多

---

(179)　菅野和夫・新・雇用社会の法（有斐閣、2002）12頁以下、404頁以下、同「雇用システムの変化と労働法の課題」ジュリスト1347号（2007）2頁以下、中窪裕也「労働契約の意義と構造」講座21世紀の労働法4巻（有斐閣、2000）、同「ヒューマンリソースと法（労働法最前線）(16)──労働契約法のゆくえ」NBL850号（2007）、また、中窪裕也＝野田進＝和田肇・労働法の世界（7版）（有斐閣、2007）（初版、1994）など参照。

257

第2部　契約各論の諸類型

様化している。長時間労働も場合により増えている)。また賃金は抑えられ、働けど楽にならない「ワーキングプア」の問題も、深刻化している。内部労働市場型雇用システムは、動揺し、従来型システムを維持できるのは、製造業や大企業に限られてきているわけである。

　とくに、1990年代後半からの非正規労働者の増加は著しく（1997年から2007年にかけて、574万人増加し、他方で、正規労働者は、419万人減少した）、雇用保険の受給率も減っていて（失業者に占める割合は、1982年には、59.5％であったのに対し、2006年には、21.6％になっている）、年収200万円未満のものが、1000万人超となっており、総数4753万世帯の18.9％である898万世帯にもなっているという現実から、労働環境の問題が、貧困問題に繋がっていることの認識が必要であろう[180]。

③　それとともに、こうした労働市場の激変において、労働法環境の変化とも無関係ではないことに留意が必要で、例えば、労基法の諸改正（1987年）労働時間の柔軟化、裁量労働制対象業務規定の省令化、（1993年）女子保護規定の廃止（1997年）、有期雇用の規制緩和（1998年・2003年）、労働者派遣法（1985年）の改正（1999年派遣労働の原則自由化、2003年製造業派遣の解禁（派遣期間3年））、パート労働法制定（1993年）、労働契約法制定（2007年（合意原則（1条）及び解雇規制の字句少ない緩和（16条）など。また判例法理の実定化による労働紛争解決の予測可能性を高めるのが目的とされる））、また、個別的契約紛争解決制度として、2001年の個別労働関係紛争解決処理法制定、2004年労働審判法制定（2006年実施）、そうした法改正に労働法研究者がコミットしていることの意味について、考える必要もあろう。

（検討）

この背景には、バブル崩壊後の長期不況はもとより、グローバライゼイションの進行による隣国労働市場からの突き上げなどによるわが国の経済の空洞化という構造的な問題が控えている。さらに、昨今の新保守主義的な規制緩和

---

(180)　このことについて、さしあたり、湯浅誠・反貧困――「すべり台社会」からの脱出（岩波新書）（岩波書店、2008）21-25頁、33頁以下など参照。

第5章　その他の典型契約

の政策環境が拍車をかけている。

　こうした深刻な事態に対して、助成金とか公正なルールの樹立とか、失業給付や公的職業給付・職業訓練などのセイフティ・ネットの整備とかが説かれるが（菅野・前掲書415-17頁）、近年の怒濤のようなうねりには、どれだけ実効的に決め手となるのか不安である。また、労働争議などもあまり機能していない昨今の状況には、わが国の労働者の地位基盤の脆弱さを痛感するが、ただ民・民の問題にゆだねてよいわけではなかろう。

　こうした動きは、アメリカの動向を追いかけているところがあり、前記規制緩和路線に同調しているかの観がある研究者の役割に批判の目を向けることも必要であろう。——それだからこそ、彼地での批判的議論[181]をも参考にして、政府の労働市場支援のあり方をもっと本格的に議論すべきであろう。次の団体論とも関係するが、職場はコミュニティ形成・デモクラシー醸成において少なくない意味があることに改めて再考が必要であろう（吉田）。

④　（グローバルな労働市場、移民・難民の問題）諸外国では、近時のグローバル化の流れとの関係で、労働法問題は国際化しており、越境的な出稼ぎが増えるが、もっとも深刻な問題として、移民問題、特にアメリカにおいては、不法移民の問題に関心が集まっている。メキシコ国境から越境してくる不法移民（非正規移民）が1100万人にもなり、それをどう処遇するかは、トップの政策課題となり、それに関わるヒスパニック票は、大統領選挙を占うともされる。オバマ政権は、執行命令という形で、暫定的な保護を図ったが、近時（2016年6月）の連邦最高裁判決では、それを凍結する措置を採り、そうなると不法移民者は、いつ強制送還されてもおかしくないという由々しき事態となる[182]。

---

(181)　E.g., WILLIAM FORBATH, LAW AND THE SHAPING OF THE AMERICAN LABOR MOVEMENT (Harvard U.P., 1991); CYNTHIA ESTLUND, WORKING TOGETHER: HOW WORKPLACE BONDS STRENGTHEN A DIVERSE DEMOCRACY (Oxford U.P., 2003).

(182)　See, e.g., Michael Shear & Trip Gabriel, *Court Ruling Upends Obama Legacy on Immigration: Justices' Decision Hands Ammunition to Trump, But May Get Clinton Votes*, The International New York Times, June 25th-26th, 2016, p.3（合衆国連邦裁判所の6月23日のオバマ大統領の執行命令不支持の判決は、一見大統領の敗北のようだけれど、クリントン及び民主党の選挙戦に有利に働

第 2 部　契約各論の諸類型

　こうした事態に対して、移民法学者は、国際人権問題として、移民者・外国人労働者の保護を志向するが（例えば、モトムラ教授）[183]、その際に、国内労働者との緊張関係があることを逸してはならず、これを意識しつつ、J・ゴードン教授（フォーダム大学）は、──国境重視の自国中心主義ではなく──EU での状況・またアメリカでの労働組合の排外から包摂（包有）への変化などを参照して、広域的な外国人の越境的な保護、そのための連携・組織化を図る「越境的労働市民権」（Transnational Labor Citizenship）なるものを提唱していて[184]、

　　くかもしれない。トランプ大統領候補は、これは大統領の不法な恩赦だとしており、メキシコからの移民を非難し、国境に高い壁を建設するとする。ポール・ライアン下院議長は、この判決は、オバマ大統領が権限を濫用しているとの共和党の見方を支持したものであり、権力分立に関する共和党の勝利だとする。しかし他方で、ヒスパニック票が、クリントン候補の下で結束するとの見方も出されている。オバマ大統領は、2012 年の大統領選では、ヒスパニックの 6 割の支持を勝ち取ったが、クリントン候補は、7 割の支持を得るだろうとする。両候補ともに、大統領選こそが、移民問題の方向を決すると述べた。クリントン候補は、500 万人の命運に関わると興奮気味に述べる。オバマ大統領の執行命令は、彼の任期期間中は凍結されて、不透明になってしまったが。この判決は、2012 年にドリーマーズ（子どもとして不法移民としてきた若者）73 万人以上に対する措置には、影響しない。2014 年の執行命令は、共和党との確執の下に出されたものである。2013 年には上院は、行政府も支持するとされる超党派の移民法改正案を出したが、下院共和党員がいかなる立法も拒み、オバマ大統領の何百万もの不法移民を恩赦する措置を非難したのである。そこで 2014 年に大統領側は、ヒスパニック擁護、不法移民支持の措置を下したのである). See also, Fernanda Santos & Jennifer Medina, *Undocumented Immigrants Warily Protest after Supreme Court Decision*, The International New York Times, June 28th, 2016, p.3（最高裁判決に反対する不法移民者は、公になると、送還されかねないという不安を常に抱えている).

(183)　E.g., HIROSHI MOTOMURA, AMERICANS IN WAITING: THE LOST STORY OF IMMIGRATION AND CITIZENSHIP IN THE UNITED STATES (Oxford U.P., 2006); do., IMMIGRATION OUTSIDE THE LAW (Oxford U.P., 2014) 86-（移民者と市民の透過性、アメリカ予備軍としての平等アクセスの重要性、ニューカマーと既存メンバーとの相互性（94-95）、非権限移民の契約的な相互利益性・「生ける法」的な有用性、絆・コミュニティの深まりによる事後的な貢献度などからその「統合」を重視する（107-112)).

(184)　E.g., Jennifer Gordon, *Transnational Labor Citizenship*, 80 S. CAL. L. REV. 503, at 561~（2007). 移民法にかかるディレンマがあることは、LINDA BOSNIAK, THE CITIZEN AND THE ALIEN: DILEMMAS OF CONTEMPORARY MEMBERSHIP (Princeton

注目される。

　他方で、ヨーロッパ事情はどうかといえば、2011年以来のシリア内戦の長期化によるシリア難民・移民が隣国に、さらにヨーロッパへとなだれ込み（例えば、トルコには、250万人以上、ドイツにも100万人あまり）、EUの多文化主義的事情を混乱させ、排外主義的な動きに転じつつある中、ともかく大量の難民・庇護者（亡命者）をどのように「統合」するかが大きな課題となっている。そこでは、近代国家的な排外主義には挫折が帰結され、21世紀の新たなシステムとして、トルコにおける包摂（包有）の伝統、草の根の宗教・文化共同体のミレット（millet）システムにおける努力などが、鍵になるのであろう[185]。

　これに対して、わが国は、移民・難民に関しては驚くまでの排外主義的な立場を取るが[186]、例えば、「外国人の技能実習生制度」（1993年から導入。目下日本で働く外国人労働者は、90万8000人であるが、その内「技能実習生」は16万8000人とされ（従来中国人中心だったが、近時は、ベトナム、ミャンマーにも及ぶ）等のウェイトは高まっており、北海道にも「特区」などと称して、農水産業関連でかなりいるとされる[187]。その処遇の仕方は、かつての強制連行・労働を彷彿させるものにもなりかねない要素もあり、国際人権法からも注視して

U.P., 2006）、さらに David Abraham, *The Boundaries and Bonds of Citizenship: Recognition and Redistribution in the United States, Germany, and Israel*, in: MARC RODRIGUEZ & ANTHONY GRAFTON EDS., MIGRATION IN HISTORY: HUMAN MIGRATION IN COMPARATIVE PERSPECTIVE（Univ. of Rochester P., 2007）; do., *Law and Migration: Many Constants, Few Changes*, in : CAROLINE BRETTELL & JAMES HOLLIFIELD EDS., MIGRATION THEORY: TALKING ACROSS DISCIPLINES（3rd. ed）（Routledge, 2015）等も鋭く指摘している。

(185)　この点について示唆的であるのは、Basak Kale, *Transforming an Empire: The Ottoman Empire's Immigration and Settlement Policies in the 19th and Early 20th Centuries*, 50(2) MIDDLE EASTERN STUDIES 252, at 255-256, 265-266（2014）及びそこで引用される、Kemal Karpat, *Millets and Nationality*, in: STUDIES ON OTTOMAN SOCIAL AND POLITICAL THEORY（Brill, 2002）である。

(186)　例えば、わが国での2015年の難民申請は大幅増で7586人であるが、難民と認められたのは、27名である（これに対し、諸外国は、2014年のデータとして、韓国87人、英国1万725人、米国2万1760人、ドイツ3万3310人である）（朝日新聞（北海道版）2016年1月23日1面、3面参照）。根本かおる・日本と出会った難民たち（英治出版、2013）36頁では、「難民鎖国」だという。

(187)　北海道新聞2016年1月7日、2016年4月19日2面など参照。

第 2 部　契約各論の諸類型

いくことが肝要であろう。

【QV−1】近年の雇用契約事情の変貌について概観し、それについての
　　対策を検討しなさい（労働法を勉強してからも振り返って、考えてみるこ
　　と）。
【QV−2】国際的な労働法・移民・難民法の 21 世紀的課題について、そ
　　の克服のあり方を検討しなさい。

＊労働法研究者の役割とは？

　一昔前は、労働法学は、もっともイデオロギー対立が激しい領域であった。
そしてしばしば左翼的学者に対しては、「解釈論ができていない」という批判
が投げかけられ、「民法的な議論と有機的にきちんと法解釈論を通じた労働法
学の構築が必要だ。」などと言われたものである（そのような方向性が、従来東
大や北大では強かった）。しかし、今では、労働事情激変の事態の中で、合意重
視ということとは別に、関係的契約の特色、そこにおける権力関係ので やすさ
の規制という視角から、「新たな批判的法解釈論」を重視すべきではないだろ
うか。その意味では、規制緩和の構造改革の政府のスタンスを黙認・追認（そ
の理論武装？）、更には、（御用学者的に）片棒を担ぐ形に見える状況には、問題
がなくはないか。問題は、労働法研究者だけの問題ではなく、民法研究者も併
せて考える必要があろう。

(2)　権利義務関係ないし終了

　ここでは、詳細には立ち入らない。詳しくは、労働法によられたい。

・期間——民法 626 条（5 年を超えたら、解除できるとする）の修正→長らく、原
　則として 1 年を超えることができないとされてきた（労基 14 条。長期間の拘
　束の禁止）。→それを超える場合には、黙示の更新（民法 629 条）とみなされ
　る——期間の定めのない契約に（判例）。＊しかし、平成 15(2003)年改正で、
　原則 3 年、特定の場合〔高度の専門的知識・技術・経験を有する者、満 60
　歳以上の労働者。この場合には、後述労基法 137 条の適用はない〕は、5 年
　を超えられないとする（後段は、平成 10(1998)年の 3 年の期間の伸長である）

262

第5章　その他の典型契約

（もっとも、1年経過後は、いつでも退職できるものとされている（労基137条））。

（検討）（有期労働契約の問題）(188)

「労働期間」には、(i)労働者の拘束と、他方で、(ii)一定期間の職の確保がある反面で、(iii)（終身雇用と違い、）一定期間経過後の契約終了（雇い止め）という意味がある。そして、終身雇用が一般的であったかつては、(i)の点だけを注意していれば、良かったと言えよう。しかし、非正規雇用が増え、有期雇用の意味づけが強くなった昨今においては、「有期雇用」の法律問題が、急浮上しているといえるだろう。その意味で、──あたかも期限付きの賃貸借の如く──解雇の関わる制約なしに雇用契約を終了させる(iii)の側面がクローズアップされているのである。

しかし、①何度も更新されてきた場合には、更新への期待が生じ、もはや「期間の定めがない」契約とされたりして、「雇い止め」（更新拒絶による終了）を制限しようとする（解雇のプロセスが必要となるとする）（判例）（最判昭和49.7.22民集28巻5号927頁〔東芝柳町工場事件〕の延長線上の解決）には、注目すべきであろう。

②また、期間途中での解雇の事例は、(ii)の意味を否定するものであり、慎重に解するべきであろうが（民法628条の「やむを得ない事由」はないなどとする）、さらに、更新の場合にも（その場合には、有期雇用であろうが、あまりに更新しているときには、「期間の定めがない」のと同様になるのか）、同様の制約がかかるのであろう（吉田）。……労働者の長期雇用への期待と、使用者の雇用関係からの解放の要請とが錯綜してなかなかデリケートであろう。

・一身専属性（民法625条）。
・報酬──特約がなければ、労務後の後払い（民法624条）。直接通貨で全額払い。毎月1回以上（労基24条）。
・使用者の責めに帰すべき事由による休業の場合（危険負担）──休業手当と

---

(188)　中窪裕也「ヒューマンリソースと法（労働法最前線）(6)──労働契約の期間」NBL 830号（2006）参照。なお、有期雇用の本文(ii)の側面を評価するものとして、渡辺章「中期雇用という雇用概念について」（中嶋還暦）労働関係法の現代的展開（信山社、2004）がある。

263

第 2 部　契約各論の諸類型

して平均賃金の 6 割以上を支払う（労基 26 条）。

- …（判例）は、民法 536 条 2 項の「債権者ノ責ニ帰スヘキ事由」（債権者の責めに帰すべき事由）よりも広く、使用者側に起因する経営・管理上の障害を含むとする（最判昭和昭和 62.7.17 民集 41 巻 5 号 1283 頁、1350 頁〔ノースウエスト航空事件。もっとも、最終的にその事由による休業ではないとして、休業手当の請求を認めない〕）。

- …なお、民法 536 条 2 項但書（現代語化以降は、同条 2 項 2 文）の利益控除は、労基 26 条との関係で、最高平均賃金の 4 割までできるとされる（判例）（最判昭和 37.7.20 民集 16 巻 8 号 1656 頁〔米軍山間部隊事件〕）。もっとも、それを超えても、ボーナスからは控除ができるとされる（最判昭和 62.4.2 判時 1244 号 126 頁〔あけぼのタクシー事件〕）。

（検討）

ブラブラしていた方が得をするという法システムは、損害軽減義務の見地からは問題があり、再検討を要する（果たして、他で働くことが、民法 536 条 2 項但書〔2 項 2 文〕の「債務ヲ免レタルニ因リテ利益ヲ得タ」（自己の債務を免れたことによって利益を得た）ことになるのかどうか？他所で労働を投下したことに見合う報酬であり、債務からの解放原因とは別ではないかと考える（吉田））（同旨、内田 71 頁）。

＊ロックアウト問題

ロックアウト（作業所閉鎖）のような場合に、履行不能なのか、それとも受領遅滞の問題なのかも議論されてきた（詳細は、債権総論参照）。（判例）は、正当な争議行為として是認される場合には、その期間中の賃金支払義務を免れるとする（最判昭和 50.4.25 民集 29 巻 4 号 481 頁〔丸島水門事件〕、同平成 18.4.18 民集 60 巻 4 号 1548 頁〔安威川生コンクリート工業事件。時限ストだが事実上終日に及んだが、使用者の損害も甚大であり、労働組合の交渉態度も交渉経緯から相当なものではなく、使用者の攻撃意図はない等の事情から、使用者のロックアウトは、対抗手段として相当だとする〕）。

第5章　その他の典型契約

（検討）

　危険負担ではなく、受領遅滞の問題としても、その例外をなす判断が採られているということになろう。個別判断ということになろうが、使用者による負担（賃金支払請求権の肯定）を原則とし、その例外措置は慎重になされるべきであろう。労組法は、労働者の権利の底上げのためのものであり、企業サイドのロックアウトの判断の正当性は、限定的になされるべきで、「受動的なロックアウト」で（Cf. 先制的・攻撃的なそれ）損害回避のためにやむを得ないなどの特殊事情を求めるべきである[189]。

・終　　了
　①　期間終了——黙示の更新（民法 629 条）。
　②　解約申入れ（民法 627 条）——解雇。
　　30 日前に予告し、もしくは 30 日分以上の平均賃金を支払う（労基 20 条）。これに対して、種々の制限あり。
　　（i）　不当労働行為に当たる解雇（労組 7 条 1 号、4 号）は無効（判例）。
　　（ii）　労働協約（労組 16 条）による制限。
　　（iii）　就業規則（労基 89 条 3 号）による制限。
　　（iv）　さらに、解雇権濫用法理（判例）。——客観的に合理的な理由、社会通念上の相当性が要求される（最判昭和 50.4.25 民集 29 巻 4 号 456 頁〔日本食塩事件〕）。解約権留保付き雇用（試用期間）についても、解約権行使に制限が付される（最大判昭和 48.12.12 民集 27 巻 11 号 1536 頁〔三菱樹脂事件。もっとも通常の解雇の場合よりも、解雇の自由が認められるともする〕、最判平成 2.6.5 民集 44 巻 4 号 668 頁〔神戸弘陵学園事件。なお本件は、1 年の有期雇用について、試用期間とした事例である〕）。＊そして、平成 15（2003）年改正により、労基法 18 条の 2 として、実定化された。現在は、労働契約法 16 条に規定される。
　③　やむを得ない事由による解除（民法 628 条、労働契約法 17 条 1 項）
　　……労働者に（著しい）義務違反がある場合、天災の場合など。

――――――――――

[189]　実際にも、なかなかロックアウトの正当性は認めないことについては、例えば、中窪裕也ほか・労働法の世界（6 版）（有斐閣、2005）347 頁参照。

第2部 契約各論の諸類型

＊解雇権濫用に関する労働契約法規定（16条）に関する所感

　労働契約法には、従来の判例法を実定化したという性格のものが多く（その意味では、近時問題とされている民法改正と性格的に類似する）、解雇権濫用についてもそうである。しかし、「小ぶりの立法」と評せられているように（菅野・前掲論文）、解雇権濫用に関する規定は、「客観的に合理的な理由がなく、社会通念上相当でない場合は無効にする」というもので、抽象的字句に終始し、これでは、どれだけ規定する意味があるのだろうかとも思われる（司法関係者にとっては、従来の判例との比較で、あってもなくても変わらないであろう）。

　この点は、労働法研究者からも、当事者の交渉力・情報の格差からして、判例を基本として、カタログを豊富化するべきで、上記抽象的条文では、到底不十分だと指摘されているが（「（パネル・ディスカッション）新労働立法と雇用社会の行方」ジュリスト1347号（2007）20頁〔土田道夫発言〕）、私も関係契約的配慮の見地から同感である。すなわち、例えば、①試用期間における解雇権濫用法理（昭和48年最大判）とか、②有期期間を試用期間と見て、解雇権濫用法理を適用する判例（平成2年最判）、さらには、③有期雇用で反復更新された場合の解雇権濫用法理適用の（判例）（昭和49年最判）などは、やはり労働者保護の見地からも、実定化しておくべきではなかったかと思われる（借地借家法6条、28条が判例を実定化したように）。……賃貸借に関する（正当事由論を排除する）定期賃借権に関する議論との比較でも、近時は、雇用環境の激変とともに、使用者サイドの保守的議論――すなわち、アメリカのemployment at will contractに関する議論のように（例えば、エプスティーン教授）、解雇権が留保されている場合には、解雇権濫用法理を排除しようとする動き――は、価値観多様化の昨今においては、出かねないし、そうした潮流に対する防塁的機能があるからである（況や、上記②のような判例に対して、除去すべきであるという批判的な有力見解（菅野和夫・労働法（9版）（弘文堂、2010）183頁）が出されている状況の下ではなおのことである）。ともあれ、折角立法するならば、何らかの形で意味のあるものを目指し、スタンダード的不確定条項だけではなくて、何らかのルール化作業が求められるのではなかろうか。

　【QV−3】労働契約の終了を巡る議論が、非正規雇用（有期雇用）の増大により、どのように変わってきているかを、期間の意味に留意して、論

第5章　その他の典型契約

じなさい。

(3)　付随的義務

・安全配慮義務（昭和50年代以降、（判例）で確立）（なお、労働契約法5条参照）→債権総論で。

…不法行為と大きく異なるのは、時効期間である（最判昭和50.2.25民集29巻2号143頁参照）。近時は、過労死、過労自殺の事例で、労災補償を補う不法行為訴訟において、頻繁に登場する（例えば、最判平成12.3.24民集54巻3号1155頁〔電通事件〕が重要で、そこで、過労によるうつ病につき、安易に減額を認める（民法722条2項類推）ことを否定した意義は、大きい（ただ、安全配慮義務論の履行補助者との類比で、1審では、民法709条の責任及び民法715条の使用者責任を論じていたが、いつの間にか、最高裁では、民法715条だけが浮き出てしまい、民法709条のところは、民法715条2項の責任と考えているふしがあるのはおかしいだろう（吉田））。

・労災補償──労災補償保険法。
・労働者の競業避止義務……近年、労働市場の流動化とともに注目されている。
・労働環境に関する性的配慮（いわゆるセクハラの問題）（事業主の雇用管理上の配慮義務につき、雇用機会均等法21条（1997年改正）参照）→詳しくは、不法行為法参照。もともとは、アメリカのフェミニズム法学の功績による。

【QV－4】安全配慮義務論の存在意義を考えなさい。（債権総論を終えてから、復習的にも検討しなさい。）

5－2　組合（民法667条以下）
(1)　概　　況

・団体法の一環をなす。契約といっても、やや異なるところもある（いわゆる合同行為論。……同時履行・危険負担の規定（民法533条以下）、債務不履行解除（民法541条以下）の不適用。幾代・双書260-261頁、浦川・Sシリーズ195頁参

第2部　契約各論の諸類型

照）。

・組合の具体例……実際に問題となった組合の「共同の事業」（民法667条）としては、①建設工事を共同で行うジョイント・ベンチャー（建設工事共同企業体）（最大判昭和45.11.11民集24巻12号1854頁、最判平成10.4.14民集52巻3号813頁）、②共同出資による宅地造成事業、③無尽講・頼母子講（大判昭和14.6.20民集18巻666頁、最判昭和35.6.28民集14巻8号1558頁、同昭和42.4.18民集21巻3号659頁）、④米穀仲買業（大判大正6.5.23民録23輯917頁）、⑤マンションなどの管理組合（区分所有法3条）、⑥会社その他法人の発起人団体、⑦定置漁業組合（最判昭和36.7.31民集15巻7号1982頁）、⑧親睦を目的とするヨットクラブ（最判平成11.2.23民集53巻2号193頁）、⑨私的整理の際の債権者委員会も場合により組合とされる（最判昭和37.12.18民集16巻12号2422頁）。（他方で、単なる不動産の共同利用というだけでは直ちに組合ではない（最判昭和26.4.19民集5巻5号256頁）。）なお、フランスでは、⑩夫婦共有財産についても、組合とする有力説（カルボニエ教授）があることは、参考になる。これについては、家族法講義録参照。

・非営利の組合的団体の現代的意義として、実は民主主義的・所得再分配的意義があるが、この点は従来あまり注目されておらず、民法の組合論を超える広い意味での組合の理論的意義として、ここで注目しておこう。

＊非営利団体の現代的意義──特に不分割財産の理論的意義

　非営利の組合的団体の理論的意義としては、近時注目されてきており、以下のごとくである。従来は、「民法上の組合」は、それほど社会経済上の意味は弱いとされ、それは当たっているところがあるが、他方で、近年は、ボランティア活動の受け皿作り（中間法人法・非営利法人法の整備、公益法人の規制緩和）も進んでおり、比較的規模の小さい団体・コミュニティーの民主主義（デモクラシー）的意義（デモクラティック・コントロールが意味を持つためには、その規模には制限があることが、官僚制批判の一側面である）、その現代社会の個人主義の行き過ぎによる疎外現象の矯正、また個人的所有の共同体的制限の観点からも注目されているのでいる。

　一般に、「組合」よりも「社団」のほうが、団体性が強いとされる（ドイツのGesellschaftとVereinとの峻別論の影響である）。しかしそれは一応のもので、

第 5 章　その他の典型契約

場合によっては、かなり規模の大きい組合がある（例えば、生協）ことにも留意されなければならない。従来のイメージでは、法人は社団に付されるとの前提がある如くだが、必ずしもそう考える必然性はない。わが国では、なお議論が不十分な組合法制として、《不分割財産》があり、これは、事業の利益ないし寄付などを、協同組合の財産として、蓄積するというものであり、組合員の共有というシステムの民法上の組合法制（民法 668 条）と異なるものである。しかし、比較法的には、非営利団体の財産関係として注目されているものであり、そうなると、所得の再分配という平等主義的な役割を演ずることができる（例えば、低所得者への協同組合財産としての住宅の提供）。またこうした団体は、近時の指定管理者制度による公共サービスの民間へのシフトとの関係で、そうした「新たな公共」（例えば、高齢者支援、保育所施設の運営、失業者・障害者の就労の場の創出など）の担い手として、そうした財産があった方が行いやすいといえる。協同労働の協同組合法として、そうした法制の立法化がわが国でも予定されている（2008 年 2 月に超党派の議員連盟が立ち上がり、議員立法がなされる予定であったが、その後停滞している）（（吉田）もこうした動きを支持する）。

　この点で、アメリカでは、貧困法（貧困救済法）の一環として、「コミュニティ再生運動」が、臨床法学教育ないしプロボノ教育として大きな動きとなっており、その理論的支柱として、上記の所有法上の変革として、小規模団体論の議論が盛んになっている（特にサイモン教授（コロンビア大学）の議論が注目される）[190]ことは比較法的に抑えておいて良いであろう。

---

(190)　逸することができないものとして、See, e.g., William Simon, *Contract versus Politics in Corporation Doctrine*, in: DAVID KAIRYS ED., THE POLITICS OF LAW (2nd ed. Basic Books, 1990) (3rd ed. Basic Books, 1998) （利益（私益）追求的な団体論ではなく、個人主義的な所有権限の団体的制限としての蓄積制限・譲渡制限、所有再配分的側面、団体参加的民主主義の側面に注目する）; do., *Social Republican Property*, 38 UCLA LAW REV. 1335 (1991); do., THE COMMUNITY ECONOMIC DEVELOPMENT MOVEMENT: LAW, BUSINESS, AND THE NEW SOCIAL POLICY (Duke U. P., 2001) esp.49-57, 62-, 143- （バングラディッシュのグラミン銀行の例などを引きつつ、濃密な関係による強調・健全な規範遵守の意義、民主主義ゆえの所有権の制限の意義を強調する）.

269

第2部　契約各論の諸類型

(2) 財産関係

・組合財産は、組合員の共有であるとされるが（民法668条）、同時に団体的拘束があり（(i)持分の処分は制限され、(ii)清算前の分割請求もできない（676条））、講学上合有（合手的共有）とされる。また債務も分割債務とはならず（cf.民法427条）、全組合員の——組合財産による——合有債務とされる（それとあわせて、負担部分に応じた個人的債務を負うとされる）（（判例）は、組合員の組合への債権との混同を否定する。大判昭和11.2.25民集15巻281頁）。

［従来のイメージ図］

　　　　　　　　　組合………　社団（法人）
共有　　——合有——　　総有
分割債務　　合有債務

＊（判例）は、相続財産につき、共有だとしているが、学説上はむしろ合有論が強い。
　このような分類学について批判がある（例えば、組合概念はもっと広くないか、社団と区別されるのかなど）ことについては、すでに触れた。

・「営利」「非営利」の区別は、利益配当があるかどうかということ。
・組合員の脱退（民法678条）（なお、やむを得ない場合にまで、脱退を禁ずることはできない（同条は、強行規定とするのが（判例）である。最判平成11.2.23民集53巻2号193頁））の時には、持分払い戻し請求権（民法681条）があるし、さらに解散のときには、残余財産分配請求権がある（民法688条3項〔旧2項〕）（出資額の割合による）。……論理的には、共有物分割請求（民法256条）と大差ないことのようだが、清算前には、それを制限した（民法676条2項）ことの意味を考えてみると、団体財産の持続性に鑑みて、個人の財産所有の蓄積・譲渡の制限にあるのではないか（吉田）（近年のアメリカでの組合的共同所有論には、そのようなことが議論されていて、示唆するところが多い。例えば、個人所有をコミュニティー的に制限して、低廉な住宅供給もできるとされたりするのである〔この点は、前述しており、それゆえ、不分割財産法制は、その延長線上にあるといえる〕）。

第5章　その他の典型契約

＊債権法改正による組合規定の補充

　今般の債権法改正により、幾つかの規定が補充されることになっている。例えば、①組合の代理（新670条の2）（組合員の過半数の同意または、業務執行者による（後者で複数いる場合には、その過半数の同意による））、②組合員の債権者は、組合財産に権利行使できないことの明文化（新677条）、③組合員の加入（新677条の2）（全員の同意または組合契約によるとする。加入前の組合債務を負わないことも明文化）（新設）、④脱退組合員の責任（新680条の2）（民461条と同様に、担保提供を求め、また免責を求めて求償権を確保する）、⑤解散事由の整備（新682条）などであるが、従来の通説・判例が既に説いていたことであり、それほど目新しいことではない。

　なお、①の場合に、代理（代表）行為は、(i)組合員全員の名前を出す場合以外に、(ii)組合名のみの表示の場合（大判大正14.5.12民集4巻256頁）と(iii)組合名と肩書きを付した代表者名による場合（最判昭和36.7.31前掲）とがある。これも債権法改正の有無に拘わらず従来から説かれていることである。

＊組合類似の団体

　組合類似のものとして、第1に、「内的組合」があり、これは各当事者が出資をして共同事業を営むことは組合と同様だが、その内の一人に組合財産を帰属させ、その者の自己の名で取引させる場合である。なお、共同事業的実質がないものは、匿名組合と言われる。

　第2に、「有限責任事業組合」（Limited Liability Partnership [LLP]）は、民法の組合とは異なり、各組合員が出資額の範囲で責任を負うというものである（その意味で有限責任）。有限責任事業組合契約に関する法律（平成17年法律40号）による。合同会社と類似するが、法人ではない。会社では、法人の事業益に課税されるが、この場合には、出資者に課税されて、税制面で合同会社よりも有利である。

【QV-5】組合的な財産所有、さらには、不分割財産法制を認めることの現代社会的な意義を考えなさい（所有論が終わってからも復習してみること）。

271

あとがき

あとがき ── 契約法各論の講義の最後に（「契約法研究・教育の精神的不安定感」の吐露）

　これで、契約法各論の講義を終えるが、債権各論割当の規定などはすべて見たものの、どうも「これで終わった」という充実感はない。やはり、「断片性」「中途半端性」という感想は正直拭えないのである（この点は、冒頭にも触れている）。というのは、第1に、契約各論的にも、非典型契約は、フランチャイズ契約などの継続的契約、また、旅行契約・保育契約・塾契約など、更には、ファイナンス・リース契約など無限にあり、それらに及んでいないという「部分性」である。しかし、この点は、キリがないところがあるので、典型契約から、本講義で示した契約類型に即して、類型的に位置付けて、分析していくほかはないと思う。第2に、労働契約のように、一応論じているが、労働法の本格的講義なしには、とてもこれで終わりということはできない。また、組合にしても、もっと包括的に団体論を説く必要があり（かつての北大カリキュラムではそうしていた）、学生諸君には、民法総則の法人論、権利能力なき社団論などとも横断的考察をぜひお願いしたい。

　また、第3に、契約総論が抜けているということである。北大法学部のカリキュラム（そして全国的にも多くの民法の講義はそうであろう）では、実はもうその部分は、既習なのである。「契約総論」の1つめは、民法総則の法律行為及び代理の部分であり、2つめは、債権総論の前半部分の契約不履行法、そして3つめは、元来契約総論と言われる解除ないし危険負担の部分であり、それらは、機能的には、まとめて講述するというのが、便宜であろうというのが、年来の感想であるが、民法の編別上、なかなかそのように教育できていないというのが普通であろう。おそらく債権法改正の動機の一部は、このような配慮もあろうと推測するが、学生諸君にも、契約総論という捉え方での他分野の関連部分の勉強をお願いしたい。私自身も、今後ともこのようなスタンスゆえに、関連の講義録で、「契約法（その1）（その2）（その3）」とする次第である。寛恕願いたいと思う。

　そしてさらに、第4に、契約実務の実践、例えば、約款とか契約慣行などにも部分的にしか踏み込めていないということであり、それに即した仲裁実務などもきちんと扱わないようでは、和解規定だけ見ていても、「群盲象を撫でる」とは、まさにこのことではないかと思ったりする。

あとがき

　従って、このようなもので、講義録とすることには、忸怩たることこの上な
いが（しかし、巷間の契約法の教科書類で、上記の限界を克服できているものは稀
であることも事実である）、かかる充実感のなさ[191]への解決としては、今後と
もこの講義録の補遺を出すことであり、その点をお約束して、遁辞としたい。
＊初心者の皆さんに、このようなことを記すことは、通常はなされないかもし
れないが、「教師は、わかったふりをせずに、学生諸君にも同格で、学問的に
誠実であれ」というのが、私の信条でもあるので、敢えて正直なところを記し
た次第である。

（191）　平井・前掲（注1）（なお「(2)」「(3・完)」は、ジュリスト1159号、1160
　　号（1999））でも、「法学部で民法の授業を担当した経験を持つ者ならば、契約
　　法にさしかかったときに感ずる或る種の精神的不安感とも言うべきあの落ち着
　　かない気持ちを思い起こすに違いない。」という心境の吐露から始まっている
　　（なお、本論文は、平井博士の論文集には、収録されていない。「かなり力を入
　　れて書いた」が「冗長に過ぎて甚だ不出来」とされる（同・民法学雑纂（2011）
　　412頁）。しかし、その学問的インパクトは多大であったと言うべきだろう）。私
　　のような未熟者ではない、東大退官後の民法の先生でも、類似の感想を記して
　　おられるところに、学生諸君は、ここに述べた問題の普遍性を感じ取ってほしい。

《著者紹介》

吉 田 邦 彦 (よしだ・くにひこ)

　　1958 年　岐阜県に生まれる
　　1981 年　東京大学法学部卒業
　　現　在　北海道大学大学院法学研究科教授
　　　　　　法学博士（東京大学）

《主要著作》

『債権侵害論再考』（有斐閣、1991）
『民法解釈と揺れ動く所有論』（民法理論研究第 1 巻）（有斐閣、2000）
『契約法・医事法の関係的展開』（民法理論研究第 2 巻）（有斐閣、2003）
『居住福祉法学の構想』（東信堂、2006）
『多文化時代と所有・居住福祉・補償問題』（民法理論研究第 3 巻）（有斐閣、2006）
『都市居住・災害復興・戦争補償と批判的「法の支配」』（民法理論研究第 4 巻）（有斐閣、2011）
『東アジア民法学と災害・居住・民族補償（前編）（中編）（後編）』（民法理論研究第 5 巻、6 巻、7 巻）（信山社、2015〜）
『家族法（親族法・相続法）講義録』（信山社、2007）
『不法行為等講義録』（信山社、2008）
『所有法（物権法）・担保物権法講義録』（信山社、2010）
『債権総論講義録（契約法 I）』（信山社、2012）
『民法学の羅針盤』（編著）（信山社、2011）

契約各論講義録（契約法 II）

2016 年（平成 28 年）10 月 25 日　第 1 版第 1 刷発行
6068-01011：p290：￥3400 E：012-010-002

著　者　　　吉　田　邦　彦

発行者　　　今　井　　　貴
　　　　　　稲　葉　文　子

発行所　　株式会社　信山社
〒 113-0033　東京都文京区本郷 6-2-9-102
Tel 03-3818-1019
Fax 03-3818-0344
henshu@shinzansha.co.jp
出版契約　No.2016-6068-01011　Printed in Japan

© 吉田邦彦　2016 ／印刷・製本／ワイズ書籍(M)・牧製本
ISBN978-4-7972-6068-7 C3332　分類324.200-c003

JCOPY 〈(社)出版者著作権管理機構 委託出版物〉
本書の無断複写は著作権法上での例外を除き禁じられています。複写される場合は、
そのつど事前に、(社)出版者著作権管理機構（電話 03-3513-6969、FAX 03-3513-6979、
e-mail: info@jcopy.or.jp）の許諾を得てください。

吉田邦彦 著

所有法(物権法)・担保物権法講義録
2010年4月刊行 3,000円(税別)

債権総論講義録(契約法Ⅰ)
2012年7月刊行 3,200円(税別)

不法行為等講義録
2008年12月刊行 3,000円(税別)

家族法〈親族法・相続法〉講義録
2007年6月刊行 3,200円(税別)

信山社